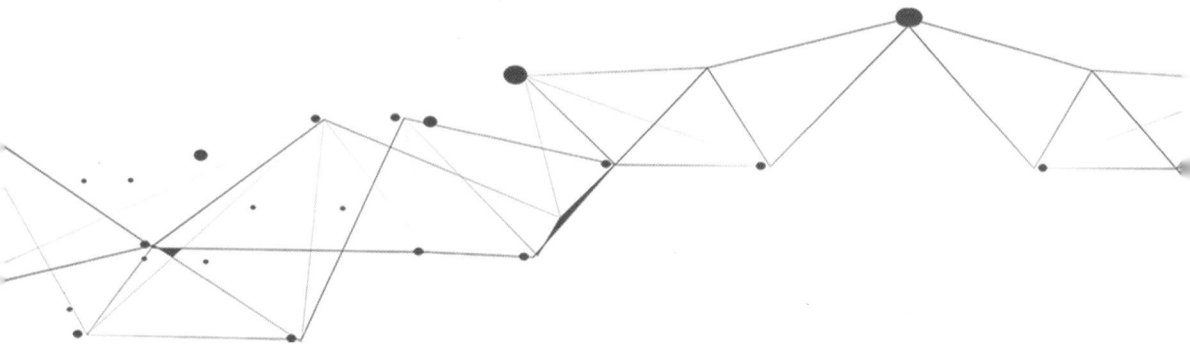

《山东省大数据发展促进条例》理解与适用

徐伟敏 著

山东教育出版社
·济南·

图书在版编目（CIP）数据

《山东省大数据发展促进条例》理解与适用／徐伟敏
著. -- 济南：山东教育出版社，2025．5． -- ISBN 978
-7-5701-3685-8

Ⅰ．D927.520.280.5

中国国家版本馆 CIP 数据核字第 2025Q8713G 号

责任编辑：付丽萍
责任校对：舒　心
封面设计：杨　晋　吴江楠

《SHANDONG SHENG DASHUJU FAZHAN CUJIN TIAOLI》LIJIE YU SHIYONG

《山东省大数据发展促进条例》理解与适用　　　　徐伟敏　著

主管单位：山东出版传媒股份有限公司
出版发行：山东教育出版社
　　　　　地址：济南市市中区二环南路 2066 号 4 区 1 号　邮编：250003
　　　　　电话：（0531）82092660　　网址：www.sjs.com.cn
印　　刷：济南申汇印务有限责任公司
版　　次：2025 年 5 月第 1 版
印　　次：2025 年 5 月第 1 次印刷
开　　本：710 mm × 1000 mm　1/16
印　　张：20.75
字　　数：282 千
定　　价：69.00 元

（如印装质量有问题，请与印刷厂联系调换）印厂电话：0531-87966822

前 言
QIAN YAN

　　当前，随着大数据、物联网、云计算、人工智能等领域飞速迭代的信息技术革命的引领，全球加速进入数字经济时代。数字经济是继农业经济、工业经济之后的主要经济形态，是以数据资源为关键要素，以现代信息网络为主要载体，以信息通信技术融合应用、全要素数字化转型为重要推动力，促进公平与效率更加统一的新经济形态。数字经济发展速度之快、辐射范围之广、影响程度之深前所未有，正推动生产方式、生活方式和治理方式深刻变革，成为重组全球要素资源、重塑全球经济结构、改变全球竞争格局的关键力量。① "互联网、云计算、大数据、物联网、金融科技与其他新的数字技术应用于信息的采集、存储、分析和共享过程，改变了社会互动方式。数字化、网络化、智能化的信息通信技术使现代经济活动更加灵活、敏捷、智慧。"②

----

① 《国务院关于印发"十四五"数字经济发展规划的通知》（国发〔2021〕29号），中国政府网，https://www.gov.cn/zhengce/content/2022-01/12/content_5667817.htm。
② 《二十国集团数字经济发展与合作倡议》，中华人民共和国国家互联网信息办公室网，http://www.cac.gov.cn/2016-09/29/c_1119648520.htm。

　　"十三五"时期，我国深入实施数字经济发展战略，信息基础设施建设全球领先，产业数字化转型稳步推进，新业态新模式竞相发展。数字技术与各行业加速融合，电子商务蓬勃发展，移动支付广泛普及，在线学习、远程会议、网络购物、视频直播等生产生活新方式加速推广，互联网平台日益壮大。2020 年，我国数字经济核心产业增加值占国内生产总值（GDP）的比重达到 7.8%，数字经济为经济社会持续健康发展提供了强大动力。在数字政府建设方面，一体化政务服务和监管效能大幅度提升，"一网通办""最多跑一次""一网统管""一网协同"等服务管理新模式广泛普及，数字营商环境持续优化，在线政务服务水平跃居全球领先行列。[①]

　　在数字经济时代，数据日益成为重要生产要素和国家基础性战略资源。海量数据的生产、采集、处理与应用对全球生产、流通、分配、消费活动以及国家治理产生了重要影响。数据价值的保护与利用成为核心议题。与其他生产要素不同，数据具有经济学意义上的非竞争性，其价值不因使用而消耗、减少，可以重复利用，并通过与其他数据汇聚、融合、重组来发掘其隐藏的经济价值和社会价值。"数据的价值是其所有可能用途的总和"[②]，数据的潜在用途是无限的。要最大化释放数据潜在价值，就必须推动数据最大限度地共享开放和社会化利用。"一个大规模生产、分享和应用数据的时代正在开启。"[③]

　　随着数据资产化步伐在我国稳定推进，行业应用不断深化，大数据应用正逐渐从互联网、营销领域向电信、政务、交通、医疗、工业等领域渗透，大数据与实体经济融合不断加深。与此同时，我国数字

[①]《国务院关于印发"十四五"数字经济发展规划的通知》（国发〔2021〕29 号），中国政府网，https://www.gov.cn/zhengce/content/2022−01/12/content_5667817.htm。

[②][英] 维克托·迈尔−舍恩伯格、肯尼斯·库克耶：《大数据时代》，盛杨燕、周涛译，浙江人民出版社，2013，第 135 页。

[③] 同上书，第 1 页。

经济发展也面临一些问题和挑战：关键领域创新能力不足，产业链供应链受制于人的局面尚未根本改变；不同行业、不同区域、不同群体间数字鸿沟未有效弥合，甚至有进一步扩大的趋势；数据资源规模庞大但数据共享不畅、数据价值潜力尚未充分释放等问题突出，数字经济治理体系需进一步完善。① 除了行业壁垒、数据确权困难、数据交易市场尚不成熟等原因，国家层面大数据发展促进专门立法出台滞后也是重要的制约因素之一。探索建立健全大数据发展应用促进法律法规体系，是完善数字经济治理体系、提升国家治理能力现代化水平的需要。

我国已建立起以《中华人民共和国网络安全法》②（以下简称《网络安全法》）、《中华人民共和国电子商务法》（以下简称《电子商务法》）、《中华人民共和国数据安全法》③（以下简称《数据安全法》）、《中华人民共和国个人信息保护法》④（以下简称《个人信息保护法》）为基础，以《国务院关于印发促进大数据发展行动纲要的通知》等规范性文件为指引，地方立法先行先试的大数据发展应用促进法律法规和政策性文件体系。

2015 年 8 月 31 日，国务院印发的《促进大数据发展行动纲要》对大数据的含义以及促进大数据发展的形势与意义、指导思想与重要

---

① 《国务院关于印发"十四五"数字经济发展规划的通知》（国发〔2021〕29 号），中国政府网，https://www.gov.cn/zhengce/content/2022-01/12/content_5667817.htm。

② 《中华人民共和国网络安全法》（2016 年 11 月 7 日第十二届全国人民代表大会常务委员会第二十四次会议通过）。

③ 《中华人民共和国数据安全法》（2021 年 6 月 10 日第十三届全国人民代表大会常务委员会第二十九次会议通过）。

④ 《中华人民共和国个人信息保护法》（2021 年 8 月 20 日第十三届全国人民代表大会常务委员会第三十次会议通过）。

目标、主要任务与政策机制做了全景式描绘。①

2016 年 3 月 16 日，第十二届全国人民代表大会第四次会议表决通过的《中华人民共和国国民经济和社会发展第十三个五年规划纲要》（以下简称《"十三五"规划纲要》）专章布局"实施国家大数据战略"，进一步彰显党中央对大数据战略的重视。②

2016 年 11 月 7 日，第十二届全国人民代表大会常务委员会第二十四次会议通过的《网络安全法》对网络空间主权、关键信息基础设施安全保护的基本要求、关键信息基础设施安全保护的分工以及主体责任、个人信息保护、强化网络安全管理、提高网络产品和服务的安全可控水平等做了开创性规定，强调采取技术措施等手段维护网络数据的完整性、保密性、可用性。

2019 年 10 月 22 日，国务院颁布《优化营商环境条例》，旨在深化"放管服"改革，推动政府职能转变，为各类主体提供公平、透明、法治化营商环境。在提升政府服务效能方面，明确国家加快建设全国一体化在线政务服务平台，促进政务服务跨地区、跨部门、跨层级数据共享和业务协同，加强电子证照的推广应用。

2020 年 3 月 30 日，《中共中央 国务院关于构建更加完善的要素市场化配置体制机制的意见》提出加快培育数据要素市场，推进政府数据开放共享、提升社会数据资源价值、加强数据资源整合和安全保护。③

2021 年《中华人民共和国国民经济和社会发展第十四个五年规

---

① 《国务院关于印发促进大数据发展行动纲要的通知》（国发〔2015〕50 号），中国政府网，http://www.gov.cn/zhengce/content/2015-09/05/content_10137.htm。

② 《中华人民共和国国民经济和社会发展第十三个五年规划纲要》，中国政府网，http://www.gov.cn/xinwen/2016-03/17/content_5054992.htm。

③ 《中共中央 国务院关于构建更加完善的要素市场化配置体制机制的意见》，中国政府网，http://www.gov.cn/xinwen/2020-04/09/content_5500622.htm。

划和 2035 年远景目标纲要》（以下简称《"十四五"规划纲要》）第
五篇"加快数字化发展　建设数字中国"提出迎接数字时代，激活数
据要素潜能，推进网络强国建设，加快建设数字经济、数字社会、数
字政府，以数字化转型整体驱动生产方式、生活方式和治理方式变革
的要求 。①

2021 年 6 月 10 日，第十三届全国人民代表大会常务委员会第
二十九次会议通过的《数据安全法》填补了我国数据安全领域基础
性法律的空白，注重与《网络安全法》《国家安全法》等法律的衔接，
体现了数据安全与发展并重的指导思想。《数据安全法》明确了国家
数据安全管理体制，规定由国家网信部门负责统筹协调网络数据安全
和相关监管工作，确立了数据分级分类保护、风险评估、应急处置、
安全审查、出境管制等各项基本制度，规定了数据处理者的数据安全
保护义务以及政务数据安全与开放的原则要求。

2021 年 4 月 27 日，国务院第 133 次常务会议通过《关键信息基
础设施安全保护条例》，具体构建了国家网信部门统筹协调、国务院
公安部门指导监督、重要行业和领域主管部门保护监管、省级人民政
府有关职能部门保护监督、运营者具体落实、安全服务机构辅助支撑
的关键信息基础设施安全保护格局。

2021 年 8 月 20 日，第十三届全国人民代表大会常务委员会第
三十次会议通过的《个人信息保护法》构建了完整的个人信息保护框
架。该法强调处理个人信息应遵循合法、正当、必要和诚信原则，具
有明确、合理的目的并与处理目的直接相关，采取对个人权益影响最
小的方式，限于实现处理目的的最小必要范围，公开处理规则，保证
信息质量，采取安全保护措施等。该法确立了以"告知—同意"为

---

① 《中华人民共和国国民经济和社会发展第十四个五年规划和 2035 年远景目标纲要》，
中国政府网，http://www.gov.cn/xinwen/2021−03/13/content_5592681.htm。

核心的个人信息处理规则，规定了个人在个人信息处理中的权利、个人信息处理者的义务、履行个人信息保护职责的部门以及相关法律责任。"为个人信息处理活动提供了明确的法律依据，为个人维护其个人信息权益提供了充分保障，为企业合规处理提供了操作指引。"[①]

地方性法规和规章是国家治理体系的重要组成部分。对于缺乏上位法的新兴产业发展促进，地方性立法更具有先行先试的自主性、创新性、补充性的价值。目前，我国除港澳台外，31个省（自治区、直辖市）均已展开地方性立法探索。一些走在全国前列的地方立法已经取得了阶段性的立法成果。贵州省于2016年制定了《贵州省大数据发展应用促进条例》《贵州省大数据安全保障条例》，在营造良好营商环境、促进大数据产业发展方面开风气之先。

山东省作为全国的人口大省和制造业大省，近年来积极贯彻执行国家大数据战略，大数据发展应用成为加快新旧动能转换、带动全省经济高质量发展的重要动力。随着数字产业的发展和高效便捷的数字化公共服务体系的建设，信息惠民水平得到提升，人民群众的获得感显著增强。

2019年12月16日，山东省政府第57次常务会议通过的《山东省电子政务和政务数据管理办法》是推动山东省大数据发展应用的一个重要里程碑。但是由于仅涉及政务数据共享与开放，《山东省电子政务和政务数据管理办法》远远不能满足大数据行业发展的整体需求。山东省数字经济发展方面尚存在信息基础设施支撑能力不足、数字经济竞争优势不明显、数字创新驱动能力不强、省内数字经济发展

---

① 丁晓东：《个人信息保护法：为数字社会治理与数字经济发展构建基本法》，中华人民共和国国家互联网信息办公室网，http://www.cac.gov.cn/2021-08/25/c_1631491548474109.htm。

不均衡、省内数字经济人才匮乏等问题。[①]山东省亟待出台一部包含个人数据、商业数据、政务数据管理与发展应用的专门性、综合性地方性法规，以弥补相关立法的缺位，强化大数据对政府治理能力现代化、经济转型、数字化便捷化社会服务的支撑作用。因此，总结工作经验，调研各方需求，补齐工作短板、弱项，通过地方立法为大数据发展促进提供进一步法律保障成为当务之急。

在此背景下，《山东省大数据发展促进条例》于 2020 年被列入山东省人大常委会二类立法计划，于 2021 年被列为一类立法计划。2021 年 9 月 30 日，山东省第十三届人民代表大会常务委员会第三十次会议通过了《山东省大数据发展促进条例》。《山东省大数据发展促进条例》分为总则、基础设施、数据资源、发展应用、安全保护、促进措施、法律责任和附则，共八章五十二条，自 2022 年 1 月 1 日起实施。《山东省大数据发展促进条例》作为山东省大数据发展促进综合性地方性法规，服务于数字强省建设需要，提升了山东省大数据发展应用的法治化水平。

笔者于 2020 年担任山东省社科规划项目"山东省大数据发展应用促进条例立法研究"（20CSDJ31）项目负责人，组织课题组起草了《山东省大数据发展促进条例》专家建议稿和立法理由书，参与了《山东省大数据发展促进条例（草案）》部分立法调研、座谈会、专家论证会以及相关问卷调查的设计与回收分析。本书的写作以大数据发展应用促进上位法规定为依据和指引，综合运用了数据法学理论和现代信息技术理论。笔者结合山东省大数据发展应用促进的实践经验，逐条阐释《山东省大数据发展促进条例》的立法目的、立法依据、所涉及名词术语的意涵，探讨相关重点、难点问题及其可能的

[①] 吴春华、张艳秋：《山东省数字经济高质量发展对策研究》，《中国集体经济》2020 年第 29 期。

解决方案，旨在为《山东省大数据发展促进条例》的理解适用提供参考。

需要说明的是，本书研究并未局限于制定《山东省大数据发展促进条例》所依据的政策法规和参考文献，而是将2021年《山东省大数据发展促进条例》颁布至今的中央、地方新出台的促进大数据发展重要规范性文件以及相关理论与实践进展纳入研究视野，力求与国家推动数字经济发展的最新政策与实践保持同步。原因在于，大数据发展应用促进不应随着立法任务的完成而一劳永逸，应该随着对数字经济发展规律认识的深化与时俱进。做好大数据发展促进工作，一方面迫切需要与逐步丰富、完善的上位法保持一致，另一方面也需要了解最新理论与实践进展，不断推陈出新。

前述中央、地方新出台的促进大数据发展的重要规范性文件以及相关实践进展包括但不限于：

（1）2021年12月12日，国务院印发《"十四五"数字经济发展规划》，明确了数字经济发展的现状与形势以及"十四五"数字经济发展总体要求，并进一步对如何优化升级数字基础设施、充分发挥数据要素作用、加快推动数字产业化、持续提升公共服务数字化水平、健全完善数字经济治理体系、强化数字经济安全体系、强化数据安全保障、有效拓展数字经济国际合作、采取保障措施等方面提出了具体要求。[①]

（2）2022年2月15日，经国家网信办等十三部门联合修订的《网络安全审查办法》正式施行。基于上位法《数据安全法》的规定和监管部门对滴滴出行、BOSS直聘等企业的审查经验总结，新版《网络安全审查办法》不仅适用于关键信息基础设施运营者，还将网络平

[①]《国务院关于印发"十四五"数字经济发展规划的通知》（国发〔2021〕29号），中国政府网，https://www.gov.cn/zhengce/content/2022-01/12/content_5667817.htm。

台运营者涉及影响或者可能影响国家安全的数据处理活动纳入网络安全审查，要求掌握超过 100 万用户个人信息的网络平台运营者赴国外上市必须申报网络安全审查，通过加强数据安全规范，助推关键信息基础设施与网络平台的高质量发展。[①]

（3）2022 年 7 月 7 日，国家互联网信息办公室发布《数据出境安全评估办法》，明确了数据出境活动的含义、四种应当申报数据出境安全评估的情形、数据出境安全评估的内容与具体流程，进一步规范数据出境活动，保护个人信息权益、国家安全和社会公共利益，促进数据跨境安全自由流动。[②]

（4）2022 年 6 月 23 日，《国务院关于加强数字政府建设的指导意见》（国发〔2022〕14 号）强调了加强数字政府建设是适应新一轮科技革命和产业变革趋势、引领驱动数字经济发展和数字社会建设、营造良好数字生态、加快数字化发展的必然要求，是建设网络强国、数字中国的基础性和先导性工程，是创新政府治理理念和方式、形成数字治理新格局、推进国家治理体系和治理能力现代化的重要举措，对加快转变政府职能，建设法治政府、廉洁政府和服务型政府意义重大。《国务院关于加强数字政府建设的指导意见》对数字政府建设的指导思想、总体目标、重点任务、保障措施作出了统一部署。[③]

（5）2022 年 9 月 13 日，国务院办公厅印发《全国一体化政务大数据体系建设指南》，旨在整合构建标准统一、布局合理、管理协同、安全可靠的全国一体化政务大数据体系，加强数据汇聚融合、共

[①]《网络安全审查办法》，中国政府网，https://www.gov.cn/zhengce/2022-11/26/content_5728942.htm。

[②]《数据出境安全评估办法》，中华人民共和国国家互联网信息办公室网，http://www.cac.gov.cn/2022-07/07/c_1658811536396503.htm。

[③]《国务院关于加强数字政府建设的指导意见》（国发〔2022〕14 号），中国政府网，https://www.gov.cn/zhengce/content/2022-06/23/content_5697299.htm。

享开放和开发利用，促进数据依法有序流动，充分发挥政务数据在提升政府履职能力、支撑数字政府建设以及推进国家治理体系和治理能力现代化中的重要作用。[①]

（6）2022年12月2日，《中共中央 国务院关于构建数据基础制度更好发挥数据要素作用的意见》（以下简称《数据二十条》），要求构建数据产权、流通交易、收益分配、安全治理等四项数据基础制度，提出了共计二十条政策措施。[②]在数据产权方面，《数据二十条》要求建立公共数据、企业数据、个人数据的分类分级确权授权制度和保障数据权益、合规使用数据的数据产权制度，"正式拉开了我国数据产权制度从宏观政策主张走向具体制度实践的序幕"[③]；在流通交易方面，《数据二十条》要求完善数据全流程合规与监管规则体系，建立合规高效、场内外结合的数据要素流通和交易制度；在收益分配方面，《数据二十条》要求扩大数据要素市场化配置范围和按价值贡献参与分配渠道，建立体现效率、促进公平的数据要素收益分配制度；在数据安全治理方面，《数据二十条》要求创新政府数据治理机制，压实企业的数据治理责任，充分发挥社会力量多方参与的协同治理作用。

（7）2023年2月，中共中央、国务院印发《数字中国建设整体布局规划》，明确了数字中国作为中国式现代化的核心，提出了数字基础设施高效联通、数据资源规模和质量加快提升、数据要素价值有效释放、数字经济发展质量效益大幅增强、政务数字化智能化水平明

[①]《国务院办公厅关于印发全国一体化政务大数据体系建设指南的通知》（国办函〔2022〕102号），中国政府网，https://www.gov.cn/zhengce/content/2022-10/28/content_5722322.htm。

[②]《中共中央 国务院关于构建数据基础制度更好发挥数据要素作用的意见》，中国政府网，https://www.gov.cn/zhengce/2022-12/19/content_5732695.htm。

[③] 张晓：《夯实数据基础制度更好发挥数据要素作用》，光明网，https://theory.gmw.cn/2022-08/14/content_35952069.htm。

显提升、建立国家数据管理体制机制等数字中国建设的具体目标，为我国未来十年以及更长时期数字经济发展指明了方向。[①]

（8）2023年3月16日，中共中央印发《深化党和国家机构改革方案》，提出组建国家数据局。国家数据局负责协调推进数据基础制度建设，统筹数据资源整合共享和开发利用，统筹推进数字中国、数字经济、数字社会规划和建设等。中央网络安全和信息化委员会办公室承担的研究拟订数字中国建设方案、协调推动公共服务和社会治理信息化、协调促进智慧城市建设、协调国家重要信息资源开发利用与共享、推动信息资源跨行业跨部门互联互通等职责，国家发展和改革委员会承担的统筹推进数字经济发展、组织实施国家大数据战略、推进数据要素基础制度建设、推进数字基础设施布局建设等职责划入国家数据局。[②]国家数据局的组建在统筹数据资源管理、推动数据要素市场化、促进数据开放共享、保障数据安全、推动数字经济发展、提升政府治理能力方面将发挥重要作用。

（9）2024年3月22日，国家互联网信息办公室公布《促进和规范数据跨境流动规定》（以下简称《规定》），对现有数据出境安全评估、个人信息出境标准合同、个人信息保护认证等数据出境制度的实施和衔接作出进一步明确。[③]《规定》在保障国家数据安全的前提下，适度收窄了数据出境安全评估申报范围，有利于降低企业合规成本，实现发展与安全的平衡，为数字经济高质量发展提供更好的法律保障。

[①]《数字中国建设整体布局规划》，中国政府网，http://www.gov.cn/xinwen/2023-02/27/content_5743484.htm。

[②]《中共中央印发〈深化党和国家机构改革方案〉》，中国政府网，https://www.gov.cn/gongbao/content/2023/content_5748649.htm。

[③]《促进和规范数据跨境流动规定》（国家互联网信息办公室令第16号），中国政府网，https://www.gov.cn/gongbao/2024/issue_11366/202405/content_6954192.htm。

（10）2024年8月30日，国务院第40次常务会议通过《网络数据安全管理条例》，自2025年1月1日起施行。①《网络数据安全管理条例》对《网络安全法》《个人信息保护法》《数据安全法》有关数据安全管理的原则性规定进行了补充与完善，细化了个人信息处理规则，明确了重要数据安全管理制度、数据跨境安全管理制度等具体内容，进一步明确了网络平台服务提供者对用户个人信息处理规则和数据安全保护义务，提升了我国网络数据安全治理的法治化水平。

（11）2024年10月9日，中共中央办公厅、国务院办公厅联合发布《关于加快公共数据资源开发利用的意见》（以下简称《意见》）。②这是中央层面首次对公共数据资源开发利用进行全面系统性的部署，体现了鼓励发展的政策导向。《意见》提出了统筹推进政务数据共享、有序推动公共数据开放、鼓励探索公共数据授权运营的公共数据资源开发利用方针；对公共数据授权运营的授权主体、运营机构、监管机制进行了规范；对公共数据的有偿与无偿使用原则予以明确；对建立健全公共数据资源登记制度做了规定；明确依法保密的公共数据不予开放，严格管控未公开的原始公共数据直接进入市场，以保护数据安全和个人信息。

（12）2025年1月，国家发展改革委、国家数据局印发《关于加快公共数据资源开发利用的意见》的三个配套文件《公共数据资源登记管理暂行办法》③、《公共数据资源授权运营实施规范（试

---

① 《网络数据安全管理条例》（2024年8月30日国务院第40次常务会议通过），中国政府网，https://www.gov.cn/zhengce/content/202409/content_6977766.htm。

② 《中共中央办公厅 国务院办公厅关于加快公共数据资源开发利用的意见》（2024年9月21日），中国政府网，https://www.gov.cn/zhengce/202410/content_6978911.htm。

③ 《国家发展改革委 国家数据局关于印发〈公共数据资源登记管理暂行办法〉的通知》（发改数据规〔2025〕26号），国家发展和改革委员会网，https://www.ndrc.gov.cn/xxgk/zcfb/ghxwj/202501/t20250116_1395725.html。

行）》[1] 和《关于建立公共数据资源授权运营价格形成机制的通知》[2]，标志着公共数据资源开发利用"1+3"政策体系的初步形成。"1+3"政策体系对于激发公共数据供给动力和全社会用数活力，推进数据要素市场化配置改革，培育全国一体化数据市场，充分释放公共数据要素价值，更好赋能高质量发展提供了政策保障和工作指引。

本书是在笔者主持的山东省社会科学规划项目"山东省大数据发展应用促进条例立法研究"（20CSDJ31）、山东大学横向科研项目"《〈山东省大数据发展促进条例〉释义》编撰"（SK220615）研究成果的基础上修改完善而成的。感谢山东省大数据局、山东省新型智慧城市大数据工程技术研究院为项目研究提供资金支持和其他便利条件。感谢山东大学周长军教授、李忠夏教授、郑智航教授、史玉良教授、田立博士出席专家论证会，为项目研究提供宝贵意见、指导和帮助。感谢责任编辑付丽萍女士为本书顺利出版的辛勤付出。山东大学研究生靳雅萱、张弛、程林、马可心、李杨、向钟雯、栾潇容、杨晓滨、何朝、李欣冉、刘艺、叶寅川、蒋庚智、孙潇天参与了项目部分调研、资料收集与整理工作，对本书亦有贡献。

徐伟敏

2025 年 3 月 1 日

---

[1]《国家发展改革委 国家数据局关于印发〈公共数据资源授权运营实施规范（试行）〉的通知》（发改数据规〔2025〕27 号），国家发展和改革委员会网，https://www.ndrc.gov.cn/xxgk/zcfb/ghxwj/202501/t20250116_1395726.html。

[2]《国家发展改革委 国家数据局〈关于建立公共数据资源授权运营价格形成机制的通知〉》（发改价格〔2025〕65 号），国家发展和改革委员会网，https://www.ndrc.gov.cn/xxgk/zcfb/tz/202501/t20250120_1395799.html。

目 录
MU LU

第一章　总　则

|本|章|概|述|

  法律法规的第一章通常是总则。总则内容是各章节规定的基础与前提。《山东省大数据发展促进条例》第一章总则部分明确了立法目的、基本定义、基本原则、适用范围，规定了政府促进大数据发展的职责以及从事大数据发展相关活动的社会主体的义务与要求。

  总则共六条。总则第一条开宗明义地明确了《山东省大数据发展促进条例》的立法目的，即全面实施国家大数据战略，运用大数据推动经济发展、完善社会治理、提升政府服务和管理能力，加快数字强省建设。总则第二条明确了《山东省大数据发展促进条例》的适用范围，将大数据界定为以容量大、类型多、存取速度快、应用价值高为主要特征的数据集合，以及对数据进行收集、存储和关联分析，发现新知识、创造新价值、提升新能力的新一代信息技术和服务业态。总则第三条明确了大数据发展促进"政府引导、市场主导、开放包容、创新应用、保障安全"的原则。总则第四条明确了县级以上人民政府及其大数据主管部门推动大数据发展应用的职责。总则第五条对自然人、法人和其他组织从事与大数据发展相关的活动提出了遵守法律、法规，不得损害国家利益、公共利益和他人合法权益等要求。总则第六条规定对在促进大数据发展中做出突出贡献的单位和个人给予表彰、奖励，体现了本条例促进法的特色。

  第一章总则对于第二章至第六章起着统领作用，整部《山东省大数据发展促进条例》围绕总则展开。

第一条 【立法目的】

为了全面实施国家大数据战略，运用大数据推动经济发展、完善社会治理、提升政府服务和管理能力，加快数字强省建设，根据《中华人民共和国数据安全法》等法律、行政法规，结合本省实际，制定本条例。

|条|文|要|旨|

本条明确了《山东省大数据发展促进条例》的立法目的。立法目的是理解与适用《山东省大数据发展促进条例》具体规则的准绳。

当前，随着大数据、物联网、云计算、人工智能等飞速迭代的信息技术革命的引领，全球加速进入数字经济时代。业界普遍认同二十国集团于2018年杭州峰会发布的《二十国集团数字经济发展与合作倡议》关于数字经济的定义，"数字经济是指以使用数字化的知识和信息作为关键生产要素、以现代信息网络作为重要载体、以信息通信技术的有效使用作为效率提升和经济结构优化的重要推动力的一系列经济活动"[①]。数字经济是继农业经济、工业经济之后的经济发展阶段。在农业经济时代，土地和劳动力是主要生产要素；在工业经济时代，资本和技术是主要生产要素；在数字经济时代，数据成为关键生产要素、企业核心竞争力和国家重要战略资源。海量数据的生产、采集、处理与应用，对全球生产、流通、分配、消费活动以及国家治理产生了重要影响。当前，经济社会数字化转型发展势头强劲，全球范围内运用大数据推动经济发展、完善社会治理、提升政府服务和管理

[①]《二十国集团数字经济发展与合作倡议》，中华人民共和国国家互联网信息办公室网，http://www.cac.gov.cn/2016-09/29/c_1119648520.htm。

能力正成为趋势，公众对无时不在、无处不在的数字化服务诉求也越来越强烈。如何进一步推动大数据发展应用以满足经济社会的发展需求，是人们普遍关注的重大课题。

|理|解|与|适|用|

一、制定《山东省大数据发展促进条例》的必要性

党中央、国务院高度重视大数据在经济社会发展中的作用，先后就建设网络强国、数字中国、智慧社会等做出一系列重大决策部署。党的十八届五中全会提出实施网络强国战略，实施"互联网＋"行动计划，发展分享经济，实施国家大数据战略。①《中华人民共和国国民经济和社会发展第十四个五年规划和2035年远景目标纲要》对加快构建全国一体化大数据中心体系，强化算力统筹智能调度，建设若干国家枢纽节点和大数据中心集群以及培育壮大人工智能、大数据、区块链、云计算、网络安全等新兴数字产业、加快构建数字技术辅助政府决策机制，提高动态监测预测预警水平等方面作出了明确部署。②

随着数据资产化步伐稳定推进，行业应用不断深化，大数据应用正逐渐从互联网、营销领域向电信、政务、交通、医疗、工业等领域渗透，大数据与实体经济融合不断加深。我国亟待建立健全大数据发展应用促进法律法规体系，为提升国家治理能力现代化水平提供坚强后盾。

我国在国家层面尚未制定数据资源管理方面的综合性、专门性法律或者行政法规。相关法律法规和政策性文件的规定较为零散、抽

---

① 《中国共产党第十八届中央委员会第五次全体会议公报》，《人民日报》2015年第1版。
② 《中华人民共和国国民经济和社会发展第十四个五年规划和2035年远景目标纲要》，中国政府网站，http://www.gov.cn/xinwen/2021-03/13/content_5592681.htm。

象，缺乏系统性和统一协调，可操作性不强。

地方性法规和规章是国家治理体系的重要组成部分。在缺乏上位法的新兴产业领域，地方性立法更具有先行、先试的自主性、创新性、补充性的价值。为推进大数据发展应用，我国除港澳台外，31个省（自治区、直辖市）均已展开地方性立法探索。一些地方立法走在全国前列，已经取得了阶段性成果。如贵州省于2016年制定了《贵州省大数据发展应用促进条例》《贵州省大数据安全保障条例》，努力为大数据产业发展营造良好营商环境。

山东省是全国的人口大省和制造业大省，近年来积极贯彻执行国家大数据战略，积极发展数字产业和建设高效便捷的数字化公共服务体系，提升了信息惠民水平，增强了人民群众的获得感。数字经济的蓬勃发展成为带动全省经济持续增长的重要动力。与此同时，山东省数字经济发展方面仍存在信息基础设施支撑能力不足、数字经济竞争优势不明显、数字创新驱动能力不强、省内数字经济发展不均衡、省内数字经济人才匮乏等问题。[1] 山东省亟须总结工作经验，补齐工作短板弱项，通过地方立法为大数据发展促进提供法律保障。

二、《山东省大数据发展促进条例》的立法目的

（一）全面实施国家大数据战略

国家大数据战略，是指把大数据作为基础性战略资源，全面实施促进大数据发展行动，加快推动数据资源共享开放和开发应用，助力产业转型升级和社会治理创新。[2] 《中华人民共和国数据安全法》第

---

[1] 吴春华、张艳秋：《山东省数字经济高质量发展对策研究》，《中国集体经济》2020年第29期。

[2] 《中华人民共和国国民经济和社会发展第十三个五年规划纲要》（2016年3月16日第十二届全国人民代表大会第四次会议批准），中国政府网，http://www.gov.cn/xinwen/2016-03/17/content_5054992.htm。

十四条规定："国家实施大数据战略，推进数据基础设施建设，鼓励和支持数据在各行业、各领域的创新应用。省级以上人民政府应当将数字经济发展纳入本级国民经济和社会发展规划，并根据需要制定数字经济发展规划。"《中华人民共和国国民经济和社会发展第十三个五年规划纲要》要求"把大数据作为基础性战略资源，全面实施促进大数据发展行动，加快推动数据资源共享开放和开发应用，助力产业转型升级和社会治理创新"[①]。

国家大数据战略的实施旨在催生新业态，发挥我国丰富的数据资源与应用市场优势，提升国家竞争力，推动信息经济发展，提升政府治理能力。运用大数据推动经济发展、完善社会治理、提升政府服务和管理能力，其主要目的在于推动经济社会各领域数字化转型，实现更高效、更公平、更智能的社会发展和治理。

（二）运用大数据推动经济发展

运用大数据推动经济发展，即通过运用大数据分析和挖掘更加精准地了解市场和消费者需求，有利于优化生产和供应链，提高经济效益和产品质量，提高生产力，从而增强产业竞争力，促进经济增长，推进经济转型升级，优化省内营商环境。

（三）运用大数据完善社会治理

运用大数据完善社会治理，即通过大数据分析更好地了解社会热点和民意，预测社会风险和危机，优化资源配置和政策制定，有利于提高社会治理的效率和公正性，实现社会稳定和可持续发展。

（四）运用大数据提升政府服务和管理能力

运用大数据提升政府服务和管理能力，即通过运用大数据帮助政

---

① 《中华人民共和国国民经济和社会发展第十三个五年规划纲要》（2016 年 3 月 16 日第十二届全国人民代表大会第四次会议批准），中国政府网，http://www.gov.cn/xinwen/2016-03/17/content_5054992.htm。

府制定更有效的政策和规划，识别和解决交通拥堵、能源管理和医疗保健等公共服务中的民生问题，优化资源配置和政策制定，有利于推进政府数字化转型，提高政府服务的智能化、效率和便捷程度，增强政府的公信力和治理能力。

《中共中央关于坚持和完善中国特色社会主义制度　推进国家治理体系和治理能力现代化若干重大问题的决定》要求"建立健全运用互联网、大数据、人工智能等技术手段进行行政管理的制度规则。推进数字政府建设，加强数据有序共享，依法保护个人信息"[1]。

（五）运用大数据加快数字强省建设

在全球数字化发展的热潮下，国内数字化发展也进入高速路。山东省人口数量大，制造业门类齐全，数据产能大，大数据资源极为丰富。运用大数据加快数字强省建设，其目的在于推动数字技术在山东省经济、政治、文化、社会等各个领域的广泛应用，提升数字产业的核心竞争力，增强数字化转型的实力和成效，进一步提高整个省域的综合竞争力和发展水平。

山东省在"十三五"时期经济、社会各领域的数字化转型发展过程中取得了显著成效，已为数字强省建设奠定了稳固基石。然而，山东省的数字化发展仍然存在明显问题，如信息基础设施建设发展相对缓慢，数字经济核心产业的地位亟待提升，数字经济与实体经济尚未深度结合，政府数字化治理水平有待加强，与数字强省相适应的法规

---

[1]《中共中央关于坚持和完善中国特色社会主义制度　推进国家治理体系和治理能力现代化若干重大问题的决定》（2019 年 10 月 31 日中国共产党第十九届中央委员会第四次全体会议通过），求是网，http://www.qstheory.cn/yaowen/2019-11/07/c_1125202003.htm。

标准体系尚未建立，数字化人才力量不足等。①

通过加强数字化建设，山东省将进一步推进信息技术和实体经济融合发展，加速数字经济的创新和壮大，实现数字化产业链的优化和提升，提高数字技术在生产、管理和服务中的应用水平和效益，打造数字创新高地和数字经济增长点。

第二条 【适用范围】

本省行政区域内促进大数据发展的相关活动，适用本条例。

本条例所称大数据，是指以容量大、类型多、存取速度快、应用价值高为主要特征的数据集合，以及对数据进行收集、存储和关联分析，发现新知识、创造新价值、提升新能力的新一代信息技术和服务业态。

|条|文|要|旨|

本条是关于《山东省大数据发展促进条例》适用范围以及大数据定义的规定。

---

① 《山东省人民政府关于印发山东省"十四五"数字强省建设规划的通知》（鲁政字〔2021〕128号），山东省人民政府网站，http://www.shandong.gov.cn/art/2021/8/25/art_100623_39014.html。

|理|解|与|适|用|

一、《山东省大数据发展促进条例》的适用范围

《山东省大数据发展促进条例》适用范围为本省行政区域内促进大数据发展的相关活动。促进大数据发展的相关活动主要包括以下五个方面：

（一）数字基础设施建设活动

《山东省大数据发展促进条例》明确了各级人民政府及其有关主管部门推动算力基础设施、高速宽带网、物联网、工业互联网、全省一体化大数据平台等数字基础设施建设、交通能源市政等领域数字化改造、乡村数字基础设施建设的具体要求。

（二）公共数据资源收集、利用活动以及公共数据资源管理活动

《山东省大数据发展促进条例》明确了县级以上人民政府大数据工作主管部门依法统筹管理本行政区域内数据资源，制定公共数据目录编制规范，组织编制和发布本省公共数据总目录，建立公共数据治理工作机制，提升数据质量。《山东省大数据发展促进条例》规定了公共数据提供单位应当根据公共数据目录，以数字化方式统一收集、管理公共数据，确保收集的数据及时、准确、完整。公共数据提供单位还应当按照规定开展公共数据治理工作，建立数据质量检查和问题数据纠错机制，对公共数据进行校核、确认。《山东省大数据发展促进条例》还规定了公共数据的共享和开放。

（三）经济社会数字化转型促进活动

《山东省大数据发展促进条例》要求通过数字产业促进、产业数字化改造、数字经济平台和数字产业园区建设，推动大数据与产业融合发展。《山东省大数据发展促进条例》要求推进现代信息技术在政务服务领域的应用，建立线上服务与线下服务相融合的政务服务工作机制，推动政务服务便捷化、智能化。通过健全大数据辅助决策机制，提升政府宏观决策水平和风险防范能力。通过加强大数据创新应用，

推行非现场监管、风险预警等新型监管模式，提升政府的社会治理水平。

（四）数据安全保护和数据安全监管活动

《山东省大数据发展促进条例》确立了数据安全责任制，明确了数据安全监管部门和数据分类分级保护制度、数据安全应急预案、公共数据灾备体系、数据出境安全评估和国家安全审查。《山东省大数据发展促进条例》还规定了自然人、法人和其他组织在数据收集、管理、使用过程中的数据安全保护义务与责任。

（五）政府促进大数据发展的其他活动

政府促进大数据发展的其他活动包括引导组织大数据领域规划与标准制定、提供大数据领域技术创新的政策与资金支持、加强大数据发展促进的宣传教育与人才培养、推进数据资源的市场化交易。

二、数据与大数据的含义

（一）数据的科学含义与分类

从语义学角度观察，数据是对事实的记录和描述。从"数"的角度来讲，数据是对客观事物的性质、状态、相互关系进行测量、记录与描述的结果；从"据"的角度来讲，数据是记录或承载于各种物理介质（石头、贝壳、竹简、纸张、电磁波、电子计算机）上的物理符号。

从计算机科学的角度来讲，数据是指电子计算机处理的对象。计算机被发明之后成为数据的主要载体，输入计算机并被计算机处理的数字化数据也就成为数据主体。数据因此常被定义为以电子化的文本、数字、图形、图像、声音、视频等形式对事实的描述与记录。数据具有事实依赖性、物理符号性、可计算或可解释性、历史性、数字性、易复制性、可删除性。[1]

----

[1] 赵刚：《数据要素：全球经济社会发展的新动力》，人民邮电出版社，2021，第 2 页。

从结构来看，数据分为结构化数据、非结构化数据和半结构化数据。

结构化数据是指一种数据表示形式，按此种形式，由数据元素汇集而成的每个记录的结构都是一致的，并且可以使用关系模型予以有效描述。[①]例如信用卡号码、日期、财务金额、电话号码、地址、产品名称等。常见的 Excel 表格就是结构化数据的典型应用，其中行和列可以清楚地定义数据属性。结构化数据的优点是查询和修改等操作简单快速，局限性是横向不容易扩展列，增加字段比较麻烦。

非结构化数据是指不具有预定义模型或未以预定义方式组织的数据。[②]例如文本、图像、声音、影视、超媒体等。非结构化数据的应用场景包括大数据分析、互联网搜索、社交媒体分析、医疗影像系统、文件服务器（FTP/PDM）等。非结构化数据的特点是存储占比高、数据格式多样、结构不标准且复杂、信息量丰富、处理门槛高。优点是数据格式多样化，局限性是需要专业知识和处理工具。

半结构化数据是指不符合关系型数据库或其他数据表的形式关联起来的数据模型结构，但包含相关标记，用来分隔语义元素以及对记录和字段进行分层的一种数据化结构形式。[③]例如日志文件、网页文件、电子邮件等。半结构化数据存储的应用场景包括邮件系统、教学资源库、数据挖掘系统、档案系统等。半结构化数据的特点是结构与数据相交融，结构难以纳入描述框架，不易清晰理解与把握，数据变化通常会导致结构模式变化，整体上具有动态的结构模式。优点是能

---

①《数据领域常用名词解释（第一批）》，国家数据局网站，https://www.nda.gov.cn/sjj/zwgk/zcfb/1230/ff808081-93de5a43-0194-1b18a0c6-037e.pdf。

② 同上。

③ 同上。

够灵活扩展，局限性是数据质量难以保证、一致性难以维护。[1]

（二）数据的法律含义与分类

数据的法律概念不等同于其科学概念。从立法角度来看，数据的法律概念必须反映法律调整特定社会关系的出发点和目的，反映立法者的利益衡量与价值判断。从法律适用角度来看，数据法律概念影响当事人的权利、义务与责任，是法律解释的基础，必须以法律明文规定为依据。数据法律概念的界定是一个在科学认识的基础上改造、取舍的过程。

从法律层面看，数据与信息的区分不具实际意义。[2]法律规范性文件中一般不区分数据与信息，而是互换使用。如欧盟《通用数据保护条例》（GDPR）未区分数据和信息。GDPR将个人数据定义为"与已识别或可识别自然人相关的任何信息"。该定义与我国《个人信息保护法》的个人信息定义基本一致。

《中华人民共和国民法典》（以下简称《民法典》）[3]第一百二十七条规定："法律对数据、网络虚拟财产的保护有规定的，依照其规定。"该规定明确了对数据和网络虚拟财产进行保护，但是未明确规定数据的概念和法律性质。《个人信息保护法》只定义了个人信息，未定义个人数据。《个人信息保护法》第四条规定："个人信息是以电子或者其他方式记录的与已识别或者可识别的自然人有关的各种信息，不包括匿名化处理后的信息。"[4]

《数据安全法》第三条明确规定："本法所称数据，是指任何以

[1] 山东省大数据局编《山东省机关工作人员大数据基础知识读本》，准印证号（鲁）20230023，第15—17页。
[2] 武长海主编《数据法学》，法律出版社，2022，第1页。
[3] 《中华人民共和国民法典》（2020年5月28日第十三届全国人民代表大会第三次会议通过）。
[4] 《中华人民共和国个人信息保护法》（2021年8月20日第十三届全国人民代表大会常务委员会第三十次会议通过）。

电子或者其他方式对信息的记录。"① 该数据定义涵盖了电子数据和非电子数据。

根据国家数据局发布的《数据领域常用名词解释（第一批）》，数据是指任何以电子或其他方式对信息的记录。数据在不同视角下被称为原始数据、衍生数据、数据资源、数据产品和服务、数据资产、数据要素等。②

综上，无论作为信息载体还是生产要素，"数据"都是利益载体，具有重要的法律意义。作为法律概念，数据还衍生出体系化的数据权利、数据行为、数据利益或者数据权益以及数据法律关系等一系列法律或者法学概念，构成一个完整的概念体系，支撑数据制度体系和数据法学体系。③

所谓数据权，是指数据主体依法对特定数据享有的支配控制的权力或权利，包括自然人、法人、非法人组织的数据权利和国家的数据主权。④

数据权利包括个人信息权、数据财产权、数据接入权等权利。

个人信息权是指自然人依法对其个人信息享有的控制支配并排除他人干涉利用侵害的权利。个人信息权是公民人格权的派生权利，旨在维护公民人格尊严和人格利益，权利人对其个人信息的处理享有自决权、知情权、数据访问权、限制处理权、删除权、可携权等权利。

数据财产权是指数据主体对其数据资产享有的支配权。《民法典》虽然没有明确规定数据权，但是其第一百二十七条明确了数据是

---

① 《中华人民共和国数据安全法》（2021 年 6 月 10 日第十三届全国人民代表大会常务委员会第二十九次会议通过）。

② 《数据领域常用名词解释（第一批）》，国家数据局网站，https://www.nda.gov.cn/sjj/zwgk/zcfb/1230/ff808081-93de5a43-0194-1b18a0c6-037e.pdf。

③ 时建中：《数据概念的解构与数据法律制度的构建：兼论数据法学的学科内涵与体系》，《中外法学》2023 年第 1 期。

④ 齐爱民：《数据法原理》，高等教育出版社，2022，第 163-164 页。

法律保护的具有独立价值的财产利益。

数据接入权是指自然人、法人和非法人组织依法享有的获取数据的权利。行使数据权利、保护数据利益、进行数据处理活动，都需要数据接入（access to data）。因此，数据接入是数据权基本权能，是行使数据权的前提。[1]

数据主权又称信息主权，是指国家对本国数据享有的自主自决地处理和管控并排除他国组织、个人干预的权力，是主权国家开展数据治理的前提基础。[2]"国家数据主权，即对数据的占有和控制，将成为边防、海防、空防之后另一个大国博弈的空间。"[3]

法律上代表性的数据分类包括：

1. 电子数据与非电子数据

根据数据的存在方式，可以将数据分为电子数据和非电子数据。电子数据是以数字化形式存储、处理、传输的数据。电子数据包括网络数据和其他电子数据。《最高人民法院 最高人民检察院 公安部关于办理刑事案件收集提取和审查判断电子数据若干问题的规定》列举办理刑事案件过程中的电子数据包括但不限于："（一）网页、博客、微博客、朋友圈、贴吧、网盘等网络平台发布的信息；（二）手机短信、电子邮件、即时通信、通信群组等网络应用服务的通信信息；（三）用户注册信息、身份认证信息、电子交易记录、通信记录、登录日志等信息；（四）文档、图片、音视频、数字证书、计算机程序等电子文件。"

非电子数据是指以电子数据以外的其他方式存在的数据。

---

[1] 时建中：《数据概念的解构与数据法律制度的构建 兼论数据法学的学科内涵与体系》，《中外法学》2023年第1期。

[2] 齐爱民：《数据法原理》，高等教育出版社，2022，第167页。

[3] 林子雨编著《大数据导论：数据思维、数据能力和数据伦理》，高等教育出版社，2020，第189页。

一个与电子数据相关的数据类型是网络数据。《网络安全法》第七十六条第四项对网络数据进行了定义:"网络数据,是指通过网络收集、存储、传输、处理和产生的各种电子数据。"①

2. 核心数据、重要数据与一般数据

按照数据的重要性,可以将数据分为核心数据、重要数据和一般数据。

根据《数据安全法》第二十一条第二款,核心数据是指关系国家安全、国民经济命脉、重要民生、重大公共利益的数据。②

根据《网络数据安全管理条例》第六十二条第四项,重要数据是指特定领域、特定群体、特定区域或者达到一定精度和规模,一旦遭到篡改、破坏、泄露或者非法获取、非法利用,可能直接危害国家安全、经济运行、社会稳定、公共健康和安全的数据。③

核心数据、重要数据以外的其他数据属于一般数据。

区分核心数据、重要数据与一般数据的意义在于法律对不同级别数据保护的力度不同。法律对核心数据提出最高标准的管理和保护要求,原则上核心数据不得出境;法律规定对重要数据重点管理、保护,非经评估不得出境;一般数据可以依法出境。

3. 原始数据与衍生数据

按照数据流通交易的价值深度,把数据分为原始数据与衍生数据。

国家数据局发布的《数据领域常用名词解释(第一批)》将原始

---

①《中华人民共和国网络安全法》(2016年11月7日第十二届全国人民代表大会常务委员会第二十四次会议通过)。

②《中华人民共和国数据安全法》(2021年6月10日第十三届全国人民代表大会常务委员会第二十九次会议通过)。

③《网络数据安全管理条例》(2024年8月30日国务院第40次常务会议通过),中国政府网,https://www.gov.cn/zhengce/content/202409/content_6977766.htm。

数据定义为初次产生或源头收集的、未经加工处理的数据。[①]

2020 年，国家发展改革委等四部门印发的《关于加快构建全国一体化大数据中心协同创新体系的指导意见》提出："完善覆盖原始数据、脱敏处理数据、模型化数据和人工智能化数据等不同数据开发层级的新型大数据综合交易机制。"[②]

原始数据（第一层级）是指通过物理传感器、网络爬虫、问卷调查等途径获得的未经处理加工的原始信号数据，是对目标跟踪、观察、记录的结果。脱敏数据（第二层级）是为便于数据流通、确保数据安全和隐私保护，将原始数据中敏感、涉及隐私的数据进行脱敏处理后形成的数据。模型化数据（第三层级）是在原始数据、脱敏数据基础上进行模型化开发，形态为"数据＋服务"。如互联网企业开发用于精准营销的用户画像标签。人工智能化数据（第四层级）是指在前三层数据基础上结合机器学习形成人脸识别、语音识别等智能化能力的数据。原始数据、脱敏数据构成原生数据，在数据资源（一级市场）流通交易。[③]模型化数据和人工智能化数据构成衍生数据，在数据产品和服务市场（二级市场）流通交易。由于数据无法与其所依托的软硬件相分离，数据流通价值体现的也是数据、算法、算力的综合。

4. 公共数据、企业数据与个人信息数据

2022 年，中共中央、国务院印发《关于构建数据基础制度更好发挥数据要素作用的意见》（以下简称《数据二十条》）[④]，提出探索建

[①]《数据领域常用名词解释（第一批）》，国家数据局网站，https://www.nda.gov.cn/sjj/zwgk/zcfb/1230/ff808081-93de5a43-0194-1b18a0c6-037e.pdf。

[②]《关于加快构建全国一体化大数据中心协同创新体系的指导意见》（发改高技〔2020〕1922 号），中国政府网，https://www.gov.cn/zhengce/zhengceku/2020-12/28/content_5574288.htm。

[③] 于施洋、王建东、黄倩倩：《论数据要素市场》，人民出版社，2023，第 41-43 页。

[④]《中共中央 国务院关于构建数据基础制度更好发挥数据要素作用的意见》，中国政府网，https://www.gov.cn/zhengce/2022-12/19/content_5732695.htm。

立数据产权制度，推动数据产权结构性分置和有序流通，在国家数据分类分级保护制度下，推进数据分类分级确权授权使用和市场化流通交易。《数据二十条》将数据分为公共数据、企业数据、个人数据三类，并对探索建立有利于数据安全保护、有效利用、合规流通的数据产权制度和市场体系提出了要求。

公共数据是各级党政机关、企事业单位依法履职或者提供公共服务过程中产生的数据。依据《数据二十条》，建立公共数据确权授权机制应当遵循"加强汇聚共享和开放开发"的原则，重点做好以下工作：一是统筹授权使用和管理，推进互联互通，打破"数据孤岛"。二是在保护个人隐私、确保公共安全的前提下扩大供给使用范围。三是用于公共治理、公益事业的公共数据有条件无偿使用，用于产业发展、行业发展的公共数据有条件有偿使用。四是依法依规予以保密的公共数据不予开放。

企业数据是各类市场主体在生产经营活动中采集加工的不涉及个人信息和公共利益的数据。依据《数据二十条》，建立企业数据确权授权机制应当重点做好以下工作：保障市场主体对企业数据享有依法依规持有、使用、获取收益的权益。鼓励龙头企业、国有企业与中小微企业双向公平授权，共同合理使用企业数据。支持发展数据分析、数据服务等产业。政府部门因履职需要可以获取使用企业数据，但应遵守使用限制要求。

个人信息数据是承载个人信息的数据。依据《数据二十条》，建立个人信息数据确权授权机制一方面应当规范个人信息处理活动、推动个人信息匿名化处理，以保护个人信息安全和个人隐私；另一方面应当探索由受托者监督市场主体对个人信息数据进行采集、加工、使用的机制，以促进个人信息的合理利用。

对非公共数据的使用收益，《数据二十条》明确要求推进按市场化方式"共同使用、共享收益"的新模式，为激活数据要素价值创造和价值实现提供基础性制度保障。

（三）大数据的含义与特征

国务院《促进大数据发展行动纲要》指出，大数据是以容量大、类型多、存取速度快、应用价值高为主要特征的数据集合，正快速发展为对数量巨大、来源分散、格式多样的数据进行采集、存储和关联分析，从中发现新知识、创造新价值、提升新能力的新一代信息技术和服务业态。

1.大数据的主要特征是数据容量大、类型多、存取速度快、应用价值高

本条例的大数据定义突出了三个重要方面：数据的规模、数据的复杂性和数据的应用价值。大数据在不断扩大其数据规模的同时，也不断增加数据的复杂性，而数据的应用价值则体现在其对人类认知、决策和行为的影响上。

从数据量角度来看，大数据泛指无法在可容忍的时间内用传统信息技术和软硬件对其进行获取、管理和处理的巨量数据集合。由于数字经济时代万物互联，数据来源广泛，数据社交平台、电商平台、工业生产、交通运输、城市生活、物联网等数不清的传感器、摄像头每时每刻都在产生大量数据，数据量呈爆炸式增长。根据大数据的摩尔定律，人类社会产生的数据量每年以 50% 的速度增长。随着数据量的增加，通过数据处理能获取的信息、知识及其价值增值也相应增加。

由于网络应用广泛，数据源源不断产生，涵盖了工业大数据、金融大数据、医疗大数据、交通大数据、消费行为大数据等不同类型。其中，结构化数据只占 10%，主要是指存储在关系数据库中的数据。非结构化数据占 90%，主要包括邮件、图片、音频、视频、位置信息、链接信息、网络日志等。

存取速度快是指数据增长和处理速度显著提升。一方面全球数据量每年井喷式增长，另一方面许多应用需要对快速生成的数据给予实时分析结论，用以指导生产生活实践。数据处理速度要求达到秒级，甚至毫秒级。与传统的数据处理需要较长时间不同，大数据技术可以通过集群处理和分布式计算等技术手段，快速处理海量的数据，从而实现数据的实时分析和应用。如谷歌公司采用的交互式查询系统Dremel，能在 2~3 秒内完成上万用户 PB 级数据查询的需求。

应用价值高是指大数据的应用领域和价值广泛。大数据可以应用于工业生产、商业营销、医疗诊断、城市管理、社会治理等方面，通过运用大数据处理技术进行挖掘和分析，可以揭示出数据背后的规律和趋势，从而为各类决策提供参考和支持。

2. 大数据是信息技术和服务业态的结合体

大数据涵盖了多种技术和应用领域，包括数据采集、存储、管理、分析、应用等方面。从技术的角度来看，大数据利用了计算机技术、互联网技术、数据挖掘技术、人工智能技术等，在大规模数据的采集和存储基础上，通过数据挖掘和人工智能的算法进行数据的分析和应用，使得数据利用更高效，从而提升生产效率和服务质量。从服务业态的角度来看，大数据应用于各个领域，包括金融、医疗、教育、交通、农业等领域，可以为相关行业提供更加高效、精准的服务，提高效益。

3. 大数据是海量数据与大数据技术的综合

当人们提及大数据，并非仅指数据资源本身，而是指海量数据与大数据技术的综合。一般的应用场景中，实时产生的海量数据本身价值密度较低，需要通过构建存储数据的大数据平台运用大数据技术分析处理、发掘数据的相关性才能产出有价值的结果。

大数据技术是指伴随着大数据的采集、存储、分析与运用，使用非传统工具对大量结构化数据、半结构化数据和非结构化数据进行处理，从而获得分析和预测结果的技术。从数据分析全流程的角度来看，大数据技术主要包括数据采集与预处理、数据存储与管理、数据处理与分析、数据可视化、数据安全与隐私保护技术。

大数据技术的功能集中体现在以下两方面：

（1）收集、存储和关联分析能力。大数据包括对数据进行收集、存储和关联分析的技术和工具，以及通过这些技术和工具发现新知识、创造新价值和提升新能力的过程。

数据的收集和存储是大数据技术的重要组成部分。在数据收集过程中，既要考虑数据的来源、完整性、质量等因素，又要考虑数据的安全性和隐私保护。在数据存储方面，需要考虑数据的存储方式、存储容量、数据的备份和恢复、数据的快速访问和高效处理要求。

关联分析是大数据技术的一个重要组成部分。在数据分析过程中，需要对数据进行关联分析，发现其中的潜在规律和关联关系。例如，在金融领域，通过对交易数据的关联分析，可以发现金融市场的走势和波动规律，提高交易决策的准确性和效率；在医疗领域，通过对患者健康数据的关联分析，可以发现不同疾病之间的关联关系和病因，为医疗诊断和治疗提供参考和依据。

（2）发现新知识、创造新价值、提升新能力。

发现新知识。传统的数据分析和挖掘技术只能处理结构化数据，而现在的大数据分析技术可以处理结构化和非结构化数据，并从中提取出隐藏的关联规律和模式。这些新发现应用于医疗、交通、教育、环境等各个领域，为这些领域带来新的突破和发展。

创造新价值。大数据能够为企业带来更高的效益和更好的市场竞争力。企业可以通过对大数据的分析，发现潜在的客户需求和市场趋势，并根据这些信息进行产品研发和营销策略制定。此外，大数据也能够为企业提供更加精准的客户画像和行为分析，帮助企业更好地了解客户需求，提供更好的产品和服务，从而获得更高的客户满意度和市场份额。企业还可以通过大数据分析，了解生产和销售的各个环节，并优化供应链和物流管理，提升运营效率和管理能力。

提升新能力。大数据能够为政府提供更高效的决策支持和管理能力。政府可以通过大数据分析，了解社会热点事件、民意和公众需求，制定更加精准的政策和措施，提升政府的治理效能。

（四）大数据产业的含义

大数据产业是指一切与支撑大数据组织管理和价值发现有关的企业经济活动的集合。

大数据产业链包括IT（信息技术）基础设施层（提供软硬件、网络等基础设施的企业，提供规划、咨询、系统集成服务的企业）、数据源层（生物、医疗、交通、电商、社交等大数据的提供企业）、数据管理层（提供数据抽取、转换、存储、管理服务的企业）、数据分析层（提供分布式计算、数据挖掘、统计分析等服务的企业）、数据平台层（提供数据分享平台、数据分析平台、数据租售平台服务的企业）、数据应用层（提供智能交通、智慧医疗、智能物流、智能电网等行业应用的企业或机构）。[①]

第三条 【促进大数据发展应用的基本原则】

本省确立大数据引领发展的战略地位。促进大数据发展应当遵循政府引导、市场主导、开放包容、创新应用、保障安全的原则。

[①] 杨竹青主编《新一代信息技术导论》，人民邮电出版社，2020，第84页。

|条|文|要|旨|

本条是关于确立大数据引领发展的战略地位以及大数据发展促进基本原则的规定。基本原则对具体制度有弥补、指导的作用，具体制度是基本原则的体现和具体化。

|理|解|与|适|用|

一、确立大数据引领发展的战略地位的意义

（一）确立大数据引领发展的战略地位，有利于推进数字经济的转型升级和高质量发展

数字经济是当前经济发展的重要趋势和方向，而大数据则是数字经济的重要支撑。山东省大力发展大数据产业，可以推动传统产业转型升级，培育新兴产业，提高经济发展的质量和效益。同时，大数据产业的发展也可以带动其他相关产业的发展，形成产业链和产业生态系统，促进区域经济协调发展。

（二）确立大数据引领发展的战略地位，有利于提升社会治理水平

大数据具有强大的信息处理和分析能力，能够帮助政府提高决策的科学性和精准性，推动政务公开和信息共享，提高公共服务水平和质量。在智慧城市建设和社会治理中，大数据的应用也可以提高社会治理效率和质量，为民生改善和社会和谐发展做出贡献。

（三）确立大数据引领发展的战略地位，有利于促进科技创新和产业升级

大数据是信息化和数字化的重要产物，同时也是创新和应用的重要驱动力。山东省引导和支持大数据技术和应用的创新，可以推动大数据与各行各业的深度融合，提高生产效率和产品质量，推动传统产业的数字化和智能化，培育新兴产业，为经济发展注入新动力。

二、促进大数据发展应当遵循政府引导原则

在大数据的发展过程中，政府在引导和促进大数据发展方面发挥着重要作用。大数据发展遵循政府引导原则，是为了更好地推动大数据的发展，提高大数据的应用效益，促进数字经济的发展和社会进步。

（一）政府引导有利于促进大数据的合理和健康发展

在大数据发展初期，市场对于大数据的理解和认识还比较模糊，大数据的应用场景和商业模式还需要探索和完善。政府引导可以提供指导和支持，促进大数据技术和应用的规范化和标准化，推动大数据产业健康有序发展。政府引导还可以通过资金支持、政策引导等手段，鼓励企业加大研发投入，提高大数据的应用能力和创新能力，推动大数据技术的进步和应用范围的扩大。

（二）政府引导有利于保障数据安全和保护个人信息

在大数据应用过程中，可能会涉及大量的个人隐私和敏感信息，如果没有严格的安全保障和监管机制，就可能会造成信息泄露和滥用，对公民的权益造成损害。政府引导可以通过制定相关法律法规和标准，加强对大数据安全和隐私保护的监管，规范大数据产业的发展和应用，保障公民的隐私权和信息安全。

（三）政府引导有利于大数据发展应用的公共利益导向

大数据是数字经济的重要支撑，其应用不仅可以促进经济发展，还可以提高社会治理效率和公共服务水平，满足公众的多元化需求。政府引导可以通过推动大数据与公共服务和社会治理的深度融合，提高公共服务、社会治理的效率和质量，推进社会全面进步。

当然，政府引导也需要遵循市场主导原则，避免过度干预和扭曲市场机制，保障市场主体的自主选择权和竞争机会，保持政府和市场的良性互动，实现政府和市场在大数据发展中的有机融合，推动数字经济和社会进步。因此，政府引导原则不仅是大数据发展的必要原

则，也是大数据应用和管理的基础性保障。

三、促进大数据发展应当遵循市场主导原则

市场主导原则体现了市场经济的基本原则和大数据产业的特点。在市场主导的基础上，大数据产业才能实现市场化、专业化和规模化的发展，推动数字经济和社会进步。市场主导原则要求大数据产业必须以市场为导向，以需求为基础，强调市场主体的自主选择权和竞争机会。在实践中，市场主导可以通过以下措施实现：

首先，充分发挥市场机制，建立竞争性的市场环境和产业生态，吸引更多的企业和资本进入大数据领域，激发创新活力和市场活力。政府可以通过制定市场准入标准、减轻不必要的行政审批负担等方式，推动市场的竞争和发展。

其次，注重需求导向，加强用户需求和产业需求的研究和引导，以市场需求为导向推动大数据技术和应用的创新和发展。

再次，加强产业协同和合作，推动大数据产业的协同发展和集成创新。政府可以通过建立产学研联合创新平台、支持企业联合开展技术攻关等方式，推动大数据产业的集成创新和跨界合作。

当然，市场主导原则并不是一味地强调市场机制和利益，而是要求市场主体在进行大数据应用和开发时，也要遵守相关的规范和标准，注重社会责任和可持续发展。政府有责任制定相应的规范和标准，加强市场监管和管理，保障市场的公平竞争和稳定发展。

四、促进大数据发展应当遵循开放包容原则

大数据发展应当遵循开放包容原则，这是因为开放和包容是促进大数据创新和发展的重要条件。在开放包容的环境下，不同的企业和组织可以共享数据和技术资源，加速创新和发展，推动产业进步和升

级。同时，开放包容能够促进数字经济发展，提高社会效益。汇聚全球大数据技术、人才和资金等要素资源，坚持自主创新和开放合作相结合，走开放式的大数据产业发展道路。树立数据开放共享理念，完善相关制度，推动数据资源开放共享与信息流通。

首先，开放包容原则要求政府和市场主体共同推动数据开放和共享，促进资源的优化配置和效益最大化。政府可以通过加强数据安全保护、制定相关政策和标准、建立数据共享平台等手段，鼓励各个行业和部门开放数据资源。市场主体则需要积极参与数据共享和合作，打造数据生态系统，推动产业链的合作和共赢。

其次，开放包容原则要求建立健全责任明晰、措施具体、程序严密、配套完善的大数据发展容错免责机制，对于在大数据应用工作中出现偏差的单位与个人，在符合特定条件的情况下不作负面评价，免除相关责任或从轻、减轻处理。习近平总书记在2016年省部级主要领导干部学习贯彻党的十八届五中全会精神专题研讨班上提出"三个区分开来"，即"将干部在推进改革中因缺乏经验、先行先试出现的失误错误，同明知故犯的违纪违法行为区分开来；把尚无明确限制的探索性试验中的失误错误，同明令禁止后依然我行我素的违纪违法行为区分开来；把为推动发展的无意过失，同为谋取私利的违纪违法行为区分开来"。这为容错免责制度建立提供了重要的理论依据。

除此之外，开放包容原则还要求大数据发展应当依据公共利益原则，保障数据资源的公平使用和利益分配，维护社会公平和正义。在大数据发展中，需要兼顾数据的商业利用和公共利益，确保数据使用的合法性、合规性和安全性，防止数据滥用和侵权等问题。

开放包容原则也需要注意保护数据安全和隐私，防止数据泄露和滥用的问题。政府需要加强监管和规制，确保数据的安全和合法使用。

在大数据的开放和共享中，还需要建立良好的数据治理机制和社会信任体系，让数据开放成为促进社会发展和增进人民福祉的重要力量。

五、促进大数据发展应当遵循创新应用原则

创新应用是大数据发展的重要方向之一。大数据发展应当遵循创新应用原则，这意味着我们需要探索和开发新的技术和应用方式，将大数据技术应用到新领域和新行业，从而不断推动经济和社会发展。这一原则的核心在于鼓励创新和应用，不断拓展大数据应用的边界。瞄准大数据技术发展前沿领域，强化创新能力，提高创新层次，以企业为主体集中攻克大数据关键技术，加快产品研发，发展壮大新兴大数据服务业态，加强大数据技术、应用和商业模式的协同创新，培育市场化、网络化的创新生态。发挥我国市场规模大、应用需求旺的优势，以国家战略、人民需要、市场需求为牵引，加快大数据技术产品研发和在各行业、各领域的应用，促进跨行业、跨领域、跨地域大数据应用，形成良性互动的产业发展格局。

首先，大数据的创新应用可以拓展技术应用领域。通过大数据技术，人们可以更好地挖掘和分析数据信息，并将其应用于医疗、交通、环保、文化等各个领域，改善人们的生产、生活环境。例如，在医疗领域，大数据可以帮助医生快速获取病人的诊疗历史、病史、用药等信息，从而更好地指导治疗，提高诊疗效率和准确性。在环保领域，大数据可以帮助监测污染源，提高环保效率和监测的准确性。

其次，大数据的创新应用可以推动经济社会发展。通过大数据技术，人们可以更好地预测市场需求，调整生产、销售和营销策略，提高生产效率和经济效益。例如，在零售领域，大数据可以帮助零售商更好地了解消费者需求和购买行为，从而制定更精准的促销活动和定价策略，提高销售额和市场占有率。在金融领域，大数据可以帮助银行更好地了解客户的信用状况和风险偏好，制定更精准的贷款方案和风险控制策略，提高贷款效率和风险控制水平。

最后，大数据的创新应用也能够推动科技进步和产业升级。通过大数据技术，人们可以更好地挖掘和分析数据信息，从而发现新的商业机会和产业趋势。例如，在智能制造领域，大数据可以帮助制造商更好地了解设备运行状况和生产效率，从而优化生产流程和降低生产成本，实现智能化生产和产业升级。

创新应用也需要注重技术的落地，即实际应用的效果和价值。在推广和应用大数据技术的过程中，我们需要注重技术与现实需求的结合，将技术应用到具体的场景和问题中，不断优化和改进技术，提高技术的实用性和可靠性。同时，我们还需要注重数据安全和隐私保护，保障用户的合法权益。

六、促进大数据发展应当遵循保障安全原则

安全是发展的前提，发展是安全的保障，坚持发展与安全并重，必须增强信息安全技术保障能力，建立健全安全防护体系，保障信息安全和个人隐私。加强行业自律，完善行业监管，促进数据资源有序流动与规范利用。①

保障安全是大数据发展的重要前提和发展保障，也是必须要遵守的原则之一。大数据技术的发展离不开海量的数据，但这些数据往往涉及个人隐私、商业机密和国家安全等敏感信息。因此，保障安全原则就是要确保大数据的采集、存储、处理和传输过程中不会泄露敏感信息，不会给社会、国家和个人带来安全隐患。

---

① 《大数据产业发展规划（2016—2020 年）》（工信部规〔2016〕412 号），中华人民共和国国家发展和改革委员会网，https://www.ndrc.gov.cn/fggz/fzzlgh/gjjzxgh/201706/t20170622_1196822.html。

具体来说，保障安全原则包括以下三个方面：

（1）数据隐私保护。保护个人隐私是大数据发展的重要前提。在大数据采集、存储、处理和传输过程中，必须严格遵守相关法律法规，采取有效的安全措施，确保个人隐私不被泄露、不被滥用。

（2）数据安全防护。数据安全防护是确保大数据系统不被恶意攻击、不受病毒感染、不被黑客入侵的关键。因此，大数据系统必须采取完善的安全措施，如加密传输、防火墙、安全审计等，防范各种安全威胁。

（3）信息安全管理。大数据平台需要建立健全的信息安全管理体系，对数据的采集、存储、处理、传输和使用等各个环节进行全面的管控和监管。同时，还需要制定相关的信息安全政策和管理规范，保障数据安全。

总之，保障安全原则是大数据发展的重要保障。只有确保大数据的安全性，才能更好地推动大数据技术的应用和发展，避免因数据安全问题带来的各种风险和损失。如果数据安全无法得到保障，不仅会影响到个人和企业的利益，也会影响到整个社会的稳定和发展。

第四条 【县级以上人民政府及有关主管部门的职责】

县级以上人民政府应当加强对本行政区域内大数据发展工作的领导，建立大数据发展统筹协调机制，将大数据发展纳入国民经济和社会发展规划，加强促进大数据发展的工作力量，并将大数据发展资金作为财政支出重点领域予以优先保障。

县级以上人民政府大数据工作主管部门负责统筹推动大数据发展以及相关活动，其他有关部门在各自职责范围内做好相关工作。

|条|文|要|旨|

本条是关于各级人民政府及其大数据工作主管部门大数据发展应用促进职责、职权的规定。本条规定明确了县级以上人民政府建立大数据发展统筹协调机制，将大数据发展纳入经济社会发展规划、给予资金保障等促进大数据发展的职责。

大数据是当今世界上最重要的生产要素之一，具有广泛的应用前景。政府能够调动社会各方面的资源，为大数据发展提供必要的推动、支持和保障。例如，加强大数据政策的制定、推进大数据产业的发展、加强对大数据技术和应用的管理和监管等。实践中由于促进大数据发展应用的政府职责、职权规定不明确，容易出现各个部门相互推诿的现象。本条对各级人民政府及大数据工作主管部门大数据发展促进职责进行明确规定，有助于相关主体明确各自的职责，协调配合。

|理|解|与|适|用|

一、县级以上人民政府促进大数据发展的职权与职责

（一）县级以上人民政府应当建立大数据发展统筹协调机制

大数据发展应用促进是一个涉及多个领域和多个部门的复杂系统，需要政府在机构设置和人员配置上进行优化和改进，建立一套科学合理的机制，以保障大数据发展应用的顺利进行。这样的机制可以帮助政府加强大数据资源的整合和管理，提高大数据技术和应用的效

率和质量。

（二）县级以上人民政府应该加强对大数据发展的规划和管理

大数据是国家发展的重要战略资源，政府应该将大数据发展应用作为国家整体发展战略的一部分，纳入国民经济和社会发展规划，加强规划和管理。

（三）县级以上人民政府应当加强促进大数据发展的工作力量

大数据是一项技术密集型的工作，需要大量的技术人才和专业团队来推动大数据技术的应用和创新。政府应该为大数据发展提供必要的人才和技术支持，建立一支专业的团队，以提高大数据发展的质量和效率。

（四）县级以上人民政府应当将大数据发展资金作为财政支出重点领域予以优先保障

大数据的发展需要大量的资金投入，政府应该为大数据发展提供必要的资金支持，保障大数据发展的可持续性和稳定性。政府可以通过多种渠道来为大数据发展提供资金支持，例如设立专项资金、引导社会投资、吸引外资等。

二、县级以上人民政府大数据工作主管部门的职权与职责

大数据工作主管部门需要全面把握大数据发展的战略方向和政策，协调各部门和企业的资源和力量，促进大数据产业的快速发展，包括制定和贯彻大数据发展规划和政策，整合和管理本地区大数据资源，推动大数据技术的应用和创新，加强对大数据发展应用的监管，培养和引进大数据人才等。

三、其他有关政府部门促进大数据发展应用的职权与职责

其他有关政府部门包括但不限于工业与信息化、网信、公安、国家安全、保密、通信管理等部门，应当根据各自的职责范围，积极开展大数据相关工作，协助和支持大数据工作主管部门的工作，推动大数据技术在相关领域的应用和推广。

第五条 【从事大数据发展相关活动的自然人、法人和其他组织的义务】

自然人、法人和其他组织从事与大数据发展相关的活动，应当遵守法律、法规，不得泄露国家秘密、商业秘密和个人隐私，不得损害国家利益、公共利益和他人合法权益。

|条|文|要|旨|

本条是自然人、法人和其他组织从事大数据相关活动的合法性要求。

大数据作为国家基础性战略资源，对经济发展具有重要的推动作用。数据安全违法、违规事件对公民的人身财产安全、企业的正常经营活动以及国家安全带来较大的威胁。因此，加强数据处理行为的规制，具有重要的现实意义和理论价值。《数据安全法》第八条规定："开展数据处理活动，应当遵守法律、法规，尊重社会公德和伦理，遵守商业道德和职业道德，诚实守信，履行数据安全保护义务，承担社会责任，不得危害国家安全、公共利益，不得损害个人、组织的合法权益。"[1]这为开展数据处理活动设定了基本行为规范。

---

[1]《中华人民共和国数据安全法》（2021 年 6 月 10 日第十三届全国人民代表大会常务委员会第二十九次会议通过）。

|理|解|与|适|用|

一、自然人、法人和其他组织从事与大数据发展相关活动的守法义务

大数据发展相关活动必须依法进行。任何个人和组织在从事大数据相关活动时都必须遵守相关法律、法规，严格遵守国家规定的信息安全保护措施。

大数据发展应用活动中所处理的数据种类繁多，其中包括国家机密、商业机密、个人隐私等。这些信息具有高度保密性和敏感性，需要采取专门的保护措施。自然人、法人和其他组织在从事大数据活动时要严格遵守国家有关信息安全保护法规，不得泄露国家机密、商业机密，以及个人隐私。

《数据安全法》第三十二条规定："任何组织、个人收集数据，应当采取合法、正当的方式，不得窃取或者以其他非法方式获取数据。法律、行政法规对收集、使用数据的目的、范围有规定的，应当在法律、行政法规规定的目的和范围内收集、使用数据。"[1]

《中华人民共和国网络安全法》第四十一条规定："网络运营者收集、使用个人信息，应当遵循合法、正当、必要的原则，公开收集、使用规则，明示收集、使用信息的目的、方式和范围，并经被收集者同意。网络运营者不得收集与其提供的服务无关的个人信息，不得违反法律、行政法规的规定和双方的约定收集、使用个人信息，并应当依照法律、行政法规的规定和与用户的约定，处理其保存的个人信息。"[2]

---

[1]《中华人民共和国数据安全法》（2021年6月10日第十三届全国人民代表大会常务委员会第二十九次会议通过）。

[2]《中华人民共和国网络安全法》（2016年11月7日第十二届全国人民代表大会常务委员会第二十四次会议通过）。

二、自然人、法人和其他组织从事与大数据发展相关活动的社会责任

随着大数据应用的深入发展，其对于社会生产和生活的影响也越来越大。自然人、法人和其他组织在从事大数据相关活动时不仅要遵守相关的法律、法规，还要遵循诚实守信、公正透明的原则，遵守商业道德，履行数据安全保护义务，自觉维护国家利益、公共利益和他人合法权益，不得利用大数据活动从事违法犯罪活动、侵害国家利益、公共利益以及他人合法权益。

第六条 【对突出贡献者的表彰、奖励】

县级以上人民政府、省人民政府有关部门应当按照国家和省有关规定，对在促进大数据发展中做出突出贡献的单位和个人给予表彰、奖励。

|条|文|要|旨|

本条是对在促进大数据发展中做出突出贡献的单位和个人给予表彰、奖励的规定。

表彰和奖励既是对单位和个人的肯定和鼓励，也是对整个大数据发展的推动和促进。数据开发利用活动涉及多方主体，既包括政府机构及其专门的数据管理部门，也包括各类企事业单位以及公民。明确规定对在促进大数据发展中做出突出贡献的单位和个人给予表彰、奖励，有利于调动各方主体积极参与大数据发展应用的积极性，提高整

个社会对大数据发展应用的认知和支持度，推动大数据产业的蓬勃发展。

|理|解|与|适|用|

一、"在促进大数据发展中做出突出贡献"情形的认定

包括但不限于在技术创新、应用创新、数据资源整合、开放共享、人才培养等领域，对技术、应用、政策、管理等多个方面做出具有较高的实践和推广价值的贡献。

二、"表彰、奖励"的具体形式

包括但不限于荣誉称号、奖金、证书及收入官方案例集、名录集等。这些形式的表彰和奖励可以根据被表彰和奖励的单位与个人的实际贡献情况、表彰与奖励的层级等进行具体的量化和区分。例如，山东省工业和信息化厅为培育省大数据产业发展及应用创新典型，促进示范交流，面向全省组织开展了"三优两重"的项目征集工作，即"优秀大数据产品、优秀大数据解决方案、优秀大数据应用案例"和"重点大数据企业、重点大数据资源"。[1]

三、政府应当建立健全表彰和奖励的程序和机制

县级以上人民政府应当建立健全表彰和奖励的程序和机制，落实好表彰和奖励的各项工作，确保表彰和奖励顺利进行。此外，还应建

---

[1]《山东省工业和信息化厅关于征集 2022 年度省级大数据"三优两重"项目的通知》（2022 年 11 月 17 日发布），山东省工业和信息化厅网站，http://gxt.shandong.gov.cn/art/2022/1/4/art_15202_10298450.html。http://gxt.shandong.gov.cn/art/2022/1/4/art_15202_10298450.html。

立长效激励机制，鼓励更多的单位和个人参与到大数据发展中来，推动大数据产业的快速发展。

县级以上人民政府、省人民政府有关部门应当根据本地实际情况，确定表彰和奖励的具体对象和标准并进行公示，确保表彰和奖励的公平性和公正性。同时，各级政府部门应当严格执行奖励程序和标准，确保评选过程公开、公平、公正。评选过程应当通过各种形式向社会公布，包括评选标准、申报程序、评选委员会名单、评选结果等，以便社会各方面监督。

《山东省支持数字经济发展的意见》明确规定对数字技术领域具有重大创新引领作用的国际和国家标准给予奖励。对获得中国专利金奖、银奖和优秀奖的数字技术企业，分别给予每个奖项奖补50万元、20万元、10万元；对获得省级及以上自然科学、技术发明、科学技术进步奖的数字技术企业，省财政一次性给予最高500万元奖励。引导企业建立研发准备金制度，对符合条件的数字技术企业按研发投入比例给予最高1000万元后补助。[1]

《贵州省大数据发展应用促进条例》第十一条规定："符合国家税收优惠政策规定的大数据企业，享受税收优惠。大数据高层次人才或者大数据企业员工年缴纳个人所得税达到规定数额的，按照有关规定给予奖励；具体办法由省人民政府制定。"[2]

---

[1]《山东省人民政府办公厅关于印发〈山东省支持数字经济发展的意见〉的通知》（鲁政办字〔2019〕124号），山东省人民政府网站，http://www.shandong.gov.cn/art/2019/7/19/art_2259_34851.html。

[2]《贵州省大数据发展应用促进条例》（2016年1月15日贵州省第十二届人民代表大会常务委员会第二十次会议通过）。

第二章　基础设施

|本|章|概|述|

　　第二章是关于加强数字基础设施建设、传统基础设施数字化改造的规定。基础设施是现代社会经济活动的重要支撑，而数字基础设施则是建设数字化社会的重要基础。本章共七条。第七条是关于政府编制数字基础设施建设规划、政府加强数字基础设施体系建设的一般规定。第八条至第十四条分别对算力基础设施、通信网络基础设施、物联网、工业互联网、一体化大数据平台建设，传统基础设施数字化改造，农村数字基础设施建设做出规定。数字基础设施的规划与建设要与各领域基础设施规划相协调，实现数字化与实体经济的深度融合，才能更好地服务于经济社会发展和民生需求。

第七条 【编制和实施数字基础设施建设规划】

县级以上人民政府应当组织有关部门编制和实施数字基础设施建设规划，加强数字基础设施建设的统筹协调，建立高效协同、智能融合的数字基础设施体系。

交通、能源、水利、市政等基础设施专项规划，应当与数字基础设施建设规划相衔接。

|条|文|要|旨|

本条规定县级以上人民政府通过编制数字基础设施建设规划统筹协调数字基础设施建设，编制基础设施专项规划应当与数字基础设施建设规划相衔接。

我国经济的高质量发展需要以数据基础设施的建设与应用为基础。数字基础设施是由人工智能、互联网、物联网、第五代移动通信技术（5G技术）等相融合而形成的促进数字经济发展的基础设施。山东省数字基础设施建设已得到一定规模的发展，但面对新兴技术日新月异的变化，其融合程度有待进一步加强。同时，由于地区之间经济发展水平不平衡等问题的存在，各地区之间数字基础设施建设水平也存在较大差异，亟须协调发展。通过编制与实施数字基础设施建设规划，能够加速实现数字经济惠及社会各个领域，为人民群众带来较大福利，同时也能保障数字经济在地区间的协调发展。

县级以上人民政府组织有关部门加强数字基础设施建设规划的统筹协调，目的在于提高数字基础设施建设的效率和协同性，加快数字化转型进程，推动数字经济的发展，从而更好地满足人民群众对数字服务的需求，促进经济社会的快速发展。

|理|解|与|适|用|

一、数字基础设施的含义

数字基础设施是以数据创新为驱动、通信网络为基础、数据算力设施为核心的基础设施体系，是支撑数字化社会和数字经济发展的各种技术设施和服务，主要涉及 5G、数据中心、云计算、人工智能、物联网、区块链等新一代信息通信技术。[1]数字基础设施包括通信网络等网络基础设施、云计算中心等算力基础设施、大数据平台等平台基础设施以及工业互联网等融合基础设施，能提供数据收集、传输、分析、应用全链条服务。如同道路、桥梁、水电设施等基础设施支撑着城市的正常运转，数字基础设施支撑着数字经济的运转和数字化社会的发展。使用手机在线购物、观看视频依赖数字基础设施提供的高速网络、大规模数据存储和处理能力；智能语音、自动驾驶、智能家居等应用都需要数字基础设施提供数据与算力支持。

二、数字基础设施建设规划的作用

县级以上人民政府组织有关部门编制和实施数字基础设施建设规划的目的是推动数字基础设施建设的规范化、科学化和高效化，加快数字化转型步伐，提高社会信息化水平，促进经济社会发展。

（一）规划的制定可以更好地指导数字基础设施建设

数字基础设施建设规划的编制，可以对数字基础设施建设进行全面、系统的规划和布局，确定建设的目标、任务、路线、重点和优先方向，进一步促进数字基础设施的建设和发展，避免盲目投资和重复建设，提高资源利用效率和建设质量。

---

[1]《数字基础设施：打造数字未来坚实底座》，新华网，http://www.news.cn/fortune/2022-11/11/c_1129119298.htm。

（二）规划的实施可以加强数字基础设施建设的统筹协调

数字基础设施建设规划的实施需要各相关部门的协同配合，包括各级政府、企业、社会组织等多方面力量的参与。统筹协调各方面资源和力量，整合各种数据和信息资源，提高数字基础设施建设的整体效益和应用价值，推进数字基础设施的共建共享。

（三）规划的实施可以促进数字基础设施的创新发展

数字基础设施建设规划的实施，可以为数字基础设施创新提供更广阔的空间和更有利的条件。规划制定的过程中，可以对前沿技术、新模式、新业态等进行研究和探索，引导和支持数字基础设施的技术创新和应用创新，进一步提升数字基础设施的智能化、安全化、可靠性和可持续性，提高数字化经济和社会的创新能力和竞争力。

三、数字基础设施统筹协调的意义

县级以上人民政府组织有关部门加强数字基础设施建设的统筹协调，目的在于提高数字基础设施建设的效率和协同性，加快数字化转型进程，推动数字经济的发展，从而更好地满足人民群众对数字服务的需求，促进经济社会的快速发展。

首先，数字基础设施建设是一项复杂的系统工程，需要各个领域、各个部门协调合作。政府的统筹协调能力将决定数字基础设施建设的质量和速度。因此，县级以上人民政府需要组织有关部门加强协作，确保数字基础设施建设的各个方面都能够协调有序地进行。

其次，数字基础设施是数字经济发展的重要基础，是支撑数字经济快速增长的关键要素。数字化转型已经成为现代经济发展的趋势，数字基础设施建设是数字化转型的重要组成部分。加强数字基础设施建设的统筹协调，将能够更好地支持数字经济发展，促进经济增长。

再次，数字基础设施建设的统筹协调还能够促进区域协调发展。数字基础设施建设的落实需要各个地区之间的协作和合作，特别是在跨地区的数字基础设施互联互通上更需要加强协作。政府的统筹协调能够推动不同地区之间的协调发展，促进区域协同发展，实现经济社会的共同繁荣。

四、高效协同、智能融合的数字基础设施体系建设要求

（一）高效协同

高效协同是指数字基础设施体系中的各个硬件设施、软件支持和应用场景之间要具备高度的协同能力，实现数字经济和信息化社会的快速发展。这需要数字基础设施中的各个设施之间具备高效的信息交换和数据共享能力。例如，高速宽带网络、物联网、工业互联网等设施之间需要具备高效的协同能力，以支持数字经济和信息化社会的发展。同时，数字基础设施建设的规划、建设、运营和维护等各个环节也需要具备高效的协同能力，以确保数字基础设施体系的顺畅运行。

（二）智能融合

智能融合是指数字基础设施体系中的各个硬件设施、软件支持和应用场景之间要具备智能融合能力，实现设施之间的智能互联和信息交互。数字基础设施中的各个设施可以通过智能融合技术实现设备之间的智能互联，实现设施之间的数据交换和协同控制。同时，数字基础设施体系中的软件支持和应用场景也需要通过智能融合技术实现智能协同，以更好地支持数字经济和信息化社会的发展。

县级以上人民政府组织有关部门建立高效协同、智能融合的数字基础设施体系的主要目的是实现数字经济和信息化发展战略的顺利实施，进一步推动数字经济发展，提升数字经济和信息化的综合能力。

五、数字基础设施建设规划的编制实践

国家在数字基础设施方面较早的发展规划是"宽带中国"战略和

"互联网 +"行动计划。

"宽带中国"战略是 2011 年由工业和信息化部在全国工业和信息化工作会议上提出的。国家发展和改革委员会等八部委联合起草的《"宽带中国"战略及实施方案》于 2013 年 8 月 16 日正式发布,目的是加快我国宽带网络建设。

2015 年 3 月 5 日,十二届全国人民代表大会第三次会议首次提出"互联网 +"行动计划,旨在推动移动互联网、云计算、大数据、物联网等与现代制造业结合,促进电子商务、工业互联网和互联网金融健康发展,引导互联网企业拓展国际市场。《"十四五"数字经济发展规划》又提出建设高速泛在、天地一体、云网融合、智能敏捷、绿色低碳、安全可控的智能化综合性数字信息基础设施的要求。[1]

2020 年,山东省人民政府办公厅《关于山东省数字基础设施建设的指导意见》提出了前瞻布局以 5G、人工智能、工业互联网、物联网等为代表的新型基础设施,持续推动交通、能源、水利、市政等传统基础设施数字化升级,构建"泛在连接、高效协同、全域感知、智能融合、安全可信"的数字基础设施体系的总体思路。[2]

2023 年 11 月,山东数字强省建设领导小组办公室印发《山东省数字基础设施建设行动方案(2024—2025 年)》,明确了前瞻布局以 5G、千兆光网、算力基础设施、物联网等为代表的信息基础设施,持续推动交通、能源、水利、市政、文旅教体、生态环境等领域融合基础设施数字化转型,加快构建高速泛在、智能敏捷、算网融合、智慧便民的数字基础设施,筑牢数字经济底座支撑,打造高质量发展核

---

[1]《国务院关于印发"十四五"数字经济发展规划的通知》(国发〔2021〕29 号),中国政府网,https://www.gov.cn/zhengce/content/2022-01/12/content_5667817.htm。

[2]《山东省人民政府办公厅关于山东省数字基础设施建设的指导意见》(鲁政办字〔2020〕34 号),山东省人民政府网站,http://www.shandong.gov.cn/art/2020/3/23/art_107851_106218.html。

心引擎 9 方面 25 项重点任务。①

六、基础设施专项规划与数字基础设施建设规划的衔接

基础设施是现代社会经济活动的重要支撑，而数字基础设施则是现代数字化社会的重要组成部分。数字基础设施的规划与建设要与各个领域基础设施规划相协调，实现数字化与实体经济的深度融合，才能更好地服务于经济社会发展和人民群众生活需求。

交通、能源、水利、市政等基础设施专项规划与数字基础设施建设规划相衔接，目的在于实现数字基础设施和各领域基础设施的协同发展，进一步提升社会运行效率和服务水平。

交通基础设施是社会生产和人民生活中必不可少的组成部分，与数字基础设施建设规划相衔接的一种方式为在道路和桥梁上加装传感器和监测设备，实现交通流量、车速等数据的实时监测和分析，进一步优化交通运输资源配置，提升交通运输服务质量和效率。

能源基础设施包括电力、燃气、水电站等设施，与数字基础设施建设规划相衔接的一种方式是建立数字化监控系统，对能源设施进行实时监测和管理。能源设施的状态、运行情况、能耗等信息都可以在数字平台上实时获取。数字基础设施的建设可以为能源设施提供更加高效便捷的通信和数据传输支持，进一步提升能源设施的管理和运行效率，为实现可持续发展目标提供有力支持。

通过交通、能源、水利、市政等基础设施专项规划与数字基础设施建设规划之间的衔接，可以实现各领域基础设施和数字基础设施的深度融合，进一步推动社会数字化、智能化和可持续发展。

①《关于印发〈山东省数字基础设施建设行动方案（2024—2025 年）〉的通知》（数字强省办发〔2023〕10 号），山东省人民政府网站，http://bdb.shandong.gov.cn/art/2023/11/14/art_333974_62740.html。

第八条 【推进算力基础设施建设】

省、设区的市人民政府应当组织有关部门推进新型数据中心、智能计算中心、边缘数据中心等算力基础设施建设，提高算力供应多元化水平，提升智能应用支撑能力。

|条|文|要|旨|

本条是关于加强算力基础设施建设的规定。

算力基础设施是数字经济发展的重要基础设施，是实现数字化转型的重要手段，具有重要的战略意义。通过建设算力基础设施，可以有效提高本地区的算力供应水平，为各类数字化业务的开展提供有力的支撑，有助于提高本省在数字经济竞争中的地位和优势，促进经济发展和社会进步。

|理|解|与|适|用|

一、算力与算力基础设施的含义

（一）算力及其衡量

算力是计算能力的口语化表达。狭义上讲，算力是指一台计算机具备的理论上最大的每秒浮点运算次数（FLOPS）。从广义上看，算力是计算机设备或系统配合共同执行某种计算需求的能力。此处的计算机设备包括个人电脑、手机、嵌入式设备等，计算系统包括片上系统（SoC）、超级计算机、云计算系统、数据中心系统、分布式计算系统等。[1]

---

[1] 孙凝晖、张云泉、刘宇航：《算力的英文如何翻译？》，中国计算机协会网站，https://www.ccf.org.cn/Media_list/gzwyh/jsjsysdwyh/2022-11-12/789792.shtml。

"算力"主要按照以下五个方面指标衡量：一是计算速度，芯片、服务器、计算机、超算系统都反映这方面的能力；二是算法；三是大数据存储量；四是通讯能力，包括 5G 基站数、带宽、通讯速度可靠性与能耗；五是云计算服务能力。数字经济时代，算力是国家竞争力的重要组成部分。

（二）算力基础设施及其构成

算力基础设施建设，是指以数据服务器、运算中心、数据存储阵列等为核心，实现数据信息的计算、存储、传递、加速、展示等功能的数据中心、智能计算中心等算力基础设施的建设活动。[①]算力基础设施建设的目标是联通散落在全网中的资源孤岛，构建云、边、端数据协同计算体系，提升全网算力的资源利用效率。通过协同调度算力，海量应用得以随时按需获取所需算力资源，实现算力全局优化。

算力基础设施由新型数据中心、智能计算中心和边缘数据中心构成。

1. 数据中心

数据中心是由计算机场站（机房）、机房基础设施、信息系统硬件（物理和虚拟资源）、信息系统软件、信息资源（数据）和人员以及相应的规章制度组成的组织。它通常由数千甚至数万台服务器组成，提供稳定可靠的计算能力和存储资源，支持各种应用和服务，包括互联网、云计算、人工智能、大数据等。新型数据中心以集中化、智能化的方式对大量数据进行存储、处理、管理和传输，与传统数据中心相比具有更高的可靠性、可扩展性和灵活性，可为用户提供更高效、安全和便捷的数据服务。数据中心为用户提供了综合、全面的解决方案，个体与组织可以借助其强大的数据管理服务能力，快速、高效地开展各类业务。

[①]《数字经济及其核心产业统计分类（2021）》（国家统计局令第33号），国家统计局网站，http://www.stats.gov.cn/sj/tjbz/gjtjbz/202302/t20230213_1902784.html。

2. 智能计算中心

智能计算中心是一种集成了高性能计算、存储、网络等计算资源，采用先进的虚拟化技术和管理系统实现资源的统一调度、管理和优化的中心化计算平台。智能计算中心的建设可以提高计算资源的利用率和效率，满足大数据、人工智能、云计算等领域对于高性能计算的需求，为各行业提供更加优质的服务和解决方案。智能计算中心是智能时代面向社会全域多主体的新型公共基础设施，集算力生产供应、数据开放共享、智慧生态建设和产业创新聚集四大功能于一体，为有海量数据存储、处理、分析及应用支撑需求的各类场景提供载体支撑，可以作为算力生产供应平台、数据开放共享平台、产业创新聚集平台。[①]

3. 边缘数据中心

边缘数据中心是一种以分布式架构为基础，将计算、存储、网络等技术应用于离数据源和数据使用者更近的地方，为物联网、5G、工业互联网等应用场景提供低延迟、高速率和安全可靠的数据存储、处理和传输服务。边缘数据中心的建设可以降低数据传输延迟，提高数据处理效率，减轻核心数据中心的负载，为用户提供更加快捷、高效、安全的数据服务。边缘计算已经成为5G时代重要的创新型业务模式，尤其是其低时延特性，被认为是传统方案所不具备的，因此，边缘计算能够提供更多的服务能力且具有更为广泛的应用场景。[②] 例如，工厂生产线设备不断产生的大量实时数据需要及时进行处理和分析。如果将数据发送到云端进行处理，数据传输延迟，容易出现网络

[①] 山东省大数据局编《山东省机关工作人员大数据基础知识读本》，准印证号（鲁）20230023，第270页。

[②] 雷波等：《基于云、网、边融合的边缘计算新方案：算力网络》，《电信科学》2019年第9期。

拥堵和数据丢失等问题。而通过在工厂内部部署一些计算和存储设备，将数据处理和分析移到离数据源更近的边缘位置，能够更快速、可靠地处理数据，实时响应数据变化。[①]

二、算力基础设施建设的意义

（一）算力基础设施建设是数字化转型和数字经济发展的重要基础设施之一，具有重要的战略意义

通过建设这些算力基础设施，可以有效提高本地区的算力供应水平，为推动各类数字技术的发展提供充足的算力支撑，促进智能产业的发展和数字经济的快速崛起。

（二）算力基础设施建设是实现数字化转型的重要手段之一

随着智能化、数字化的深入发展，越来越多的业务和应用需要依赖高效的计算资源，而新型数据中心、智能计算中心和边缘数据中心等算力基础设施正是提供这些计算资源的核心载体。建设这些算力基础设施，可以提升本地区的数字化基础设施建设水平，为各类数字化业务的开展提供有力的支撑。

（三）推进算力基础设施建设，有助于提升智能应用的支撑能力，加速数字经济发展

建设算力基础设施可以为本地区的各类智能应用提供更加丰富和多样化的支撑，推进智能产业的发展和数字经济的快速崛起。同时，也有助于提高山东省在数字经济竞争中的地位和优势，促进山东省的经济发展和社会进步。

---

① 山东省大数据局编《山东省机关工作人员大数据基础知识读本》，准印证号（鲁）20230023，第266页。

三、算力供应的多元化对支撑各类智能应用的意义

（一）支撑新兴技术的发展和应用

提高算力供应的多元化水平可以更好地支撑新兴技术的发展和应用，如人工智能、云计算、大数据分析等。这些应用需要庞大的算力支持才能实现高效、快速的数据分析和处理。而不同的应用场景对算力的要求不尽相同，例如，人工智能需要更强大的计算能力，而云计算则更加注重数据中心的存储和处理能力。提高算力供应的多元化水平可以更好地满足这些不同应用场景的要求，保证各类应用的顺利实施和运行。

（二）满足不同用户的需求

提高算力供应的多元化水平可以更好地满足不同用户的需求。在数字化和智能化的背景下，不同领域的用户都需要计算资源来支撑自身的工作和业务需求，例如，政府机构需要处理大量的行政数据，医疗机构需要进行医学数据分析，企业需要进行大规模的数据挖掘和分析等。不同的用户对计算资源的需求也有所不同，一些用户需要的是高性能计算，另一些用户需要的是大规模数据存储。提高算力供应的多元化水平可以更好地满足不同用户的需求，满足各类用户对算力资源的要求。

（三）支撑产业升级和经济发展

在数字化和智能化的背景下，计算资源已成为一个重要的生产要素，是企业发展的重要支撑。提高算力供应的多元化水平可以提升各类企业的生产力和竞争力，促进产业升级和经济发展。同时，多元化的算力供应也可以促进不同地区的经济协同发展，增强经济整体的发展动力。

四、"东数西算"工程

"东数西算"工程是把东部地区经济活动产生的数据和需求放到西部地区计算和处理，对数据中心在布局、网络、电力、能耗、算力、数据等方面进行统筹规划的重大工程。如东部人工智能模型训练推理、机器学习等业务场景向西部风光水电资源丰富的区域迁移，实现东、西部协同发展。加快推动"东数西算"工程建设，将有效激发数据要素创新活力，加速数字产业化和产业数字化进程，催生新技术、新产业、新业态、新模式，支撑经济高质量发展。[①]

五、全国一体化算力网

全国一体化算力网是指以信息网络技术为载体，促进全国范围内各类算力资源高比例、大规模一体化调度运营的数字基础设施。作为"东数西算"工程的 2.0 版本，具有集约化、一体化、协同化、价值化四个典型特征。[②]

六、国家有关建设一体化算力基础设施体系的要求

（一）《关于加快构建全国一体化大数据中心协同创新体系的指导意见》

该文件要求构建一体化算力服务体系，加快建立、完善云资源接入和一体化调度机制，以云服务方式提供算力资源，降低算力使用成本和门槛。支持政企合作，打造集成基础算力资源和公共数据开发利用环境的公共算力服务，面向政府、企业和公众提供低成本、广覆

[①]《数据领域常用名词解释（第一批）》，国家数据局网站，https://www.nda.gov.cn/sjj/zwgk/zcfb/1230/ff808081-93de5a43-0194-1b18a0c6-037e.pdf。

[②]《数据领域常用名词解释（第一批）》，国家数据局网站，https://www.nda.gov.cn/sjj/zwgk/zcfb/1230/ff808081-93de5a43-0194-1b18a0c6-037e.pdf。

盖、可靠安全的算力服务。①

（二）《数字中国建设整体布局规划》

《数字中国建设整体布局规划》要求系统优化算力基础设施布局，促进东、西部算力高效互补和协同联动，引导通用数据中心、超算中心、智能计算中心、边缘数据中心等合理梯次布局。整体提升应用基础设施水平，加强传统基础设施数字化、智能化改造。②

（三）《"十四五"数字经济发展规划》

《"十四五"数字经济发展规划》要求推进云网协同和算网融合发展。加快构建算力、算法、数据、应用资源协同的全国一体化大数据中心体系。在京津冀、长三角、粤港澳大湾区、成渝地区双城经济圈、贵州、内蒙古、甘肃、宁夏等地区布局全国一体化算力网络国家枢纽节点，建设数据中心集群，结合应用、产业等发展需求优化数据中心建设布局。加快实施"东数西算"工程，推进云网协同发展，提升数据中心跨网络、跨地域数据交互能力，加强面向特定场景的边缘计算能力，强化算力统筹和智能调度。按照绿色、低碳、集约、高效的原则，持续推进绿色数字中心建设，加快推进数据中心节能改造，持续提升数据中心可再生能源利用水平。推动智能计算中心有序发展，打造智能算力、通用算法和开发平台一体化的新型智能基础设施，面向政务服务、智慧城市、智能制造、自动驾驶、语言智能等重点新兴领域，提供体系化的人工智能服务。③

---

① 《关于加快构建全国一体化大数据中心协同创新体系的指导意见》（发改高技〔2020〕1922号）。中国政府网，https://www.gov.cn/zhengce/zhengceku/2020-12/28/content_5574288.htm。
② 《中共中央 国务院印发〈数字中国建设整体布局规划〉》，中国政府网，www.gov.cn/xinwen/2023-02/27/content_5743484.htm。
③ 《国务院关于印发"十四五"数字经济发展规划的通知》（国发〔2021〕29号），中国政府网，https://www.gov.cn/zhengce/content/2022-01/12/content_5667817.htm。

第九条 【加强高速宽带网络建设】

县级以上人民政府和有关部门应当支持通信运营企业加强高速宽带网络建设，提升网络覆盖率和接入能力。

|条|文|要|旨|

本条是关于支持通信运营企业加强通信网络基础设施建设的规定。

高速宽带网络作为信息传输的基础设施，可以更好地满足数字化发展对网络带宽、响应速度、稳定性等方面的需求，为数字经济提供更加稳健和可靠的网络支撑。扩大网络的传输覆盖范围、提高网络接入速度和稳定性，能为人们的数字生活和数字经济提供更加高效、便捷的服务。

|理|解|与|适|用|

一、宽带网络建设的意义

宽带网络是国家战略性公共基础设施，[1]是"新基建"的重要组成部分。宽带网络在推进经济转型、促进信息消费、服务社会民生等方面发挥着引擎作用，是网络强国、制造强国建设的关键基石。[2]构建高速畅通、覆盖城乡、质优价廉、服务便利的宽带网络基础设施与服务体系，不仅有利于增强信息消费、拉动有效投资及推进新型工业化、信息化、城镇化与农业现代化同步进行，而且能够有效降低创业

---

[1]《国务院关于印发"宽带中国"战略及实施方案的通知》(国发〔2013〕31号)，中国政府网，https://www.gov.cn/zwgk/2013-08/17/content_2468348.htm。

[2]《中国宽带发展白皮书(2022)》，中国信息通信研究院网站，http://www.caict.ac.cn/kxyj/qwfb/bps/202212/P020221216530946937820.pdf?eqid=8d69a39900057253000000006646a06c3。

成本，为大众创业、万众创新、增加公共产品与公共服务"双引擎"以及促进"互联网＋"建设提供强有力的支撑，对于稳增长、促改革、调结构、惠民生等方面都具有重要意义。①

高速宽带网络建设是数字化发展的重要基础。随着信息技术的发展和应用范围的扩大，数据量呈现爆炸式增长，对网络速度和稳定性的要求也越来越高。而高速宽带网络作为信息传输的基础设施，可以更好地满足数字化发展对网络带宽、响应速度、稳定性等方面的需求，为数字经济提供更加稳健和可靠的网络支撑。

二、"宽带中国"战略及其成就

党中央、国务院高度重视宽带网络发展。2013 年国务院印发《"宽带中国"战略及实施方案》，提出"宽带中国"的概念。②2014年，工业和信息化部办公厅、国家发展和改革委员会办公厅发布了《关于开展创建"宽带中国"示范城市（城市群）工作的通知》，进一步将"宽带中国"的发展战略落实到城市层面，相继批复了 120 个城市（城市群）作为"宽带中国"示范城市（城市群）。

"宽带中国"示范城市的建设表明，通过加强宽带网络基础设施建设，提高互联网发展水平，总体上能显著提高城市创新能力、城市产业结构合理化和高级化水平。③

根据中国信息通信研究院《中国宽带发展白皮书（2022 年）》，

---

① 《国务院办公厅关于加快高速宽带网络建设推进网络提速降费的指导意见》（国办发〔2015〕41 号），中国政府网，https://www.gov.cn/zhengce/content/2015-05/20/content_9789.htm。

② 《国务院关于印发"宽带中国"战略及实施方案的通知》（国发〔2013〕31 号），中国政府网，https://www.gov.cn/zwgk/2013-08/17/content_2468348.htm。

③ 马青山、何凌云、袁恩宇：《新兴基础设施建设与城市产业结构升级：基于"宽带中国"试点的准自然实验》，《财经科学》2021 年第 4 期。

2022年我国扎实推进 5G、千兆光网、数据中心、云计算等宽带基础设施建设部署，并取得一系列标志性成果：一是基础支撑能力跨越发展。5G 网络实现县县通。我国已建成全球规模最大、最先进的 5G 独立组网网络，5G 网络在覆盖全国地级以上城市的基础上进一步延伸覆盖全国全部县城城区和重点乡镇镇区。千兆光网实现市市通。我国已建成全球最大光纤网络。历史性实现村村通宽带。骨干传输网综合承载能力持续增强。二是应用基础设施优化升级。全国一体化大数据中心体系加快构建，IPv6（互联网协议第 6 版）实现从通路到通车。三是网络投资规模持续扩大。四是产业竞争实力日益增强。五是融合应用程度不断深化。六是普惠民生水平大幅提升。七是节能减排效率明显提高。[1]

三、政府支持运营商加快高速宽带网络建设的具体措施

加快高速宽带网络建设主要从提升高速宽带网络覆盖率和提升接入能力两方面着手。

互联网基础资源主要指用于提供关键互联网服务的重要基础设施，包括标识解析、IP（网络之间互连的协议）、路由等核心资源，及其对应的服务系统和支撑这些系统运行的底层基础设施。[2] 其中，以 5G、千兆光网为代表的宽带基础设施是全球数字化、网络化、智能化发展的重要承载基础。[3] 提升网络接入能力主要体现为提升网络

---

[1]《中国宽带发展白皮书（2022）》，中国信息通信研究院网站，http://www.caict.ac.cn/kxyj/qwfb/bps/202212/P020221216530946937820.pdf?eqid=8d69a399000572530000000664 6a06c3。

[2]《互联网"根"深叶茂，带你一图了解互联网基础资源》，中国网信网，http://www.cac.gov.cn/2020-11/15/c_1607009490292667.htm。

[3]《中国宽带发展白皮书（2022）》，中国信息通信研究院网站，http://www.caict.ac.cn/kxyj/qwfb/bps/202212/P020221216530946937820.pdf?eqid=8d69a399000572530000000664 6a06c3。

接入速率和稳定性。提升网络普及率和接入能力的具体措施可大致分别对应"广覆盖"和"强基础"。

"广覆盖"的要点在于持续扩大千兆光网覆盖范围，完善产业园区、学校、医疗卫生机构等重点场所的网络覆盖，逐渐向网络覆盖薄弱区域延伸；推进 5G 网络在交通枢纽、大型体育馆等流量密集区的深度覆盖。同时深入推进农村网络设施建设升级，推动 5G 网络向乡镇和农村延伸，着重深化农村人口聚居区、生产作业区等重点区域的网络覆盖。[①]

"强基础"的要点在于超前建设高速、大容量光通信传输系统，持续提升骨干传输网络承载力，大幅增加网间互联带宽，按需推进骨干网 200G/400G 传输部署；提升数据中心的互联能力，推动 400G 光网络设备在数据中心互联中的部署应用，推动 SRv6（SR 技术在 IPv6 网络平面的应用）、VXLAN（虚拟扩展局域网）和 SDN（软件定义网络）技术的应用，提高网络资源利用效能。[②]

2014 年 5 月，山东省人民政府办公厅印发了《山东省"宽带中国"战略实施方案》，对于相关职能主体推进高速宽带网络建设的保障措施，提出了"加强组织领导""加大财税扶持""加强人才培养"等具体的支持通信运营企业的措施。[③]

2015 年《国务院办公厅关于加快高速宽带网络建设推进网络提

---

① 《工业和信息化部关于印发〈"双千兆"网络协同发展行动计划（2021—2023 年）〉的通知》（工信部通信〔2021〕34 号），中国政府网，https://www.gov.cn/zhengce/zhengceku/2021-03/25/content_5595693.htm。
② 《国务院办公厅关于加快高速宽带网络建设推进网络提速降费的指导意见》（国办发〔2015〕41 号），中国政府网，https://www.gov.cn/zhengce/content/2015-05/20/content_9789.htm。
③ 《山东省人民政府办公厅关于印发山东省"宽带中国"战略实施方案的通知》（鲁政办发〔2014〕20 号），山东省人民政府网站，http://www.shandong.gov.cn/art/2014/5/30/art_100623_27669.html。

速降费的指导意见 》中提出，有关部门可以为通信运营企业提供具体完善的配套支持政策。县级以上人民政府主要可从财税扶持、提供便利政策两个方面采取具体措施。在财税扶持方面，政府及相关部门可以落实国家电信普遍服务补偿政策，结合无线电频率占用费的统筹使用，发挥中央财政资金引导作用，持续支持农村及网络覆盖率较低地区进行宽带网络建设和运行维护；同时，金融部门可以加大融资支持，为重大项目投资提供有效的贷款支持，落实国务院关于宽带网络建设的税收优惠政策。在提供便利政策方面，政府可以推进简政放权，取消或下放通信建设资质资格审批等行政及非行政许可事项，并进一步改进行政审批，简化申报材料，创造企业经营便利条件。[①]

四、提升网络覆盖率和接入能力的意义

提升网络覆盖率和接入能力是指加强数字基础设施建设，扩大网络的传输覆盖范围，提高网络接入速度和稳定性，为人们的数字生活和数字经济提供更加高效、便捷的服务。

网络覆盖率和接入能力是数字经济发展的基础和保障。在当今数字时代，网络已经渗透到各行各业，成为人们日常生活、工作和商务活动中必不可少的基础设施。网络覆盖范围广、接入速度快、稳定性强，对于数字经济发展具有重要意义。

（ 一 ）提升网络覆盖率和接入能力可以为人们的数字生活带来更好的体验

随着各类数字化产品的不断涌现，人们对于网络速度和稳定性的要求也越来越高。提升网络覆盖率和接入能力，可以保证人们在使用数字

[①] 《国务院办公厅关于加快高速宽带网络建设推进网络提速降费的指导意见》（ 国办发〔2015〕41 号 ），中国政府网，https://www.gov.cn/zhengce/content/2015-05/20/content_9789.htm。

化产品时不受网络速度和质量限制，更好地满足人们日常生活的需求。

（二）提升网络覆盖率和接入能力可以促进数字经济的发展

数字经济是当今世界各国都非常重视的战略性产业。数字化经济的快速发展需要一个高速稳定的网络基础设施作为支撑。提升网络覆盖率和接入能力可以为数字经济的发展提供必要的基础条件，促进数字经济产业的繁荣和发展。

（三）提升网络覆盖率和接入能力是推动智能化社会建设的必要条件

随着人工智能、物联网、大数据等新一代信息技术的广泛应用，我们进入了一个智能化社会的时代。而这些新技术的应用离不开高速稳定的网络基础设施。只有提升网络覆盖率和接入能力，才能为智能化社会的建设提供足够的支撑。

第十条 【推进物联网建设】

县级以上人民政府和有关部门应当推进物联网建设，支持基础设施、城市治理、物流仓储、生产制造、生活服务等领域建设和应用感知系统，推动感知系统互联互通和数据共享。

|条|文|要|旨|

本条是关于加强建设物联网，推动感知系统在各行业建设应用的规定，旨在积极推动大数据与物联网的深度融合，通过物联网的建设，深化大数据在各行业的创新应用。

现阶段我国大数据发展要培育高端智能、新兴繁荣的产业发展新生态，推动大数据与云计算、物联网、移动互联网①等新一代信息技术融合发展，进一步探索大数据与传统产业协同发展的新业态、新模式。2021 年 9 月，工信部等八部门印发《物联网新型基础设施建设三年行动计划（2021—2023 年）》，明确到 2023 年底，在国内主要城市初步建成物联网新型基础设施，进一步夯实社会现代化治理、产业数字化转型和民生消费升级的基础。

|理|解|与|适|用|

一、物联网的含义

物联网是万物互联的网络。物联网实质上是在"信息共享"的互联网基础上、将主体感兴趣的客体通过网络纳入人的意识相关的信息空间范畴，通过感知技术对客体进行属性感知，将感知数据通过网络传输，并将其存放于数据服务器中，应用服务器对数据进行信息和流程处理，以便于信息访问控制终端、访问数据、获取客体信息、进行态势分析和决策，并对客体对象执行动作，以实现主体的目标。物联网技术涉及信息感知、对象标识、通信与网络、信息处理、态势分析与决策、控制等技术。

1999 年，麻省理工学院（MIT）的自动识别中心（Auto-ID Center）较早提出的物联网定义是"在计算机互联网的基础上利用射

---

① 移动互联网是集移动通信终端与互联网于一体，用户在使用手机、平板电脑或其他无线终端设备时，可以通过速率较高的移动网络，在移动状态下（在地铁、公交车等）随时、随地访问互联网获取信息，使用商务、娱乐等各种网络服务。目前，移动互联网正逐渐渗透到人们生活、工作的各领域，微信、支付宝、位置服务等丰富多彩的移动互联网应用迅猛发展，正在深刻改变信息时代的社会生活。参见山东省大数据局编《山东省机关工作人员大数据基础知识读本》，准印证号（鲁）20230023，第 46 页。

频识别技术（RFID）^①、无线数据通信技术等构造一个覆盖世界上万事万物的网络（Internet of Things）以实现物品的自动识别和信息的互联共享"^②。2005 年国际电信联盟（ITU）发布的《ITU 互联网报告2005：物联网》指出物联网是互联网应用的延伸，"RFID、传感器技术、纳米技术、智能嵌入技术"是实现物联网的四大核心技术。^③

国内关于物联网的代表性认识有：

（1）物联网指利用各种信息传感设备如射频识别装置、红外传感器、全球定位系统、激光扫描等种种装置与互联网结合起来而形成的一个巨大网络。其目的就是让所有的物品都与网络连接在一起，方便识别和管理。物联网具备全面感知、可靠传递、智能处理三个主要特性。^④

（2）通过射频识别系统、红外感应系统、全球定位系统（GPS）、激光扫描仪等信息传感设备，按照约定的协议，赋予物体智能，并通过接口把需要连接的物品与国际互联网连接起来，形成一个物品与物品相互连接的巨大的分布式网络，从而实现智能化物品识别、物品定位、物品跟踪、物品监控和管理，利用云计算等智能计算技术对海量的数据和信息进行分析和处理，对物体实施智能化控制。^⑤

（3）物联网即物物相连的互联网，是互联网的延伸和扩展的网

---

① 射频识别技术（Radio Frequency Identification，简称 RFID）是一种非接触式的自动识别技术。在阅读器与标签之间进行非接触双向数据通信，利用无线射频方式对记录媒体（电子标签或射频卡）进行读写，从而达到识别目标和数据交换的目的。RFID 的应用非常广泛，典型应用包括动物晶片、汽车晶片防盗器、门禁管制、停车场管制、生产线自动化、物料管理等。参见山东省大数据局编《山东省机关工作人员大数据基础知识读本》，准印证号（鲁）20230023，第 45 页。

② 转引自宁焕生、徐群玉：《全球物联网发展及中国物联网建设若干思考》，《电子学报》2021 年第 11 期。

③ 同上。

④ 石军：《"感知中国"促进中国物联网加速发展》，《通信管理与技术》2009 年第 5 期。

⑤ 刘锦、顾加强：《我国物联网现状及发展策略》，《企业经济》2013 年第 4 期。

络，利用局部网络或者互联网把传感器、控制器、机器、人员和物通过信访室连在一起，形成人与物、物与物相连，实现信息化和远程管理控制。从技术架构上看，物联网分为感知层、网络层、处理层和应用层。感知层、网络层、处理层相当于人体的神经末梢、神经中枢和大脑，应用层面向用户满足智能交通、智慧医疗、智慧农业等各种需求。[1]

（4）物联网是通过射频识别技术、红外感应器、全球定位系统、激光扫描器等信息传感设备，按约定协议，将任何物品通过有线或无线方式与互联网连接，进行通信与信息交换，以实现智能化识别、定位、跟踪、监控和管理的一种网络。物联网能够在智能交通、环境保护、城市安全、精准农业、生产监控等诸多领域带来正向积极效用，并将有可能成为经济发展的新动力。[2]

（5）物联网是信息科技产业的第三次革命，是指通过信息传感设备，按照约定的协议将任何物体与网络相连接，物体通过信息传播介质进行信息交换和通信，以实现智能化识别、定位、跟踪、监管等功能。[3]

二、物联网与大数据的关系

物联网传感器源源不断产生的数据是大数据中数据资源的重要来源。没有物联网自动产生海量数据，就不会有数据井喷式增长和数据利用方式的革命性变革，就不会快速进入大数据时代。物联网收集的数据也需要利用大数据技术进行存储、分析、处理才能产生应用价值。

---

[1] 林子雨编著《大数据导论：数据思维、数据能力和数据伦理》，高等教育出版社，2020，第36页。
[2] 田景熙主编《物联网概论》，东南大学出版社，2021，第2-3页。
[3] 杨竹青主编《新一代信息技术导论》，人民邮电出版社，2020，第3页。

三、我国物联网产业现状与问题

物联网涵盖公共服务、物流仓储、智能交通、环境监控、医疗护理、航空航天、工业自动化控制、身份识别等多行业、多领域，涉及新一代信息网络和信息资源的掌控利用，物联网建设和应用受到了世界各国政府、企业和研究机构的高度重视。

我国政府积极推动中国物联网建设与应用。国务院有关部委相继公布了一系列促进物联网产业发展的政策措施、项目、产业规划与示范工程，为物联网产业营造了良好的发展环境。《国家中长期科学与技术发展规划（2006—2020 年）》和"新一代宽带移动无线通信网"重大专项中均将"传感网"列入重点研究领域。2021 年 9 月，工信部等八部门针对当前物联网产业发展现状，以及未来发展趋势和技术创新方向，推出了《物联网新型基础设施建设三年行动计划（2021—2023 年）》。

在政府的推动下，物联网在我国的物流信息化、公交视频化、校讯通、农村信息化、渔牧业监控、水文水质监测等方面开展了应用实践。不少地区采用传感网来对物流、电力、交通、公安、农业和渔业等领域进行控制并提供相关服务。[①] 各大电信运营商的业务，如中国移动的手机钱包和手机购电业务、中国电信的"平安 e 家"和"商务领航"业务，以及中国联通的 3G 污水监测业务，都是物联网应用的积极尝试。

虽然我国物联网产业发展迅猛，但是仍然存在一些亟待解决的问题。一是关键核心技术存在短板。感知、传输、处理、存储、安全等重点环节的技术创新积累不足，高端传感器、物联网芯片、新型短距离通信、边缘计算等关键技术仍需加大攻关力度。二是产业生态不够

---

① 刘锦、顾加强：《我国物联网现状及发展策略》，《企业经济》2013 年第 4 期。

健全。我国物联网企业竞争力不高，具有生态主导能力的领军企业较少，产业链上下游的交流协作程度低。三是规模化应用不足。现有物联网基础设施建设规模小、零散化，广覆盖、大连接的物联网商业化应用场景挖掘不够，应用部署成本较高。四是支撑体系难以满足产业发展需要。标准引领产业发展的作用不强，物联网安全问题仍然严峻，相关知识产权、成果转化、人才培养等公共服务能力不足。①

《物联网新型基础设施建设三年行动计划（2021—2023 年）》针对以上问题提出开展四项重点行动：一是开展创新能力提升行动，聚焦突破关键核心技术，推动技术融合创新，构建协同创新机制。二是开展产业生态培育行动，聚焦培育多元化主体，加强产业聚集发展。三是开展融合应用创新行动，聚焦社会治理、行业应用和民生消费三大应用领域，持续丰富多场景应用。四是开展支撑体系优化行动，聚焦完善网络部署、标准体系、公共服务、安全保障，完善发展环境。明确到 2023 年底，在国内主要城市初步建成物联网新型基础设施，进一步夯实社会现代化治理、产业数字化转型和民生消费升级的基础。②

《数字山东发展规划（2018—2022 年）》要求，依托济南、青岛、潍坊等物联网产业基地，建设物联网公共服务平台和物联网联合开放实验室。重点开展射频识别技术、传感器及模组技术研发，支持发展通信网络与设备、高端软件等物联网相关产业。实施"物联网＋"应用计划，在智能制造、医养健康、智慧市政、能源物联网、智慧交通等领域开展规模化集成应用。③

---

①《〈物联网新型基础设施建设三年行动计划（2021—2023 年）〉解读》，中国政府网，https://www.gov.cn/zhengce/2021−09/30/content_5640343.htm。
②《物联网新型基础设施建设三年行动计划（2021—2023 年）》（工信部联科〔2021〕130号），中国政府网，https://www.gov.cn/zhengce/zhengceku/2021−09/29/content_5640204.htm。
③《数字山东发展规划（2018—2022 年）》，山东省人民政府网站，http://www.shandong.gov.cn/art/2021/12/6/art_307620_10330566.html?eqid=9da6979400002b40000000046437c9f9。

四、物联网感知系统互联互通、数据共享

（一）物联网感知系统的含义

根据信息生成、传输、处理和应用的原则，可以将物联网分为四层：感知识别层、网络构建层、管理服务层和综合应用层。感知识别层是物联网的核心部分，因其庞大的规模也可称为"感知系统"。

感知系统位于物联网架构的最基层，由遍布于网络覆盖范围内的各类传感器、条形码、RFID 标签与识别器、各类设备与嵌入式终端共同组成，主要功能在于对各类物体进行数据感知、识别、监测及采集，并为后续的反应和控制提供载体。传感器是一种能探测、感受外界特定信号、物理条件或化学组成与变化并通过节点进行信息传递的器件，传感器及相关智能设备构成感知系统的核心。[1]

（二）物联网感知系统互联互通、数据共享的意义

通过部署低成本、低功耗、高精度、高可靠的智能化传感器，建立起泛在互联、智能感知的感知系统，实现互联互通与数据共享，是智能交通等物联网应用的前提基础。智能感知技术利用现有的数据或者网络状态，通过算法分析获取有用信息。数据种类越多，数据量越大，可以从数据中挖掘出的信息就越多，效果就越好。智慧交通离不开感知系统的互联互通和大数据的分析与应用。每辆汽车都是大数据平台的一个传感器，它将收集的数据依照统一标准上传云端储存，经人工智能平台的数据筛选处理，可供该区域内其他终端分享使用。采集、处理与分析环境信息和车内信息，是实现智能驾驶的基础和前提，互联互通是智慧交通的关键。[2]

① 田景熙主编《物联网概论》，东南大学出版社，2021，第 24 页。
② 许仕侣、叶俊宏、肖健、刘国辉：《交通强国背景下智慧交通发展展望》，《运输经理世界》2023 年第 7 期。

五、推动物联网建设的具体措施

（1）将物联网产业纳入规划并作为重点项目予以推进。联合高校、科研院所等优势科研力量，形成项目规划开发领导小组，从而形成政、产、学、研、用团队。政府应当灵活调度资源、善用市场工具，规划物联网应用市场并在该框架内进行招商引资，可以适当借助国有资本力量以形成基本的制约和保障。由授权组建物联网运营公司负责区域物联网体系架构的建设与运营。政府和有关部门还可以在前述政、产、学、研、用链条的基础上，规划围绕物联网及其应用的科教园区、工业园区、公共服务中心，支持科研组织设立研究中心与研究院所，通过集聚效应吸引更多的市场资本和科技企业公司的加入。

（2）建立相应的法律法规与政策保障体系，从创新激励、标准建设、知识产权保护等方面提供制度保障。

（3）树立物联网应用示范典型，促进相关规程和标准的完善，在物联网市场中形成正向带动标杆。

（4）建立科学高效的技术转化运用体系，深度链接科研产出单位与应用单位，促使创新面向需求、应用不断完善。

（5）建立物联网人才培养体系，依托国家战略的引导扶持、高校与科研院所的教学研究、市场力量的合作激励，供给研究人才和应用人才。

第十一条 【推进工业互联网建设】

县级以上人民政府工业和信息化部门应当会同有关部门推进工业互联网建设，完善工业互联网标识解析体系，推动新型工业网络部署。

|条|文|要|旨|

本条是关于推进工业互联网建设的规定。工业互联网是产业数字化的关键基础设施，加快建设和发展工业互联网是推动互联网、大数据、人工智能和实体经济深度融合，发展先进制造业，支持传统产业优化升级的需要。

|理|解|与|适|用|

一、工业互联网的含义与特征

（一）工业互联网的含义

工业互联网是通过对人、机、物、系统等的全面连接，实现工业乃至产业数字化、网络化和智能化发展。[①]工业互联网作为全新工业生态、关键基础设施和新型应用模式，通过人、机、物的全面互联，实现全要素、全产业链、全价值链的全面连接，正在全球范围内不断颠覆传统制造模式、生产组织方式和产业形态，推动传统产业加快转型升级、新兴产业加速发展壮大。

工业互联网是连接工业全系统、全产业链、全价值链，支撑工业智能化发展的关键基础设施，是新一代信息技术与制造业深度融合所形成的新兴业态与应用模式，是互联网从消费领域向生产领域、从虚拟经济向实体经济拓展的核心载体。工业互联网包括网络、平台、安全三大功能体系，其中网络体系是基础，平台体系是核心，安全体系是保障。[②]

[①] 田鸽、张勋：《数字经济、非农就业与社会分工》，《管理世界》2022 年第 5 期。

[②] 《〈关于深化"互联网＋先进制造业"发展工业互联网的指导意见〉解读》，中国政府网，https://www.gov.cn/zhengce/2020−12/29/content_5574831.htm。

（二）工业互联网的特征

2017 年 11 月，工业互联网产业联盟发布的《工业互联网平台白皮书》将泛在连接、云化服务、知识积累、应用创新归结为工业互联网平台的四大特征。

泛在连接即具备对设备、软件、人员等各类生产要素数据的全面采集能力。云化服务即实现基于云计算架构的海量数据存储、管理和计算。知识积累即能够提供基于工业知识机理的数据分析能力，并实现知识的固化、积累和复用。应用创新指能够调用平台功能及资源，提供开放的工业 App（应用程序）开发环境，实现工业 App 创新应用。

根据中国通信标准化协会（CCSA）相关标准的研究与分类，我国的工业互联网应用主要包括智能化生产、个性化定制、网络化协同和服务化延伸四个方面。

2017 年国务院发布《关于深化"互联网 + 先进制造业"发展工业互联网的指导意见》（以下简称《指导意见》），以党的十九大精神为指引，以供给侧结构性改革为主线，以全面支撑制造强国和网络强国建设为目标，明确了我国工业互联网发展的指导思想、基本原则、发展目标、主要任务以及保障支撑。这是我国推进工业互联网的纲领性文件。《指导意见》要求"加强工业互联网标识解析体系顶层设计，制定整体架构，明确发展目标、路线图和时间表。设立国家工业互联网标识解析管理机构，构建标识解析服务体系，支持各级标识解析节点和公共递归解析节点建设，利用标识实现全球供应链系统和企业生产系统间精准对接，以及跨企业、跨地区、跨行业的产品全生命周期管理，促进信息资源集成共享"①。

---

① 《〈关于深化"互联网 + 先进制造业"发展工业互联网的指导意见〉解读》，中国政府网，https://www.gov.cn/zhengce/2020−12/29/content_5574831.htm。

二、加快建设和发展工业互联网的意义

工业互联网是以数字化、网络化、智能化为主要特征的新工业革命的关键基础设施，加快其发展有利于加速智能制造发展，更大范围、更高效率、更加精准地优化生产和服务资源配置，促进传统产业转型升级，催生新技术、新业态、新模式，为制造强国建设提供新动能。

工业互联网具有较强的渗透性，可从制造业扩展到各产业领域，成为网络化、智能化升级必不可少的基础设施，实现产业上下游、跨领域的广泛互联互通，打破"信息孤岛"，促进集成共享，并为保障和改善民生提供重要依托。[1]

发展工业互联网有利于促进网络基础设施演进升级，推动网络应用从虚拟到实体、从生活到生产的跨越，拓展网络经济空间，为推进网络强国建设提供新机遇。

三、工业互联网标识服务的含义

（一）工业互联网标识

工业互联网标识是指工业互联网中用于唯一识别和定位物理对象或数字对象及其关联信息的字符。[2]在万物互联的工业互联网中，每个物品、元器件，甚至每条信息都有其全球唯一的"身份证"，这个"身份证"就是标识。工业企业广泛使用标识标记各种物品，但不同企业和行业的编码和解析方式不尽相同。主流标识体系包括 Handle、OID、Ecode、VAA 等。随着工业互联网的发展，全要素、全产业链、全价值链全面连接的需求日益迫切，需要建立一种兼容不同技术体

---

[1]《国务院关于深化"互联网＋先进制造业"发展工业互联网的指导意见》，中国政府网，https://www.gov.cn/zhengce/content/2017-11/27/content_5242582.htm。

[2]《工业和信息化部关于印发〈工业互联网标识管理办法〉的通知》（工信部信管〔2020〕204号），中国政府网，https://www.gov.cn/zhengce/zhengceku/2020-12/29/content_5574788.htm。

系，能够跨系统、跨层级、跨地域的工业互联网标识解析体系。通过统一融合的工业互联网标识解析体系，企业或用户可以利用标识访问产品在设计、生产、物流、销售到使用等各环节，在不同管理者、不同位置、不同数据结构下智能关联的相关信息数据，是实现全球供应链系统和企业生产系统的精准对接、产品的全生命周期管理和智能化服务的前提和基础。[①]

（二）工业互联网标识服务

工业互联网标识服务是指从事工业互联网标识解析根节点的运行和管理、国家顶级节点的运行和管理、递归节点的运行和管理、标识注册和管理、标识公共解析等活动。[②]

提供工业互联网标识服务的机构（以下统称标识服务机构）包括工业互联网标识解析根节点运行机构、国家顶级节点运行机构、标识注册管理机构、标识注册服务机构、递归节点运行机构。[③]

四、工业互联网标识解析体系及其作用

（一）工业互联网标识解析体系的含义

工业互联网标识解析技术是指根据目标对象的标识编码查询其网络位置或者相关信息的过程，标识解析系统是工业互联网重要基础设施之一。[④] 工业互联网标识解析体系主要由标识编码和标识解析两部分构成，标识编码指为人、机、物等实体对象和算法、工艺等虚拟对

[①]《工业互联网标识解析体系国家顶级节点全面建成》，中国政府网，https://www.gov.cn/xinwen/2022-11/20/content_5728021.htm。

[②]《工业和信息化部关于印发〈工业互联网标识管理办法〉的通知》（工信部信管〔2020〕204号），中国政府网，https://www.gov.cn/zhengce/zhengceku/2020-12/29/content_5574788.htm。

[③]同上。

[④]《工业互联网综合标准化体系建设指南（2021版）》，中国政府网，https://www.gov.cn/zhengce/zhengceku/2021-12/25/5664533/files/9cfdc5ca2c54436dab4808863ca3f182.pdf。

象赋予全球唯一的身份标识，类似于互联网中的名字服务；标识解析指通过标识编码查询标识对象在网络中的服务站点，类似于互联网中的域名解析服务。

（二）工业互联网标识解析体系的作用

标识解析体系作为工业互联网的关键神经系统，是实现工业系统互联和工业数据传输交换的支撑基础。通过工业互联网标识解析系统，构建人、机、物全面互联的基础设施，可以实现工业设计、研发、生产、销售、服务等产业要素的全面互联，提升协作效率，对促进工业数据的开放流动与聚合、推动工业资源的优化集成与自由调度、支撑工业集成创新应用具有重要意义。[1]

五、我国工业互联网标识解析体系建设

根据工业和信息化部《工业互联网发展行动计划（2018—2020年）》，到2020年底，我国初步构建工业互联网标识解析体系，建成5个左右标识解析国家顶级节点，标识注册量超过20亿。[2]工业互联网标识解析体系采用分层、分级的部署模式，在国家层面建设国家顶级节点，在产业或行业层面建设行业二级节点，在企业层面由企业自主建设标识解析企业节点，并建设公共递归节点作为联结各层的渠道。

我国工业互联网标识解析体系从无到有、从小到大，取得了阶段性成效。2022年11月，据工业和信息化部在工业互联网标识解析体系国家顶级节点全面建成发布仪式上的介绍，随着"武汉、广州、重庆、上海、北京"5个国家顶级节点和"南京、成都"2个灾备节点先后建成上线，"5+2"国家顶级节点全面建成，我国集中打造了自主

---

[1] 张钰雯、池程、朱斯语：《工业互联网标识解析体系发展趋势》，《信息通信技术与政策》2019年第8期。

[2] 《工业互联网发展行动计划（2018—2020年）》，中央网络安全和信息化委员会办公室网站，https://www.cac.gov.cn/2018-06/08/c_1122955095.htm。

可控、开放融通、安全可靠的标识解析体系，开启了工业互联网全要素、全产业链、全价值链全面连接的新篇章。[①]

《关于山东省数字基础设施建设的指导意见（2020年）》要求加快建设工业互联网。推进工业设备联网，推动高耗能、高风险、通用性强、优化价值高的工业设备上云，培育人、机、物全面互联的新兴业态。到2020年年底，全省上云企业达到20万家，连接设备达到1000万台，到2022年年底，连接设备达到2000万台。加快企业内网升级改造，推动工业无源光网络、工业以太网、工业无线网等新型工业网络部署。实施"5G+工业互联网"工程，优先在数字经济园区、智慧化工园区、现代产业集聚区建设低时延、高可靠、广覆盖的网络基础设施。积极争取标识解析体系国家节点在山东落地，推广标识解析应用，到2022年年底，全省建设10个左右国家二级服务节点。构建多级工业互联网平台体系，打造1家以上工业互联网综合服务平台，培育10家以上跨行业、跨领域工业互联网平台，建设100家以上面向特定行业、特定区域、特定工业场景的企业级工业互联网平台。

第十二条 【建设一体化大数据平台】

省人民政府大数据工作主管部门应当建设全省一体化大数据平台，统筹全省电子政务云平台建设，加强对全省电子政务云平台的整合和管理。

县级以上人民政府大数据工作主管部门应当会同有关部门

①《工业互联网标识解析体系国家顶级节点全面建成》，中国政府网站，https://www.gov.cn/xinwen/2022-11/20/content_5728021.htm。

按照规定建设本级电子政务网络，优化整合现有政务网络。

|条|文|要|旨|

本条是关于全省一体化大数据平台、电子政务云平台、电子政务网络建设的规定，旨在落实中央政府转变政府职能、深化简政放权、创新监管方式、推进"互联网＋政务服务"的方针要求，明确统筹建设、整合、管理全省电子政务云平台的权责主体以及县级以上人民政府电子政务网络建设和优化整合的权责主体。

|理|解|与|适|用|

一、全国一体化政务大数据平台、政务服务平台建设依据

建设全国一体化大数据平台，有助于各级电子政务有效规避管理分散、办事系统繁杂、事项标准不统一、数据共享不畅、业务协同不足等问题，全面提升政务服务规范化、便利化水平，从而更好地为企业和群众提供全流程一体化在线服务。

（一）《优化营商环境条例》

《优化营商环境条例》第三十七条第一款规定，国家加快建设全国一体化在线政务服务平台（以下称一体化在线平台），推动政务服务事项在全国范围内实现"一网通办"。除法律、法规另有规定或者涉及国家秘密等情形外，政务服务事项应当按照国务院确定的步骤，纳入一体化在线平台办理。①

---

① 《优化营商环境条例》（2019 年 10 月 8 日国务院第 66 次常务会议通过，自 2020 年 1 月 1 日起施行），中国政府网，https://www.gov.cn/zhengce/content/2019-10/23/content_5443963.htm。

（二）《国务院关于加快推进全国一体化在线政务服务平台建设的指导意见》

该文件规定，为深入推进"放管服"改革，推进"互联网＋政务服务"，全面提升政务服务规范化、便利化水平，更好地为企业和群众提供全流程一体化在线服务，推动政府治理现代化，需要加快推进全国一体化在线政务服务平台建设。具体工作目标是：

（1）加快建设全国一体化在线政务服务平台，推进各地区、各部门政务服务平台规范化、标准化、集约化建设和互联互通，形成全国政务服务"一张网"。政务服务流程不断优化，全过程留痕、全流程监管，政务服务数据资源有效汇聚、充分共享，大数据服务能力显著增强。政务服务线上、线下融合互通，跨地区、跨部门、跨层级协同办理，全城通办、就近能办、异地可办，服务效能大幅提升，全面实现全国"一网通办"，为持续推进"放管服"改革、推动政府治理现代化提供强有力的支撑。

（2）2018年底前，国家政务服务平台主体功能建设基本完成，通过试点示范实现部分省（自治区、直辖市）和国务院部门政务服务平台与国家政务服务平台对接。制定国家政务服务平台政务服务事项编码、统一身份认证、统一电子印章、统一电子证照等标准规范，各省（自治区、直辖市）和国务院有关部门按照全国一体化在线政务服务平台的要求对本地区、本部门政务服务平台进行优化完善，为全面构建全国一体化在线政务服务平台奠定基础。

（3）2019年底前，国家政务服务平台上线运行，各省（自治区、直辖市）和国务院有关部门政务服务平台与国家政务服务平台对接，全国一体化在线政务服务平台标准规范体系、安全保障体系和运营管理体系基本建立，国务院部门垂直业务办理系统为地方政务服务需求提供数据共享服务的水平显著提升，全国一体化在线政务服务平台框架初步形成。

（4）2020年底前，国家政务服务平台功能进一步强化，各省（自治区、直辖市）和国务院部门政务服务平台与国家政务服务平台应接尽接、政务服务事项应上尽上，全国一体化在线政务服务平台标准规范体系、安全保障体系和运营管理体系不断完善，国务院部门数据实现共享，满足地方普遍性政务需求，"一网通办"能力显著增强，全国一体化在线政务服务平台基本建成。

（5）2022年底前，以国家政务服务平台为总枢纽的全国一体化在线政务服务平台更加完善，全国范围内政务服务事项基本做到标准统一、整体联动、业务协同，除法律、法规另有规定或涉及国家秘密等外，政务服务事项全部纳入平台办理，全面实现"一网通办"。推动各地区、各部门网上政务服务平台标准化建设和互联互通，实现政务服务同一事项、同一标准、同一编码。拓展网上办事广度和深度，延长网上办事链条，实现从网上咨询、网上申报到网上预审、网上办理、网上反馈"应上尽上、全程在线"。①

二、全国一体化在线政务服务平台的构成

全国一体化在线政务服务平台由国家政务服务平台、国务院有关部门政务服务平台（业务办理系统）和各地区政务服务平台组成。国家政务服务平台是全国一体化在线政务服务平台的总枢纽，各地区和国务院有关部门政务服务平台是全国一体化在线政务服务平台的具体办事服务平台。

（一）国家政务服务平台

国家政务服务平台建设统一政务服务门户、统一政务服务事项管

---

① 《国务院关于加快推进全国一体化在线政务服务平台建设的指导意见》（国发〔2018〕27号），中国政府网，https://www.gov.cn/zhengce/content/2018-07/31/content_5310797.htm。

理、统一身份认证、统一电子印章、统一电子证照等公共支撑系统，建设电子监察、服务评估、咨询投诉、用户体验监测等应用系统，建立政务服务平台建设管理的标准规范体系、安全保障体系和运营管理体系，为各地区和国务院有关部门政务服务平台提供公共入口、公共通道和公共支撑。

国家政务服务平台作为全国一体化在线政务服务平台的总枢纽，联通各省（自治区、直辖市）和国务院有关部门政务服务平台，实现政务服务数据汇聚共享和业务协同，支撑各地区、各部门政务服务平台为企业和群众提供高效、便捷的政务服务。国家政务服务平台以中国政府网为总门户，设有独立的服务界面和访问入口，两者实现用户访问互通，共同对外提供一体化政务服务。

（二）国务院有关部门政务服务平台

国务院有关部门政务服务平台统筹整合本部门业务办理系统，依托国家政务服务平台的公共支撑系统，办理本部门政务服务业务，与各地区和国务院有关部门政务服务平台互联互通、数据共享、业务协同。

（三）各地区政务服务平台

各地区政务服务平台按照省级统筹原则建设。通过整合本地区各类办事服务平台，建成本地区各级互联、协同联动的政务服务平台，办理本地区政务服务业务，实现网上政务服务省、市、县、乡镇（街道）、村（社区）全覆盖。各省（自治区、直辖市）政务服务平台与国家政务服务平台互联互通，依托国家政务服务平台办理跨地区、跨部门、跨层级的政务服务业务。

三、全省一体化大数据平台、电子政务云平台建设实践

根据 2019 年《山东省电子政务和政务数据管理办法》，省人民

政府大数据工作主管部门负责建设和管理省级电子政务云节点,并统筹全省电子政务云平台的建设、运行和监管,建立全省统一的电子政务云服务管理体系。设区的市人民政府大数据工作主管部门负责本级电子政务云节点的建设、运行和监管,并将建设方案报省人民政府大数据工作主管部门备案。县(市、区)人民政府及其工作部门不得新建电子政务云节点。已经建设的电子政务云节点,由设区的市人民政府大数据工作主管部门按照规定逐步归并整合。此外,推动数据跨层级、跨地域、跨部门汇聚、共享、开放,实现各级、各部门智慧应用与指挥调度的横向互联、纵向贯通及条块协同。县区按照"平台上移,应用下沉"的原则,基于市级系统开发部署特色智慧应用。

(一)山东省一体化大数据平台[①]

山东省一体化大数据平台是全省数据资源体系统一支撑平台,是按照"1+16+N"的省市县三级一体化设计和部署构建的全省公共数据管理总枢纽、流转总通道,也是公共数据共享、开放的总门户。山东省一体化大数据平台提供完整的数据汇聚、数据传输、数据存储、数据治理、数据服务的全流程数据处理和数据安全防护监测功能,统一推进全省公共数据汇聚、治理和服务。[②]

山东省自2020年以来开展四个"一"建设[③],在前期"统云""并网""聚数"基础上破除"信息孤岛""数据烟囱",构建一体化大数据平台。组织各部门编制数据汇聚、共享、开放清单,按照分级分类、分步实施的原则,推动公共数据资源集中管理,加快基础库、专题库、主题库、通用办公库"四库一体"的数据资源体系建设,基础

---

① 山东公共数据开放网网址,https://data.sd.gov.cn。
② 山东省大数据局编《山东省机关工作人员大数据基础知识读本》,准印证号(鲁)20230023,第133页。
③ 即构建"一体化大数据平台"、推行"一号通行"、打造全省电子政务"一张网络"、打造全省电子政务"一朵云"。

数据、各级各部门的政务数据，以及重点行业领域的公共服务数据，都统一汇聚到一体化大数据平台，做到数据"应汇尽汇"。[①]

山东省一体化大数据平台由省人民政府大数据工作主管部门负责建设。截至 2023 年 3 月底，山东省一体化大数据平台（省级枢纽）共梳理规范全省 38 个省直部门数据资源目录 3688 条，与 46 个省直部门开展数据资源供需对接，物理汇聚数据资源 1010.78 亿条。为全省各级政务部门提供共享类服务 1000 余亿次，支撑各类应用场景 1200 多个，提供开放类数据集 14045 个，下载 820 多万次，在复旦大学 2022 年度"开放树林指数"数据层全国省级部门评审中位列第二。[②]

（二）山东省电子政务云平台

电子政务云平台是电子政务的重要基础设施。"云平台是指运用云计算技术，统筹利用计算、存储、网络、安全、信息、应用支撑等资源和条件，基于国家电子政务外网和互联网，提供基础设施、支撑软件、应用功能、信息资源应用、信息安全和运行维护等服务的电子政务综合性服务平台。"[③]

2017 年 10 月 22 日，山东省人民政府办公厅印发《山东省政务信息系统整合共享实施方案》，布局政务信息系统整合，提出"力争到 2018 年年底，通过统筹一片云（电子政务云），规范两张网（电子政务内网、电子政务外网），建成三大体系（数据资源体系、政务服务体系、业务协同体系），强化四个支撑（政策支撑、产业支撑、标准支撑、安全支撑），落实五项保障（体制保障、财力保障、智力

---

① 《四个"一"建设为核，为数字强省插上腾飞翅膀》，凤凰网山东，https://baijiahao.baidu.com/s?id=1689371324714442927&wfr=spider&for=pc。

② 同上。

③ 《山东省省级电子政务公共服务云平台管理办法》（征求意见稿），山东省工业和信息化厅网站，http://gxt.shandong.gov.cn/art/2017/4/28/art_15201_1055722.html。

保障、监督保障、审计保障），形成设施集约统一、资源有效共享、业务有机协同、工作有力推进的'12345'发展格局，全省政务信息系统整合基本完成，满足政府治理和公共服务改革需要，最大程度利企便民，让企业和群众少跑腿、好办事、不添堵。"①

《山东省政务信息系统整合共享实施方案》还要求统筹全省电子政务云建设。优化全省电子政务云布局，对建设规模小、运行成本高、支撑能力弱的市级及以下政务云和行业云实施归并整合；允许保留的，纳入全省统一的云服务体系管理；尚未建设电子政务云平台的市、县（市、区），今后不再新建，依托省级电子政务云开展服务。2018年3月底前，整合部门有关机房、计算、存储等资源，形成省电子政务行政服务云，为政府内部管理、监督、决策、协调等提供集约化应用支持。2018年6月底前，初步实现省市两级政务云容灾、监管和运维一体化。经过各方努力，至2019年1月山东省政务信息系统整合基本完成。②

2019年，《山东省电子政务和政务数据管理办法》规定省人民政府大数据工作主管部门负责建设和管理省级电子政务云节点，并统筹全省电子政务云平台的建设、运行和监管，建立全省统一的电子政务云服务管理体系。设区的市人民政府大数据工作主管部门负责本级电子政务云节点的建设、运行和监管，并将建设方案报省人民政府大数据工作主管部门备案。③

---

① 《山东省人民政府办公厅关于印发山东省政务信息系统整合共享实施方案的通知》，山东省人民政府网站，http://www.shandong.gov.cn/art/2017/10/25/art_97560_233190.html。
② 《山东基本完成全省政务信息系统整合》，山东省工业和信息化厅网站，http://gxt.shandong.gov.cn/art/2019/1/14/art_15164_4475922.html。
③ 《山东省电子政务和政务数据管理办法》（山东省人民政府第57次常务会议2019年12月16日通过），山东省人民政府网站，http://www.shandong.gov.cn/art/2019/12/27/art_107851_79338.html。

《山东省大数据发展促进条例》以地方性法规的形式确认重申了上述规定。

（三）山东省一体化政务服务平台（爱山东政务服务网）[①]

2019 年山东省完成省政府门户网站与山东政务服务网、政务信息公开网的融合，完成 10 家省级部门自建业务系统与各级政务服务平台对接，形成全省政务服务总入口主体框架。全国一体化政务服务平台·山东，采用统一规划、统一标准开展建设，纵向联通国家政务服务平台，横向打通各级各部门业务办理系统，由权责系统、事项梳理系统、业务中台、应用管理系统、通用支撑系统、审批系统及政务主题库组成，支撑全省各级政府部门行使行政权力、履行公共服务职能。

（四）"爱山东"政务服务平台移动端

为推动山东省政务服务事项"掌上办""指尖办"，山东省 2019 年 1 月上线了"爱山东"政务服务移动端。作为全省各级政府部门提供政务服务、公共服务、便民服务的总门户，该移动端实现了"1+16+N"省市县三级全覆盖。所有面向群众、企业的服务应用全部整合迁移到"爱山东"移动端，各级部门不再保留、新建自有移动服务渠道（含小程序等），全面实现"一网通办"。

四、县级以上人民政府大数据工作主管部门建设本级电子政务网络的职责

在电子政务网络建设方面，山东省已搭建完成全省统一的省、市、县、乡四级覆盖的电子政务外网，省市带宽可达万兆，市县带宽达到千兆，通过建设省电子政务外网边界接入平台，在互联网、公共服务域、行政服务域之间实现数据安全、可靠、实时交互，满足了

[①] "全国一体化政务服务平台·山东"网址，http://www.shandong.gov.cn。

"互联网＋政务服务"和数字政府对网络环境的需求。[①]

　　《山东省大数据发展促进条例》进一步明确了县级以上人民政府大数据工作主管部门应当会同有关部门按照规定建设本级电子政务网络，优化整合现有政务网络的职责。

第十三条 【传统基础设施数字化改造】

　　县级以上人民政府及其有关部门应当推动交通、能源、水利、市政等领域基础设施数字化改造，建立智能化基础设施体系。

|条|文|要|旨|

　　本条是关于县级以上人民政府及其有关部门推动传统基础设施数字化改造、智能化升级的规定。旨在通过推动交通、能源、水利、市政等传统基础设施数字化改造，将现代技术应用于公共服务领域，提升社会管理智能化水平。

|理|解|与|适|用|

一、统筹推进传统基础设施和新型基础设施建设

　　《中华人民共和国国民经济和社会发展第十四个五年规划和2035年远景目标纲要》提出统筹推进传统基础设施和新型基础设施建设，

---

① 山东省大数据局编《山东省机关工作人员大数据基础知识读本》，准印证号（鲁）20230023，第134-136页。

打造系统完备、高效实用、智能绿色、安全可靠的现代化基础设施体系。围绕强化数字转型、智能升级、融合创新支撑，布局建设信息基础设施、融合基础设施、创新基础设施等新型基础设施。加快交通、能源、市政等传统基础设施数字化改造，加强泛在感知、终端联网、智能调度体系建设。[①]

（一）基础设施

基础设施是指为社会生产和居民生活提供公共服务的物质工程设施，包括交通、能源、市政等领域的公共设施。

（二）新型基础设施

新型基础设施建设（以下简称"新基建"）是指以数字化、智能化、绿色化为特征，以新一代信息技术为支撑，以加快构建数字经济、智慧社会和绿色发展为目标的新型基础设施建设。根据"十四五"规划，新型基础设施包括信息基础设施、融合基础设施、创新基础设施。

（1）信息基础设施包括有线通信基础设施和无线通信基础设施。有线通信基础设施是指用于支持有线数据传输的各种设备和设施，这些设施通常被组合在一起形成一个网络系统。有线通信基础设施包括各种硬件设备、软件和协议等，以及各种传输介质，例如电缆、光纤电缆等。无线通信是利用电磁波信号在自由空间中传播的特性进行信息交换的一种通信方式。主要的无线通信基础设施包括 5G、物联网、工业互联网、卫星互联网、下一代通信技术等。[②]

（2）融合基础设施是指将信息技术基础设施、物联网基础设施、云计算基础设施和大数据基础设施等多个基础设施整合在一起，以实

[①] 《中华人民共和国国民经济和社会发展第十四个五年规划和 2035 年远景目标纲要》，中国政府网，https://www.gov.cn/xinwen/2021-03/13/content_5592681.htm。

[②] 山东省大数据局编《山东省机关工作人员大数据基础知识读本》，准印证号（鲁）20230023，第 235-237 页。

现智能化、数字化、高效化的综合性基础设施。融合基础设施是"新基建"的重要组成部分，为数字经济的发展提供强有力的支撑。在城市交通、智慧医疗、智慧安防、智慧能源等领域，融合基础设施的应用可以实现物联网、云计算、大数据等技术的融合，打造智慧城市和数字化社会。①在"新基建"的规划和建设中，融合基础设施以先进的信息技术为基础，通过高度集成和自动化管理，提高基础设施的效率、可靠性和可扩展性。同时，还需要加强数据安全保护和隐私保护，确保融合基础设施的可持续发展。

（3）创新基础设施主要是指支撑科学研究、技术开发、产品研制的具有公益属性的基础设施，包括重大科技基础设施、科教基础设施、产业技术创新基础设施等。创新基础设施较信息基础设施和融合基础设施处于创新链的前端，高效布局创新基础设施，对于提升创新基础设施的供给质量和效率具有重要意义。②

"新基建"可细分为七大领域，包括 5G 基站建设、大数据中心、人工智能、工业互联网、特高压、城际高速铁路和城际轨道交通、新能源汽车充电桩。③

二、基础设施数字化改造和智能升级要求

国务院印发的《"十四五"数字经济发展规划》对基础设施数字化改造和智能升级做了明确规定：加快推进能源、交通运输、水利、物流、环保等领域基础设施数字化改造。推动新型城市基础设施建设，提升市政公用设施和建筑的智能化水平。构建先进普惠、智能协

---

① 山东省大数据局编《山东省机关工作人员大数据基础知识读本》，准印证号（鲁）20230023，第235-237页。
② 同上。
③ 同上书，第234页。

作的生活服务数字化融合设施。在基础设施智能化升级过程中，充分满足老年人等群体的特殊需求，打造智慧共享、和睦共治的新型数字生活。在基础设施数字化方面，应当推动能源、交通、城市、物流、医疗、教育、文化、自然资源、农业农村、水利、生态环境、应急等领域的智能化改造。[①]

2021年，《山东省"十四五"数字强省建设规划》强调要打造全国融合基础设施示范区，并就"智慧交通""数字水利""能源互联网""市政基础设施"四个领域的基础设施数字化转型方式做出了具体规定。

第十四条 【加强农村地区数字基础设施建设】

县级以上人民政府及其有关部门应当按照实施乡村振兴战略的要求，加强农村地区数字基础设施建设，提升乡村数字基础设施建设水平和覆盖质量。

|条|文|要|旨|

本条是关于促进农村地区数字基础设施建设，实施乡村振兴战略的规定。

---

① 《国务院关于印发"十四五"数字经济发展规划的通知》（国发〔2021〕29号），中国政府网，https://www.gov.cn/zhengce/content/2022-01/12/content_5667817.htm。

|理|解|与|适|用|

一、农村数字基础设施的含义

农村数字基础设施是指互联网、物联网、大数据、人工智能等信息技术创新驱动下服务于"三农"的农村公共基础设施。主要包括农村信息化基础设施（数据获取存储设施、网络通信设施、信息应用终端）、农村融合基础设施（智慧水利设施、智慧农田设施、智慧仓储物流设施）、农业创新基础设施（产业创新中心、科技教育中心）等。[①]

为实施乡村振兴战略、赋能农业农村经济社会数字化转型，我国出台了大量规范性文件，通过新型数字基础设施应用提升数字农业软实力，打造现代化农业生产体系，借助现代信息技术加快补齐农村基础设施建设短板，推动农业农村发展升级。

《山东省数字政府建设实施方案（2019—2022年）》规定了加快数字乡村建设的举措和标准，包括升级乡村数字基础设施，大力实施"宽带乡村"工程，提高农村地区光纤宽带接入能力。深化乡村网格化管理，整合人、地、物、事、情、组织等要素信息，探索应用数字化手段统筹推进土地规模化经营、村庄布局调整、土地资源整理、美丽乡村、田园综合体建设等，全面提升乡村管理的精细化、智能化水平。

二、促进农村地区数字基础设施建设的意义

（一）弥补农村数字基础设施建设短板

"十三五"期间，我国农业信息基础设施明显改善，智慧农业

[①] 李灯华、许世卫：《农业农村新型基础设施建设现状研究及展望》，《中国科技论坛》2022年第2期。

建设取得初步成效，农产品电商快速发展，农业农村大数据逐步应用，数字乡村建设起步良好，农业创新能力持续提升。全国行政村通光纤、通 4G（第四代通讯技术）比例均超过 98%，5G 加速向农村地区覆盖，电信普遍服务试点地区平均下载速率超过 70Mbps（兆比特每秒），基本实现农村、城市"同网同速"。农村宽带用户总数达 1.42 亿户，村网民规模达 3.09 亿，农村地区互联网普及率达 55.9%。但是，我国农业农村信息化发展仍处于起步阶段，面临以下几个方面的挑战：一是网络基础设施不足，一些偏远的农业生产区域尚未实现网络覆盖；二是创新能力不足，关键核心技术亟待突破，先进适用的信息化产品装备缺乏；三是有效数据不足，用数据支撑生产经营和管理决策的作用不够；四是人才不足，缺乏既懂"三农"又懂信息技术的复合型人才。[1]

完善农村数字基础设施，充分发挥数据、技术和知识等新要素的作用，推动变革农业生产组织模式，为突破国家经济大循环中农村发展滞后这一痛点和难点问题找到了出路。[2]

（二）实施乡村振兴战略，推进数字乡村建设

2018 年中共中央、国务院下发《关于实施乡村振兴战略的意见》，明确提出打造数字乡村，推动农业生产数字化转型，为农村网络基础设施建设指明了方向。推进数字乡村建设，既是巩固拓展网络帮扶成果、补齐农业农村现代化发展短板的重要举措，也是深入贯彻新发展理念、加快构建新发展格局、实现乡村全面振兴的关键一环。

---

[1] 《农业农村部关于印发〈"十四五"全国农业农村信息化发展规划〉的通知》（农市发〔2022〕4 号），中华人民共和国农业农村部网站，https://www.moa.gov.cn/govpublic/SCYJJXXS/202203/t20220309_6391175.htm。

[2] 孙久文、张翱：《数字经济时代的数字乡村建设：意义、挑战与对策》，《西北师大学报（社会科学版）》2023 年第 1 期。

三、我国数字乡村建设的战略目标

2019 年中共中央办公厅、国务院办公厅印发《数字乡村发展战略纲要》，将数字乡村界定为"伴随网络化、信息化和数字化在农业农村经济社会发展中的应用，以及农民现代信息技能的提高而内生的农业农村现代化发展和转型进程"，并提出建设数字乡村分三步走的战略目标。

（一）到 2020 年，数字乡村建设取得初步进展

全国行政村 4G 覆盖率超过 98%，农村互联网普及率明显提升。农村数字经济快速发展，建成一批特色乡村文化数字资源库，"互联网＋政务服务"加快向乡村延伸。网络扶贫行动向纵深发展，信息化在美丽宜居乡村建设中的作用更加显著。

（二）到 2025 年，数字乡村建设取得重要进展

乡村 4G 深化普及、5G 创新应用，城乡"数字鸿沟"明显缩小。初步建成一批兼具创业孵化、技术创新、技能培训等功能的新农民新技术创业创新中心，培育形成一批叫得响、质量优、特色显的农村电商产品品牌，基本形成乡村智慧物流配送体系。乡村网络文化繁荣发展，乡村数字治理体系日趋完善。

（三）到 2035 年，数字乡村建设取得长足进展

城乡"数字鸿沟"大幅缩小，农民数字化素养显著提升。农业农村现代化基本实现，城乡基本公共服务均等化基本实现，乡村治理体系和治理能力现代化基本实现，生态宜居的美丽乡村基本实现。[1]

数字乡村建设是广大农村地区适应数字经济时代和加速融入数字

---

① 《中共中央办公厅 国务院办公厅印发〈数字乡村发展战略纲要〉》，中国政府网，https://www.gov.cn/zhengce/2019-05/16/content_5392269.htm。

社会①的必由之路。数字乡村建设促进城乡融合发展。一方面，随着农村数字基础设施的建设提速，城市孵化的数字平台企业得以将业务拓展至农村，形成线上、线下相结合的农产品市场，拓展了市场空间，也提高了农民的收入。另一方面，依托物联网、云计算和大数据等数字技术发展智慧农业，实现农业生产的精细化、智能化和集约化，显著提升农业的抗风险能力。

四、我国数字乡村建设的十项重点任务②

（1）加快乡村信息基础设施建设。大幅提升网络设施水平；完善信息终端和服务供给；加快乡村基础设施的数字化转型。加快推动农村地区水利、公路、电力、冷链物流、农业生产加工等基础设施的数字化、智能化转型，推进智慧水利、智慧交通、智能电网、智慧农业、智慧物流建设。

（2）发展农村数字经济。夯实数字农业基础。推进农业数字化转型。加快推广云计算、大数据、物联网、人工智能在农业生产经营管理中的运用，促进新一代信息技术与种植业、种业、畜牧业、渔业、农产品加工业全面深度融合应用，打造科技农业、智慧农业、品牌农业。建设智慧农（牧）场，推广精准化农（牧）业作业。创新农村流通服务体系。实施"互联网+"农产品出村进城工程，加强农

---

① 中国行政体制改革研究会副会长汪玉凯认为数字社会就是数字化、网络化、智能化深度融合的社会。这种深度融合集中表现为"五高"，即高度被感知的社会、高度互联互通的社会、高度被精准计算的生活、高度透明的社会和高度智能化的社会。支撑数字社会有三大技术基础，即在数字化基础上实现万物感知，在网络化基础上实现万物互联，在智能化基础上使社会更加智慧。感知、融合、共享、协同、智能是数字社会的基本属性。参见山东省大数据局编《山东省机关工作人员大数据基础知识读本》，准印证号（鲁）20230023，第150-153页。

② 《中共中央办公厅 国务院办公厅印发〈数字乡村发展战略纲要〉》，中国政府网，https://www.gov.cn/zhengce/2019-05/16/content_5392269.htm。

产品加工、包装、冷链、仓储等设施建设。深化乡村邮政和快递网点普及，加快建成一批智慧物流配送中心。深化电子商务进农村综合示范，培育农村电商产品品牌。

（3）强化农业农村科技创新供给。

（4）建设智慧绿色乡村。

（5）繁荣发展乡村网络文化。

（6）推进乡村治理能力现代化。

（7）深化信息惠民服务。

（8）激发乡村振兴内生动力。

（9）推动网络扶贫向纵深发展。

（10）统筹推动城乡信息化融合发展。

五、农村数字基础设施建设的突破点

在农村数字基础设施建设过程中，一个难题是对现有基础设施的数字化升级。我国长期以来较少考虑农业农村基础设施建设与数字技术的融合，出现新技术与传统基础设施不适配的情况，农村个体生产模式也难以发挥规模协同效应。[1] 政府部门应当结合农业生产、农产品流通、乡村治理以及环境治理四个层面进行推进。在农业生产中扩展数字技术的应用范围，在农产品流通过程中促进农村电子商务发展，在乡村治理的过程中通过政策帮扶使优质数字资源下沉农村，在环境治理过程中大力推动环境监测、环境治理的智能化。

---

[1] 董晓波：《新型数字基础设施驱动农业农村高质量发展的创新路径》，《学习与实践》2023 年第 1 期。

第三章　数据资源

|本|章|概|述|

　　数据资源是指具有价值创造潜力的数据的总称，通常指以电子化形式记录和保存、可机器读取、可供社会化再利用的数据集合。①第三章是关于数据资源管理的基础性制度规定。本章共八条，涵盖了数据资源管理体制、数据目录编制、数据收集原则、数据被收集人权利保护与救济、数据汇聚、数据治理、数据共享、数据开放等内容。

---

① 《数据领域常用名词解释（第一批）》，国家数据局网站，https://www.nda.gov.cn/sjj/zwgk/zcfb/1230/ff808081-93de5a43-0194-1b18a0c6-037e.pdf。

第十五条　【数据资源统筹管理】

县级以上人民政府大数据工作主管部门应当按照国家和省有关数据管理、使用、收益等规定，依法统筹管理本行政区域内数据资源。

国家机关、法律法规授权的具有管理公共事务职能的组织、人民团体以及其他具有公共服务职能的企业事业单位等（以下统称公共数据提供单位），在依法履行公共管理和服务职责过程中收集和产生的各类数据（以下统称公共数据），由县级以上人民政府大数据工作主管部门按照国家和省有关规定组织进行汇聚、治理、共享、开放和应用。

利用财政资金购买公共数据之外的数据（以下统称非公共数据）的，除法律、行政法规另有规定外，应当报本级人民政府大数据工作主管部门审核。

|条|文|要|旨|

本条是关于政府依法管理数据资源的职权与职责的规定。第一款明确了县级以上人民政府大数据工作主管部门依法对本行政区域内数据资源进行统筹管理的职责与职权；第二款特别规定县级以上人民政府大数据工作主管部门负责组织进行公共数据的汇聚、治理、共享、开放和应用。第三款规定使用财政资金购买公共数据之外的数据，由本级人民政府大数据工作主管部门负责审核。

本条也对公共数据的范围进行了界定。目前不同法律法规和规范性文件对于数据资源分类、公共数据共享开放的范围规定不一致或者不明确。本条明确了公共数据的范围，为政府部门组织进行公共数据的汇聚、治理、共享、开放、应用奠定了基础。

目前，国家层面已明确要求建立政务数据共享协调机制，应明确统筹管理机构并健全共享开放等管理制度。各级政务部门既要接受上级主管部门业务指导，又归属于本地政府管理，政务数据管理权责需进一步厘清，协调机制需进一步理顺。基层仍存在数据重复采集、多次录入和系统联通不畅等问题，影响政务数据统筹管理和高效共享。[①]有必要明确县级以上政府大数据工作主管部门在数据资源统筹管理以及组织公共数据汇聚、治理、共享、利用方面的职权与职责。

|理|解|与|适|用|

一、我国数据资源管理的法律制度

目前，我国国家层面尚未制定数据资源管理的系统性的法律、行政法规。

我国虽然已经制定了《网络安全法》《数据安全法》《个人信息保护法》，但是数据基础制度体系远未完善，亟待补充建立数据产权制度、数据流通交易制度、数据收益分配制度、协同治理制度等数据资源管理法律制度。如何基于当前数据法治现状进行数据管理、推动公共数据共享利用是地方政府大数据发展促进工作面临的巨大挑战。随着数据应用场景的日益丰富，数据融合使用需求增长，社会各界对充分释放数据要素价值的呼声高涨。由于数据产权与数据交易法律制度的缺失，公共数据的有效利用受到影响。存在开放制度的权利基础

---

① 《国务院办公厅关于印发〈全国一体化政务大数据体系建设指南〉的通知》（国办函〔2022〕102号），中国政府网，https://www.gov.cn/gongbao/content/2022/content_5725276.htm。

不明晰，[①] 开放数据量少、价值低、可机读比例低、多为静态数据等问题。[②] 非公共数据利用由于涉及多元主体的利益平衡，相关制度设计比公共数据更复杂，实践中数据利用争议缺乏明确规范的分析框架。

2022 年 12 月，国家发展和改革委员会颁布的《中共中央 国务院关于构建数据基础制度更好发挥数据要素作用的意见》是对新形势下包括数据确权在内的数据相关制度建设的高度凝练和系统阐述，为新形势下如何通过数据确权统筹数据价值与数据安全、建立健全数据要素市场、实现数据要素的充分流通、更好发挥数据要素作用提供了坚实的制度依托。《数据二十条》提出在产权运行机制下设立数据资源持有权、数据加工使用权、数据产品经营权三种权利，在数据权属的建构上淡化"所有权"概念，建立一种以"数据相关权利结构性分置"为基本思路的数据产权制度。[③]《数据二十条》规定："从中央制度层面建构起我国数据产权制度，着重突出数据的分类分场景保护，促进各主体数据权益保护与数据有序流通的双赢，在全球范围内首次提出数据产权解决方案。"[④] 为解决现实数据交易存在确权难、定价难、互信难、监管难等挑战，《数据二十条》提出建立数据流通准入标准规则、建立数据质量标准化体系、优化全国数据交易场所规划布局、出台数据交易场所管理办法、构建多层次市场交易体系、培育数据商和第三方专业服务机构等，为数据交易法律制度的完善指明了方向。

---

① 王锡锌、黄智杰：《公平利用权：公共数据开放制度建构的权利基础》，《华东政法大学学报》2022 年第 2 期。

② 周汉华：《数据确权的误会》，《法学研究》2023 年第 2 期。

③《中共中央 国务院关于构建数据基础制度更好发挥数据要素作用的意见》，中国政府网，https://www.gov.cn/zhengce/2022−12/19/content_5732695.htm。

④ 丁晓东：《分类分场景保护 探索数据产权新方案》，国家发展和改革委员会网，https://www.ndrc.gov.cn/xxgk/jd/jd/202212/t20221220_1343697.html。

2024年9月21日，中共中央办公厅、国务院办公厅联合发布《关于加快公共数据资源开发利用的意见》。① 这是中央层面首次对公共数据资源开发利用进行全面系统性部署，体现了鼓励发展的政策导向。该文件提出了统筹推进政务数据共享、有序推动公共数据开放、鼓励探索公共数据授权运营的公共数据资源开发利用方针；对公共数据授权运营的授权主体、运营机构、监管机制进行了规范；对公共数据的有偿与无偿使用原则予以明确；对建立健全公共数据资源登记制度做了规定；明确依法保密的公共数据不予开放，严格管控未公开的原始公共数据直接进入市场以保护数据安全和个人信息。

2025年1月，国家发展改革委、国家数据局印发《关于加快公共数据资源开发利用的意见》的三个配套文件《公共数据资源登记管理暂行办法》②《公共数据资源授权运营实施规范（试行）》③《关于建立公共数据资源授权运营价格形成机制的通知》④，标志着公共数据资源开发利用"1+3"政策体系初步形成。"1+3"政策体系对于激发公共数据供给动力和全社会用数活力，推进数据要素市场化配置改革，培育全国一体化数据市场，充分释放公共数据要素价值，更好赋能高质量发展提供了政策保障和工作指引。

①《中共中央办公厅 国务院办公厅关于加快公共数据资源开发利用的意见》（2024年9月21日），中国政府网，https://www.gov.cn/zhengce/202410/content_6978911.htm。

②《国家发展改革委 国家数据局关于印发〈公共数据资源登记管理暂行办法〉的通知》（发改数据规〔2025〕26号），国家发展和改革委员会网，https://www.ndrc.gov.cn/xxgk/zcfb/ghxwj/202501/t20250116_1395725.html。

③《国家发展改革委 国家数据局关于印发〈公共数据资源授权运营实施规范（试行〉〉的通知》（发改数据规〔2025〕27号），国家发展和改革委员会网，https://www.ndrc.gov.cn/xxgk/zcfb/ghxwj/202501/t20250116_1395726.html。

④《国家发展改革委 国家数据局〈关于建立公共数据资源授权运营价格形成机制的通知〉》（发改数据规〔2025〕65号），国家发展和改革委员会网，https://www.ndrc.gov.cn/xxgk/zcfb/tz/202501/t20250120_1395799.html。

二、公共数据的含义与范围

（一）现行法律、规范性文件文本的考察

我国现行法律、规范性文件对公共数据的含义与范围界定不够明确和统一，公共数据与政务数据、政府数据的界分也不明晰。

《促进大数据发展行动纲要》明确了促进大数据发展的总体目标以及加快政府数据开放共享、推动大数据产业创新发展、强化数据安全保障的三项主要任务。提出"大力推动政府信息系统和公共数据互联开放共享，加快政府信息平台整合，消除信息孤岛，推进数据资源向社会开放，形成公共数据资源合理适度开放共享的法规制度和政策体系……2018 年底前建成国家政府数据统一开放平台，率先在信用、交通、医疗、卫生、就业、社保、地理、文化、教育、科技、资源、农业、环境、安监、金融、质量、统计、气象、海洋、企业登记监管等重要领域实现公共数据资源合理适度向社会开放，带动社会公众开展大数据增值性、公益性开发和创新应用，充分释放数据红利"[1]。《促进大数据发展行动纲要》重在对数据开放未来愿景的宏观描摹，"倡议性政策导向明显，缺乏刚性的制度约束"[2]，对所使用的"公共数据""政府数据"两个概念未加定义和区分，造成理解困难和认识分歧。

2016 年《中华人民共和国网络安全法》第十八条和 2018 年《中华人民共和国电子商务法》第六十九条分别对促进公共数据资源开放和电子商务经营者依法利用公共数据做了原则性规定。但这两个条款既无实质规范内容，也未界定公共数据的内涵，将其作为政府数据开

---

[1]《国务院关于印发促进大数据发展行动纲要的通知》（国发〔2015〕50 号），中国政府网，http://www.gov.cn/zhengce/content/2015-09/05/content_10137.htm。

[2] 张涛：《开放政府数据法制化的地方实践与制度完善：以浙江等 9 个省市为分析样本》，《贵州大学学报（社会科学版）》2019 年第 5 期。

放的法律依据可操作性不足。

2017 年《公共信息资源开放试点方案》明确开放公共信息资源
的目标是充分释放数据红利，促进信息资源规模化创新应用，培育新
的经济增长点，推动国家治理体系和治理能力现代化。确定北京市、
上海市、浙江省、福建省、贵州省为试点地区，开展公共信息资源开
放试点工作，重点开放信用服务、医疗卫生、社保就业、公共安全、
城建住房、交通运输、教育文化、科技创新、资源能源、生态环境、
工业农业、商贸流通、财税金融、安全生产、市场监管、社会救助、
法律服务、生活服务、气象服务、地理空间、机构团体等领域的公共
信息资源。[①] 然而该方案没有对核心概念"公共信息资源"进行定义，
无法为政府数据开放提供指引。

2020 年《中共中央 国务院关于构建更加完善的要素市场化配置
体制机制的意见》要求"推进政府数据开放共享。优化经济治理基
础数据库，加快推动各地区各部门间数据共享交换，制定出台新一批
数据共享责任清单。研究建立促进企业登记、交通运输、气象等公共
数据开放和数据资源有效流动的制度规范"[②]。该文件同时采用"政
府数据"和"政务数据"的表述而未加定义。

2021 年《数据安全法》的出台填补了国家层面基础性数据法律
的空白，体现了兼顾数据安全管理和数据利用的指导思想。《数据安
全法》第五章专章规定了政务数据安全与开放，涵盖了国家机关收集
使用数据的原则、政务数据开放的原则，以及开放平台、开放目录等
较为具体的内容，"首次在法律中明确支持、鼓励政务数据的开发利

---

① 《公共信息资源开放试点方案》(中网办发文〔2017〕24 号)，中华人民共和国国家互
   联网信息办公室网站，https://www.cac.gov.cn/2018-01/05/c_1122215495.htm。
② 《中共中央 国务院关于构建更加完善的要素市场化配置体制机制的意见》，中国政府
   网，https://www.gov.cn/zhengce/2020-04/09/content_5500622.htm。

用——提升了相关政策的法律位阶和法律效力"[1]，从而在"在促进数据创新应用、激发数据要素价值上进一步加强了顶层设计"[2]。遗憾的是，《数据安全法》也未对"政务数据"一词进行概念界定。根据《数据安全法》第四十一条，政务数据开放的义务主体应当是国家机关，而国家机关除了行政机关，还包括人大、监察委、法院、检察院等其他国家机关。这一规定显然与政务数据开放主体为政务机构，包括行政机关以及法律法规授权行使行政管理职能的事业单位和组织的理解不一致。

《电子商务法》《网络安全法》都使用了"公共数据"一词，但并未给出立法定义。地方政府数据开放相关立法中使用频率较高的有"政务数据""政府数据""公共数据""公共信息资源"。由于核心概念的界定将直接划定政府数据开放的范围，地方立法普遍对其含义进行明确界定。例如，《河北省信息化条例》将多个易混淆的术语集中在一个条款中逐一界定，解决了相关用语含义模糊、相互关系不明晰的问题。[3]

国家互联网信息办公室《网络数据安全管理条例（征求意见稿）》

---

① 龙卫球主编《中华人民共和国数据安全法释义》，中国法制出版社，2021，第125页。
② 同上书，第3页。
③《河北省信息化条例》（2021年修订）第六十一条　本条例下列用语的含义：
　（一）网络，是指由计算机或者其他信息终端以及相关设备组成的按照一定的规则和程序对信息进行收集、存储、传输、交换、处理的系统。
　（二）网络运营者，是指网络的所有者、管理者和网络服务提供者。
　（三）政务部门，是指政府部门以及法律法规授权具有行政职能的事业单位和社会组织。
　（四）政务数据，是指政务部门在履行职责过程中制作或者获取的，以一定形式记录、保存的文件、资料、图表和数据等各类信息资源。
　（五）公共数据，包括政务数据以及具有公共管理和服务职能的企业事业单位在依法履行公共管理和服务职能过程中制作或者获取的，以一定形式记录、保存的文件、资料、图表和数据等各类信息资源。
　本条例所称具有公共管理和服务职能的企业事业单位包括但不限于邮政、通信、水务、电力、燃气、热力、公共交通、民航、铁路等。

第七十三条对公共数据进行了比较宽泛的定义："公共数据是指国家机关和法律、行政法规授权的具有管理公共事务职能的组织履行公共管理职责或者提供公共服务过程中收集、产生的各类数据，以及其他组织在提供公共服务中收集、产生的涉及公共利益的各类数据。"[1]

《数据二十条》将公共数据界定为各级党政机关、企事业单位在依法履职或提供公共服务过程中产生的公共数据。

对地方政府数据开放的历史观察可以发现，早期由于考虑数据管控的难度，各地对数据治理、数据开放的范围较为谨慎。随着政府治理能力的提升和释放数据红利的需求，数据开放的范围呈逐渐扩张的趋势，地方政府相对更愿意选择涵盖主体多样、更具包容性和开放性的"公共数据"作为关键词。[2]但各地对公共数据的范围界定不完全一致。《北京市公共数据管理办法》规定："本办法所称公共数据，是指具有公共使用价值的，不涉及国家秘密、商业秘密和个人隐私的，依托计算机信息系统记录和保存的各类数据。"《河北省信息化条例》六十一条规定："公共数据，包括政务数据以及具有公共管理和服务职能的企业事业单位在依法履行公共管理和服务职责过程中制作或者获取的，以一定形式记录、保存的文件、资料、图表和数据等各类信息资源。"《上海市数据条例》第二条第四项将公共数据定义为"本市国家机关、事业单位，经依法授权具有管理公共事务职能的组织，以及供水、供电、供气、公共交通等提供公共服务的组织（以下统称公共管理和服务机构），在履行公共管理和服务职责过程中收集和产生的数据"。

---

[1]《国家互联网信息办公室关于〈网络数据安全管理条例（征求意见稿）〉公开征求意见的通知》，中华人民共和国国家互联网信息办公室网站，http://www.cac.gov.cn/2021-11/14/c_1638501991577898.htm。

[2] 郑春燕、唐俊麒：《论公共数据的规范含义》，《法治研究》2021年第6期。

（二）相关概念含义的界定

1. 政府数据

政府数据主要指政府及其职能部门在履行行政职能中获得的数据。

《贵州省政府数据共享开放条例》第三条将"政府数据"定义为："行政机关在依法履行职责过程中制作或者获取的，以一定形式记录、保存的各类数据，包括行政机关直接或者通过第三方依法采集、管理和因履行职责需要依托政府信息系统形成的数据。"

2. 政务数据

政务数据除政府及其职能部门履行行政职能获得的数据（政府数据）外，还包括政府委托或授权的其他组织获取的数据。

《山西省政务数据管理与应用办法》第二十四条将政务数据定义为："政务服务实施机构在履行职责过程中采集和获取的或者通过特许经营、购买服务等方式开展信息化建设和应用所产生的文字、数字、符号、图片和音视频等数据。"

《山西省政务数据管理与应用办法》将政务服务实施机构界定为："各级人民政府、县级以上人民政府所属部门、列入党群工作机构序列但依法承担行政职能的部门以及法律、法规授权的具有公共管理和服务职能的组织。"

列入党群工作机构序列但依法承担行政职能的部门本不属于政务部门，地方性立法的这一规定，扩大了政务数据的范围。

3. 公共数据

公共数据是指各级党政机关、企事业单位在依法履职或提供公共服务过程中产生的数据。[①]公共数据是在政务数据基础上的扩张，在

---

① 《数据领域常用名词解释（第一批）》，国家数据局网站，https://www.nda.gov.cn/sjj/zwgk/zcfb/1230/ff808081-93de5a43-0194-1b18a0c6-037e.pdf。

政务数据之外还涵盖其他具有公共利益属性的数据，范围最广。

公共数据以"公共利益"确定公共数据的内涵，以公共管理与服务的目标划定公共数据的外延，相较于传统政务数据，立法更具包容性和开放性。公共数据与个人数据、企业数据、社会数据并非同一层次的概念，而是互相渗透、存在交叉。

与"公共数据"相对的是"非公共数据"。"不论何种主体控制的数据，只要能促进公共管理与服务目标的实现，都可以纳入公共数据的讨论范畴。"[①]

结合前述规范性文件的文本考察，公共数据的范围一般通过目的要素、主体要素、行为要素界定。公共数据的公共管理与服务的公共性目的要素是基础性的，实际判断时应重点关注信息内容与公共利益的关系，不局限于信息主体和用途。公共数据的主体因素，是指公共数据提供者、控制者，其判断应当从是否实际从事公共服务或与公共利益有关的角度考察，不应局限于主体身份。公共数据主体包括具有公共管理和服务职能的国家机关、企事业单位和社会团体、提供公共服务的公共机构以及其他可能掌握公共利益相关数据的社会主体。公共数据的行为因素，是指履行公共管理服务职责、提供公共服务以及数据处理等行为。

从立法演进考察，公共数据的范围首先从行政机关、法律法规授权管理公共事务的组织履职过程中制作、收集、获取的数据，扩展到国家机关、法律法规授权的具有管理公共事务职能的组织、人民团体以及其他具有公共服务职能的企业事业单位等在依法履行公共管理和服务职责过程中收集和产生的各类数据。"公共数据作为公用性资源并不一定与政府行政部门相锁定，而应当着眼于具有公共利益关切和

---

① 郑春燕、唐俊麒：《论公共数据的规范含义》，《法治研究》2021 年第 6 期。

公共目的的数据来源。"①

综上，"公共数据"比"政府数据""政务数据"的内涵更丰富，外延也更广，使用"公共数据"一词更为恰当和科学。它不但与国家"十四五"规划相关用语保持一致，有利于建立健全国家公共数据资源体系，而且通过预置公共服务的概念要素，更有利于推动公共数据开放共享及其实际应用创新。②

（三）本条条例对公共数据范围的界定

本条条例将公共数据的范围界定为国家机关、法律法规授权的具有管理公共事务职能的组织、人民团体以及其他具有公共服务职能的企业事业单位等（以下统称公共数据提供单位），在依法履行公共管理和服务职责过程中收集和产生的各类数据。

将"国家机关、法律法规授权的具有管理公共事务职能的组织、人民团体以及其他具有公共服务职能的企业事业单位等"统称为"公共数据提供单位"，目的是简化文字表达。

三、对利用财政资金购买非公共数据的管理

利用财政资金购买非公共数据是非公共数据转化为公共数据的过程，应当以公共服务为目的。大数据主管部门进行审核具有必要性。

依据本条规定，具有"促进公共管理与服务"的要素便可初步认定为公共数据。与之相对，非公共数据便是不具有上述目的和价值的数据。数据交易实际上起到将非公共数据转化为公共数据的效果，私主体对相应数据的处理可能因此受到限制。因此，大数据主管部门应

---

① 陈家宁：《大数据时代公共数据的公用性实现机制研究》，《北京城市学院学报》2021年第1期。

② 席月民：《推进公共数据开放共享的立法进路》，《中国社会科学报》2022年9月5日005版。

明确非公共数据交易审批标准，提供交易内容的规范建议，建立非应急状态下的数据交易公平补偿机制。[①]

第十六条 【数据资源目录编制管理】

省人民政府大数据工作主管部门应当制定公共数据目录编制规范，组织编制和发布本省公共数据总目录。

公共数据提供单位应当按照公共数据目录编制规范，编制和更新本单位公共数据目录，并报大数据工作主管部门审核后，纳入本省公共数据总目录。

鼓励非公共数据提供单位参照公共数据目录编制规范，编制和更新非公共数据目录。

|条|文|要|旨|

本条第一款是关于数据资源实行目录编制管理的一般规定。第二款是关于省人民政府大数据工作主管部门制定公共数据目录编制规范、组织编制和发布本省公共数据总目录的职责规定。第三款是公共数据提供单位规范编制和更新本单位公共数据目录、报送审核的义务性规定。第四款是对非公共数据提供单位参照公共数据目录编制要求编制非公共数据目录的倡导性规定。目录编制管理是实现公共数据资源共享、业务协同和公共数据开放的基础。

---

① 郑春燕、唐俊麒：《论公共数据的规范含义》，《法治研究》2021年第6期。

|理|解|与|适|用|

一、公共数据目录的含义及其编制的意义

（一）公共数据目录的含义

公共数据资源目录，是指按照一定的分类方法进行排序和编码的一组信息，用于描述各个公共数据特征及组织方式，便于公共数据的组织、检索、定位、发现与获取。[①]

公共数据资源目录编制包括对数据资源的分类、元数据描述、代码规划和目录编制，以及相关工作的组织、流程、要求等方面的内容。[②]

元数据是定义和描述特定数据的数据，它提供了关于数据的结构、特征和关系的信息，有助于组织、查找、理解、管理数据。[③]核心元数据一般包括信息资源的名称、内容摘要、提供方、发布日期等。

（二）公共数据目录编制的意义

1.统一公共数据格式和技术标准

公共数据目录编制统一数据格式和技术标准，方便快速检索、流畅传输、妥善存储、合规开放，提高数据利用效率。

数据资源尤其是公共数据资源，具有体量大、内容丰富、格式庞杂的特点。现有公共数据的普遍问题就在于其格式多样而标准不统一、联通不畅而共享有待加强。数据目录的规范化编制能够帮助建立数据标准体系，统一数据格式，更便于开发整合以释放数据价值，进而优化数据控制者等主体的相关处理活动。通过统一目录编制实现科

[①]《山东省公共数据共享工作细则》第三十四条，参见山东省大数据局：《关于印发〈山东省公共数据共享工作细则〉的通知》（鲁数发〔2024〕2号）。

[②]《国家发展改革委 中央网信办关于印发〈政务信息资源目录编制指南（试行）〉的通知》（发改高技〔2017〕1272号），中国政府网，https://www.gov.cn/xinwen/2017-07/13/content_5210203.htm。

[③]《数据领域常用名词解释（第一批）》，国家数据局网站，https://www.nda.gov.cn/sjj/zwgk/zcfb/1230/ff808081-93de5a43-0194-1b18a0c6-037e.pdf。

学归类、标准划定，是公共数据准确收集、流畅传输、妥善存储、合规开放、快速检索、高效利用的必要前提。

2. 实现公共数据的整合与系统化

公共数据目录编制破除数据资源分散化、碎片化分布，使得不同来源的数据得以整合、系统化，更好地满足不同用户的利用需求。

3. 为公共数据共享开放奠定基础

公共数据资源目录编制上承公共数据收集，下接政府数据共享开放，是实现政务信息资源共享、业务协同服务民生、政府数据开放的基础，有利于摸清家底提供清单，支撑跨层级、跨地域、跨系统、跨部门、跨业务的数据有序流通和共享应用。

二、公共数据目录编制的规范要求

（一）《政务信息资源共享管理暂行办法》

2016 年 9 月，国务院印发《政务信息资源共享管理暂行办法》，其中第二章专门规定了政务信息资源目录，指出国家政务信息资源目录是实现国家政务信息资源共享和业务协同的基础，是政务部门间信息资源共享的依据。《政务信息资源共享管理暂行办法》要求国家发展改革委负责制定《政务信息资源目录编制指南》，明确政务信息资源的分类、责任方、格式、属性、更新时限、共享类型、共享方式、使用要求等内容。各政务部门按照《政务信息资源目录编制指南》的要求编制、维护部门政务信息资源目录，并在有关法律法规作出修订或行政管理职能发生变化之日起 15 个工作日内更新本部门政务信息资源目录。各地方政府按照《政务信息资源目录编制指南》的要求编制、维护地方政务信息资源目录，并负责对本级各政务部门政务信息资源目录更新工作的监督考核。国家发展改革委汇总形成国家政务信息资源目录，并建立目录更新机制。①

（二）《山东省电子政务和政务数据管理办法》

2019年颁布的《山东省电子政务和政务数据管理办法》规定政务数据实行目录管理，明确由省人民政府大数据工作主管部门负责组织编制省级政务数据总目录，统筹全省政务数据目录编制工作。设区的市和县（市、区）人民政府的大数据工作主管部门负责组织编制本级政务数据总目录。县级以上人民政府有关部门应当根据国家政务信息资源目录编制指南的具体要求，编制本部门的政务数据目录，明确政务数据的分类、格式、属性、更新时限、共享类型、共享方式、使用要求等内容，并报本级人民政府大数据工作主管部门备案。②

（三）《全国一体化政务大数据体系建设指南》

2022年10月，国务院办公厅印发《全国一体化政务大数据体系建设指南》，从以下三方面对政务数据目录管理提出了新要求：

1. 全量编制政务数据目录

建设政务数据目录系统，全面摸清政务数据资源底数，建立覆盖国家、省、市、县等层级的全国一体化政务数据目录，形成全国政务数据"一本账"，支撑跨层级、跨地域、跨系统、跨部门、跨业务的数据有序流通和共享应用。建立数据目录分类分级管理机制，按照有关法律、行政法规的规定确定重要政务数据的具体目录，加强政务数据分类管理和分级保护。国务院办公厅负责政务数据目录的统筹管理，各地区、各部门政务数据主管部门负责本地区本部门政务数据目录的审核和汇总工作，各级政务部门应按照本部门"三定"规定，梳

---

① 《国务院关于印发〈政务信息资源共享管理暂行办法〉的通知》（国发〔2016〕51号），中国政府网，https://www.gov.cn/zhengce/content/2016-09/19/content_5109486.htm。

② 《山东省电子政务和政务数据管理办法》（山东省人民政府第57次常务会议2019年12月16日通过），山东省人民政府网站，http://www.shandong.gov.cn/art/2019/12/27/art_107851_79338.html。

理本部门权责清单和核心业务，将履职过程中产生、采集和管理的政务数据按要求全量编目。

2. 规范编制政务数据目录

实现政务数据目录清单化管理，支撑政务部门注册、检索、定位、申请政务数据资源。政务部门在数据资源生成后要及时开展数据源鉴别、数据分类分级以及合规性、安全性、可用性自查，完成数据资源注册，建立"目录—数据"关联关系，形成政务数据目录。政务数据资源注册时，政务部门应同时登记提供该数据资源的政务信息系统，建立"数据—系统"关联关系，明确数据来源，避免数据重复采集，便利数据供需对接。各地区、各部门政务数据主管部门要根据政务数据目录代码规则、数据资源编码规则、元数据规范等检查目录编制，落实目录关联政务信息系统、"一数一源"等有关要求，将审核不通过的目录退回纠正，切实规范目录编制。各地区在编制本地区政务数据目录时，要对照国务院部门数据目录内容、分类分级等相关标准，确保同一政务数据目录与国务院部门数据目录所含信息基本一致。

3. 加强目录同步更新管理

各地区、各部门调整政务数据目录时，要在国家政务大数据平台实时同步更新。政务部门职责发生变化的，要及时调整政务数据目录；已注册的数据资源要及时更新，并同步更新"数据—系统"关联关系。原则上目录有新增关联的政务数据资源，应在 20 个工作日内完成注册；目录信息发生变化的，应在 20 个工作日内完成更新。[①]

（四）《山东省公共数据共享工作细则》

2024 年，山东省大数据局修订了 2021 年发布的《山东省公共数

---

① 《国务院办公厅关于印发全国一体化政务大数据体系建设指南的通知》（国办函〔2022〕102 号），中国政府网，https://www.gov.cn/zhengce/content/2022-10/28/content_5722322.htm。

据共享工作细则（试行）》，进一步完善了公共数据目录编制要求：

（1）公共数据实行统一目录管理，省级人民政府大数据工作主管部门负责制定数据资源目录编制标准，组织编制全省统一、衔接一致、完整有效的公共数据资源目录。省级有关部门负责统筹指导本行业、本领域的数据资源目录编制工作。公共管理和服务机构按照各自职责，梳理形成本单位数据资源目录。

（2）数据资源目录由同级人民政府大数据工作主管部门审核通过后，通过统一平台发布。

（3）数据资源目录实行动态维护，发生变化时，公共管理和服务机构应在 15 个工作日内提交变更申请，同级人民政府大数据工作主管部门应在 2 个工作日内完成审核并发布。[1]

第十七条 【数据收集的原则】

数据收集应当遵循合法、正当、必要的原则，不得窃取或者以其他非法方式获取数据。

公共数据提供单位应当根据公共数据目录，以数字化方式统一收集、管理公共数据，确保收集的数据及时、准确、完整。

除法律、行政法规另有规定外，公共数据提供单位不得重复收集能够通过共享方式获取的公共数据。

---

[1] 《山东省公共数据共享工作细则》第八条、第九条。

|条|文|要|旨|

本条是关于数据收集一般原则以及公共数据提供单位收集和管理公共数据的一般要求的规定。目前我国公共数据收集中存在政务数据收集职责划定不清，政务数据收集的真实性、准确性、完整性欠缺，政务数据的重复收集、多头收集、政务数据收集标准不统一等问题。[①]本条规定旨在规范公共数据的收集与管理。

|理|解|与|适|用|

一、数据收集的合法、正当、必要的原则

无论公共数据还是非公共数据的收集，均应遵守合法、正当、必要的原则。

我国相关法律对数据处理者收集个人信息的规则做了较为明确、严格的规定。

（一）《民法典》

《民法典》第一百一十一条规定："自然人的个人信息受法律保护。任何组织或者个人需要获取他人个人信息的，应当依法取得并确保信息安全，不得非法收集、使用、加工、传输他人个人信息，不得非法买卖、提供或者公开他人个人信息。"第一千零三十五条规定："处理个人信息的，应当遵循合法、正当、必要原则，不得过度处理，并符合下列条件：（一）征得该自然人或者其监护人同意，但是法律、行政法规另有规定的除外；（二）公开处理信息的规则；（三）明示处理信息的目的、方式和范围；（四）不违反法律、行政法规的规定和双方的约定。个人信息的处理包括个人信息的收集、存

---

① 参见马颜昕等：《数字政府：变革与法治》，中国政法大学出版社，2021，第241-243页。

储、使用、加工、传输、提供、公开等。"

（二）《个人信息保护法》

《个人信息保护法》第四条至第十条规定，处理个人信息应当遵循合法、正当、必要和诚信原则，不得通过误导、欺诈、胁迫等方式处理个人信息。个人信息的处理包括个人信息的收集、存储、使用、加工、传输、提供、公开、删除等。处理个人信息应当具有明确、合理的目的，并应当与处理目的直接相关，采取对个人权益影响最小的方式。收集个人信息，应当限于实现处理目的的最小范围，不得过度收集个人信息。任何组织、个人不得非法收集、使用、加工、传输他人个人信息，不得非法买卖、提供或者公开他人个人信息；不得从事危害国家安全、公共利益的个人信息处理活动。[①]

二、公共数据提供单位收集公共数据的一般要求

（一）按照公共数据目录、使用数字化方式规范收集公共数据

根据《全国一体化政务大数据体系建设指南》的要求，应当按照应编尽编的原则，推动各地区各部门建立全量覆盖、互联互通的高质量全国一体化政务数据目录。建立数据目录系统与部门目录、地区目录实时同步更新机制，实现全国政务数据"一本账"管理。[②]

为满足公共数据全量编制目录、规范编制目录的要求，公共数据提供单位采集各类数据应采用标准化、数字化方式，并按统一格式向统一平台汇聚。

《山东省公共数据共享工作细则》第五条规定，提供数据的公共

---

① 《中华人民共和国个人信息保护法》（2021年8月20日第十三届全国人民代表大会常务委员会第三十次会议通过）。

② 《国务院办公厅关于印发全国一体化政务大数据体系建设指南的通知》，国办函〔2022〕102号，中国政府网，https://www.gov.cn/zhengce/content/2022-10/28/content_5722322.htm。

管理和服务机构负责根据业务职责编制数据资源目录，采集各类数据并向统一平台汇聚。第十条规定，大数据工作主管部门负责指导公共管理和服务机构开展数据采集。公共管理和服务机构根据工作职责和需求清单，规范采集数据，整合形成专题信息资源库。

（二）确保收集的公共数据质量

公共数据提供单位收集公共数据应符合及时、准确、完整的要求，积极对公共数据进行源头治理，确保数据质量。

《山东省公共数据共享工作细则》第十一条要求公共管理和服务机构根据数据资源目录将本单位所有可汇聚的公共数据汇聚至统一平台，并负责数据及时更新。第十二条规定县级以上人民政府大数据工作主管部门负责提出数据治理要求，公共管理和服务机构负责按照要求开展数据源头治理，提升数据完整性、准确性。[1]

（三）避免多头、重复收集公共数据

行政机关以及具有公共事务管理职能的组织应当按照一数一源、一源多用的要求，实现公共数据的一次采集、共享使用。

可通过共享方式获取的公共数据原则上不可重复收集是各类规范性文件一致确认的原则。《山东省电子政务和政务数据管理办法》第十七条规定："县级以上人民政府有关部门应当规范本部门政务数据采集、维护的程序，建立一数一源、多元校核的工作机制；除法律、法规另有规定外，不得重复采集、多头采集可以通过共享方式获取的政务数据。"[2]

造成重复收集问题的原因主要有三：第一，自政府信息公开时代

---

[1]《山东省公共数据共享工作细则》第十一条、第十二条。

[2]《山东省电子政务和政务数据管理办法》（山东省人民政府第 57 次常务会议（2019 年 12 月 16 日通过），山东省人民政府网站，http://www.shandong.gov.cn/art/2019/12/27/art_107851_79338.html。

开始，各个公共数据收集主体各自建立了数据库和数据平台，数据标准不一致导致平台内的信息共享在客观上难以实现；第二，各类规范性文件对公共数据范围的界定不一致导致不同主体所收集的数据类型和范围也不尽相同；第三，信息控制者的共享意愿较低。由此产生的重复收集一方面造成行政资源与数据资源的浪费，另一方面增加了数据收集相对方的负担乃至侵害。[①]

对于重复收集公共数据的问题，应从公共数据共享开放平台建设、标准化建设、技能培养以及机制推动三方面进行。相关主管部门应对公共数据平台的数据共享功能、基础数据元库、标准字典库等进行建设，保障数据共享基础设施的可用性。公共数据提供单位应严格按照数据目录编制规范编制数据目录、汇聚公共数据；各方主体还应加强数据治理，进行数据清洗、数据整合和质量评估，提升数据质量。

第十八条 【数据被收集人合法权益保护】

自然人、法人和其他组织收集数据不得损害被收集人的合法权益。

公共数据提供单位应当根据履行公共管理职责或者提供公共服务的需要收集数据，并以明示方式告知被收集人；依照有关法律、行政法规收集数据的，被收集人应当配合。

被收集人认为公共数据存在错误、遗漏，或者侵犯国家秘

---

① 袁康、刘汉广：《公共数据治理中的政府角色与行为边界》，《江汉论坛》2020 年第 5 期。

密、商业秘密和个人隐私等情形的，可以向公共数据提供单位、使用单位或者有关主管部门提出异议，相关单位应当及时进行处理。

|条|文|要|旨|

本条规定了数据被收集人的权益与救济。第一款是各方主体收集数据不得损害数据被收集人合法权益的一般规定。第二款规定了公共数据提供单位因履行公共管理职责或者提供公共服务需要收集数据应当以明示方式告知被收集人，依照有关法律、行政法规收集数据时被收集人的配合义务。第三款规定了被收集人对存在错误、遗漏的数据的异议权利以及相关部门对异议数据核查、纠错处理的义务。

|理|解|与|适|用|

一、数据被收集人的合法权益与救济

（一）域外相关规定

为保护数据被收集人的合法权益，欧盟在 2016 年出台的《一般数据保护条例》（GDPR）赋予数据主体综合性的"个人数据自决权"，具体包括数据知情权、数据访问权、数据更正权、数据被遗忘权、数据限制处理权、数据反对权以及数据携带权等。

（二）《民法典》

《民法典》对数据被收集者的合法权益有明确规定，第一千零三十七条规定："自然人可以依法向信息处理者查阅或者复制其个人信息；发现信息有错误的，有权提出异议并请求及时采取更正等必要措施。自然人发现信息处理者违反法律、行政法规的规定或者双方的约定处理其个人信息的，有权请求信息处理者及时删除。"

（三）《网络数据安全管理条例》[①]

2024 年 8 月颁布的《网络数据安全管理条例》第六十二条对网络数据处理活动和网络数据处理者做了明确界定，涵盖范围较为广泛。网络数据处理活动是指网络数据的收集、存储、使用、加工、传输、提供、公开、删除等活动。网络数据处理者是指在网络数据处理活动中自主决定处理目的和处理方式的个人、组织。《网络数据安全管理条例》进一步细化了网络数据处理者的个人信息保护义务，以加强个人信息保护。

1. 个人信息处理规则

针对个人信息处理规则（隐私政策）内容冗长晦涩等问题，《网络数据安全管理条例》第二十一条明确要求个人信息处理规则应当明确具体、清晰易懂，应当集中公开展示、易于访问并置于醒目位置。内容包括：

（1）网络数据处理者的名称或者姓名和联系方式；

（2）处理个人信息的目的、方式、种类，处理敏感个人信息的必要性以及对个人权益的影响；

（3）个人信息保存期限和到期后的处理方式，保存期限难以确定的，应当明确保存期限的确定方法；

（4）个人查阅、复制、转移、更正、补充、删除、限制处理个人信息以及注销账号、撤回同意的方法和途径等。

2. 取得个人同意

在数据收集者依法须基于个人同意才能收集处理个人信息的场合，针对捆绑授权、强制授权问题，《网络数据安全管理条例》第

[①]《网络数据安全管理条例》（2024 年 8 月 30 日国务院第 40 次常务会议通过），中国政府网，https://www.gov.cn/zhengce/content/202409/content_6977766.htm。

二十二条明确规定：

（1）收集个人信息为提供产品或者服务所必需，不得超范围收集个人信息，不得通过误导、欺诈、胁迫等方式取得个人同意；

（2）处理生物识别、宗教信仰、特定身份、医疗健康、金融账户、行踪轨迹等敏感个人信息的，应当取得个人的单独同意[①]；

（3）处理不满十四周岁未成年人个人信息的，应当取得未成年人的父母或者其他监护人的同意；

（4）不得超出个人同意的个人信息处理目的、方式、种类、保存期限处理个人信息；

（5）不得在个人明确表示不同意处理其个人信息后，频繁征求同意；

（6）个人信息的处理目的、方式、种类发生变更的，应当重新取得个人同意。

法律、行政法规规定处理敏感个人信息应当取得书面同意的，从其规定。

3. 删除个人信息、匿名化处理义务

《网络数据安全管理条例》第二十四条规定，因使用自动化采集技术等原因采集到非必要个人信息或者未依法取得个人同意的个人信息，以及个人注销账号的，网络数据处理者应当删除个人信息或者进行匿名化处理。如果无法删除、匿名化处理，不得进一步处理利用。

4. 及时处理个人行使个人信息权益的请求

《网络数据安全管理条例》第二十三条明确规定了个人有请求查阅、复制、更正、补充、删除、限制处理其个人信息，或者注销账号、撤回同意的权利。网络数据处理者应当及时受理请求，并提供便

[①] 单独同意，是指个人针对其个人信息进行特定处理而专门作出具体、明确的同意。参见《网络数据安全管理条例》第六十二条。

捷的支持个人行使权利的方法和途径，不得设置不合理条件限制个人的合理请求。

《网络数据安全管理条例》第二十五条还规定了个人信息可携带权（个人信息转移请求权）及其行使请求权的条件。

（四）《个人信息保护法》

《个人信息保护法》第八条规定："处理个人信息应当保证个人信息的质量，避免因个人信息不准确、不完整对个人权益造成不利影响。"[1]

二、告知方式收集公共数据的合法性依据

本条规定公共数据提供单位为履行公共管理职责或者提供公共服务的需要收集数据只需要明示告知，不需要征得被收集者的同意。被收集人有义务配合依照有关法律、行政法规进行的数据收集。

依据《个人信息保护法》第十三条规定，个人信息的收集以个体知情同意为原则，但是符合下列情形之一的，不需取得个人同意：一是为订立、履行个人作为一方当事人的合同所必需，或者按照依法制定的劳动规章制度和依法签订的集体合同实施人力资源管理所必需；二是为履行法定职责或者法定义务所必需；三是为应对突发公共卫生事件，或者紧急情况下为保护自然人的生命健康和财产安全所必需；四是为公共利益实施新闻报道、舆论监督等行为，在合理的范围内处理个人信息；五是依照本法规定在合理的范围内处理个人自行公开或者其他已经合法公开的个人信息；六是法律、行政法规规定的其他情形。

公共数据的收集基于其公共性目的，具有突出的公共属性，符合

---

[1]《中华人民共和国个人信息保护法》（2021年8月20日第十三届全国人民代表大会常务委员会第三十次会议通过）。

"不需取得个人同意"的情形。公共数据收集的合法性并非来源于个体的知情同意，而是法律对法益进行预先权衡后的选择。

知情同意规则在公共数据管理的大背景下不具有适用可行性。取得巨量主体的知情同意，要么付出巨大运行成本，要么流于形式。公共数据提供者收集原始数据、开放利用公共数据都是为了满足社会共同需要、增进社会整体福祉，因此，被收集人有义务配合。

三、公共数据提供单位、使用单位或者有关主管部门数据校核、异议处理、更正反馈的义务

虽然为公共利益需要公共数据收集免于征得个体同意，但考虑到对被收集人权益的影响，应当为被收集人提供纠错和权利救济机制。当数据存在错误、遗漏，或者侵犯商业秘密和个人隐私等情形时，被收集人有权提出异议，要求更正、补全、删除。

公共数据提供单位应建立数据校核、异议处理、更正反馈机制。当监督管理中发现存在数据质量问题或公众对数据提出校核申请时，主管部门应当及时进行核验，对数据不准确、不完整、不统一的情况及时更正。

对数据收集者及相关主体施加法定义务，有利于实现地位不均衡配置下的权利、义务对等。依据公共信托理论，公共数据收集者作为受托人应当履行信义义务，不得侵害被收集者的权益。公共数据提供者应保障所收集的公共数据真实、准确，应当通过技术手段对公共数据的使用情况展开追踪、管理及评估，建立相应的机制及时发现、接收和反馈数据质量问题，承担数据瑕疵担保义务和数据安全义务，对数据的不当处理与使用承担责任。[1]

---

[1] 冯果、薛亦飒：《"权利规范模式"走向"行为控制模式"的数据信托：数据主体权利保护机制构建的另一种思路》，《法学评论》2020 年第 3 期。

《山东省公共数据共享工作细则》要求公共管理和服务机构及时更新公共数据，建立问题数据纠错响应机制。对发现的数据问题，应在 5 个工作日内完成数据校核，并通过统一平台提供准确数据，对确无法完成的，应做出说明。

第十九条 【数据资源汇聚】

公共数据提供单位应当按照公共数据目录管理要求向省一体化大数据平台汇聚数据。鼓励社会力量投资建设数据平台，制定相关标准、规范，汇聚非公共数据。

鼓励汇聚非公共数据的平台与省一体化大数据平台对接，推动公共数据与非公共数据的融合应用。

|条|文|要|旨|

本条是关于数据资源汇聚以及促进公共数据与非公共数据融合应用的规定。第一款对公共数据提供单位向省一体化大数据平台汇聚公共数据提出要求，同时鼓励社会力量投资建设大数据平台，汇聚非公共数据。第二款是通过鼓励平台对接推动公共数据与非公共数据融合应用的规定。

|理|解|与|适|用|

一、通过省一体化大数据平台汇聚公共数据的意义

公共数据在调节经济运行、改进政务服务、优化营商环境等方面

发挥着重要作用。但我国的公共数据体系仍存在统筹管理机制不健全、供需对接不顺畅、共享应用不充分、标准规范不统一、安全保障不完善等问题。[1] 应推动公共数据"按需归集、应归尽归",实现数据资源一体化。

依托省一体化大数据平台的公共数据汇聚有利于增强政府对公共数据的统筹管理能力,有利于数据的后续应用和发展,降低监管成本,明确主体责任。鼓励社会力量建设数据平台,汇集、融合非公共数据与公共数据,有利于推动非公共数据的共享利用。

公共数据与社会公共利益之间具有紧密联系,公共数据的积极利用可以提升社会整体福利。公共数据常常分散储存于各级政府机关的不同系统中,零散的数据对于提高社会公共利益的作用力有限。设置公共数据汇聚制度,将某一行政辖区内或者整个国家的公共数据进行汇聚,有利于实现公共数据效用的最大化。

《山东省公共数据共享工作细则》第十一条规定,公共管理和服务机构应根据数据资源目录,将本单位所有可汇聚的公共数据汇聚至统一平台,并负责数据及时更新;对不予汇聚的数据,应提供相关法律法规依据,并作出书面说明。[2]

通过省一体化大数据平台汇聚公共数据,可以增强政府对公共数据的统筹管理能力。省一体化大数据平台的设立使得各方数据汇聚在统一的平台,更加有利于数据的应用和开发,同时也使得数据流动路线更加明确,降低监管成本,明确责任主体。按照公共数据目录管理要求向省一体化大数据平台汇聚数据,旨在为建设高效的数

---

[1]《国务院办公厅关于印发全国一体化政务大数据体系建设指南的通知》(国办函〔2022〕102号),中国政府网,https://www.gov.cn/zhengce/content/2022−10/28/content_5722322.htm。

[2]《山东省公共数据共享工作细则》第十一条。

字政府夯实基础。

二、鼓励支持市场主体依法合规开展数据采集，培育壮大数据服务产业

《国务院关于印发"十四五"数字经济发展规划的通知》要求强化高质量数据要素供给。支持市场主体依法合规开展数据采集，聚焦数据的标注、清洗、脱敏、脱密、聚合、分析等环节，提升数据资源处理能力，培育壮大数据服务产业。[①]

三、推动公共数据与非公共数据的汇聚和融合应用

（一）推动公共数据与非公共数据的融合应用是建立数据经济要素统一大市场的重要举措

2022 年 3 月 25 日，中共中央、国务院印发的《关于加快建设全国统一大市场的意见》明确了打造统一的数据要素市场、推动公共数据与非公共数据的融合、建立统一的数据平台是培育全国统一的数据市场、推动数据资源开发利用的前提与基础。

（二）鼓励社会力量建设数据平台汇集非公共数据，促进公共数据与非公共数据的融合发展

通过建立健全数据安全、权利保护、交易流动、开放共享、安全认证等制度和规范，促进非公共数据的开放与共享。引导企业、行业协会、科研机构等依法收集、整合行业和市场数据，结合开放的公共数据，开发数据产品和服务。

《国务院关于加强数字政府建设的指导意见》要求有序推动公共数据资源开发利用。推进社会数据"统采共用"，实现数据跨地区、

[①]《国务院关于印发"十四五"数字经济发展规划的通知》（国发〔2021〕29 号），中国政府网，https://www.gov.cn/zhengce/content/2022-01/12/content_5667817.htm。

跨部门、跨层级共享共用，提升数据资源使用效益。推进公共数据、社会数据融合应用，促进数据流通利用。①

《数字山东发展规划（2018—2022 年）》规定以政务大数据带动民用、商用大数据协同发展，拓展数据资源采集渠道，鼓励企业、行业协会、科研机构、社会组织等市场主体，采用网络搜取、传感采集、自愿提供、有偿购买等方式，推动行业数据、第三方社会数据有序汇聚。②

《山东省人民政府关于促进大数据发展的意见》第四条规定："县级以上人民政府应当加强对公共数据开放工作的领导，统筹解决公共数据开放重大事项，鼓励、引导科研机构、企业、行业组织等单位开放自有数据，推动公共数据与非公共数据融合应用、创新发展。"③

《山东省公共数据开放办法》第十七条规定："鼓励、支持公民、法人和其他组织利用开放的公共数据开展科学研究、咨询服务、应用开发、创新创业等活动，促进公共数据与非公共数据融合发展。省人民政府大数据工作主管部门可以通过统一的公共数据开放平台，为公民、法人和其他组织提供公共数据开发利用基础工具或者环境。"④

---

① 《国务院关于加强数字政府建设的指导意见》（国发〔2022〕14 号），中国政府网，https://www.gov.cn/zhengce/content/2022-06/23/content_5697299.htm。

② 《数字山东发展规划（2018—2022 年）》，山东省人民政府网站，http://www.shandong.gov.cn/art/2021/12/6/art_307620_10330566.html。

③ 《山东省人民政府关于促进大数据发展的意见》（鲁政〔2016〕25 号），山东省人民政府网站，http://www.shandong.gov.cn/art/2016/10/27/art_2267_19802.html。

④ 《山东省公共数据开放办法》（2022 年 1 月 17 日山东省政府第 142 次常务会议通过），山东省人民政府网站，http://www.shandong.gov.cn/art/2022/7/27/art_266672_1675.html。

四、加强统一有效的公共数据标准体系的建设，提升标准重要性认识

公共数据来源广泛，而我国的政务数据标准规范体系尚不健全。如果各地区、各部门产生公共数据所依据的技术标准、管理规范不尽相同，公共数据就会缺乏统一有效的标准化支撑。标准体系不完善一方面给数据收集和编目造成不必要麻烦，另一方面大幅增加后续数据开发利用的运营成本，额外投入大量人力、财力对数据进行清洗、比对。

解决上述问题，首先，应推动标准规范一体化。编制全面兼容的基础数据元、云资源管控、数据对接、数据质量管理、数据回流等标准，制定供需对接、数据治理、运维管理等规范，推动构建全国一体化政务大数据标准规范体系。其次，还要提升部分地方和部门对标准规范实施推广、应用绩效评估等工作重要性的认识，避免标准规范形同虚设。

第二十条　【数据治理】

县级以上人民政府大数据工作主管部门应当建立公共数据治理工作机制，明确数据质量责任主体，完善数据质量核查和问题反馈机制，提升数据质量。

公共数据提供单位应当按照规定开展公共数据治理工作，建立数据质量检查和问题数据纠错机制，对公共数据进行校核、确认。

鼓励社会力量建立非公共数据治理机制，建设非公共数据标准体系。

|条|文|要|旨|

本条明确了县级以上人民政府大数据工作主管部门、公共数据提供单位在公共数据治理方面的分工。明确鼓励社会力量建立非公共数据治理机制和标准体系。

|理|解|与|适|用|

一、数据治理、数据质量的含义

（一）数据治理的含义

"数据治理是指对数据的收集、存储、共享、分析和使用等过程进行规范和管理，以保证数据质量、数据安全和数据合规，促进数据价值发挥。"[①]

（二）数据质量的含义

数据质量是指数据满足其使用目的和需求的程度。通常涉及以下方面：

1. 准确性

数据是否准确无误，是否包含错误或缺失数据。

2. 完整性

数据是否完整，是否缺失重要的信息或记录。

3. 一致性

数据是否一致，是否存在相互矛盾的数据或信息。

4. 及时性

数据是否及时更新，是否反映最新的情况。

[①] 王益民：《充分发挥政府在数据治理中的主导作用》，光明网，https://www.gmw.cn/xueshu/2023-04/28/content_36530435.htm。

5.可信度

数据来源是否可靠，数据是否被恶意篡改或损坏。

数据质量低下可能导致错误的决策和不可预测的后果，因此，需要数据质量责任主体在数据全生命周期采取一系列治理措施，例如数据清洗、数据验证、数据标准化和数据质量监控、问题数据纠错等，保证数据质量。

二、公共数据治理规则与治理职责

（一）《全国一体化政务大数据体系建设指南》对政务数据治理的要求

1.明确对所归集数据进行全生命周期治理

《全国一体化政务大数据体系建设指南》明确国家政务大数据平台建设涉及数据归集、加工、共享、开放、应用、安全、存储、归档等各环节的数据治理，应当明确数据治理规则，对归集的数据进行全生命周期的规范化治理。要求各地区、各部门按照国家标准规范，细化数据治理规则，开展数据治理工作。

2.明确各方主体数据治理职责

按照"谁管理谁负责、谁提供谁负责、谁使用谁负责"的原则，建立健全数据质量反馈整改责任机制和激励机制，加强数据质量事前、事中和事后监督检查，实现问题数据可反馈、共享过程可追溯、数据质量问题可定责，推动数据源头治理、系统治理。

（1）数据提供部门数据治理职责。

数据提供部门要按照法律法规和相关标准规范严格履行数据归集、加工、共享等工作职责，确保数据真实、可用、有效共享。

（2）数据使用部门数据治理职责。

数据使用部门要合规、正确使用数据，确保数据有效利用、安全存储、全面归档。

（3）数据管理部门数据治理职责。

数据管理部门要会同数据提供、使用部门，完善数据质量管理制度，建立协同工作机制，细化数据治理业务流程，在数据共享使用过程中不断提升数据质量。

数据管理部门要加强政务数据分类管理，规范数据业务属性、来源属性、共享属性、开放属性等。[①]

（二）其他省市有关公共数据治理职责的相关规定

《上海市公共数据和一网通办管理办法》规定上海市大数据中心负责公共数据质量监管，对公共数据的数量、质量以及更新情况等进行实时监测和全面评价，实现数据状态可感知、数据使用可追溯、安全责任可落实。[②]

《四川省数据条例》规定省数据管理机构会同有关部门建立健全公共数据资源普查制度、公共数据质量管控制度、公共数据校核制度、公共数据使用情况统计反馈制度等公共数据治理工作机制。[③]

（三）山东省公共数据治理的相关规定

1.《山东省公共数据共享工作细则》

（1）建立公共数据治理工作机制。县级以上人民政府大数据工作主管部门负责提出数据治理要求，组织开展数据治理。

（2）数据源头治理。公共管理和服务机构负责按照统一要求，开展数据源头治理，提升数据完整性、准确性。

[①]《国务院办公厅关于印发全国一体化政务大数据体系建设指南的通知》，国办函〔2022〕102号，中国政府网，https://www.gov.cn/zhengce/content/2022-10/28/content_5722322.htm。

[②]《上海市公共数据和一网通办管理办法》（上海市人民政府令第9号，2018年9月26日市政府第26次常务会议通过）。

[③]《四川省数据条例》（2022年12月2日四川省第十三届人民代表大会常务委员会第三十八次会议通过）。

（3）建立问题数据纠错响应机制。大数据工作主管部门、使用数据的公共管理和服务机构对发现的数据问题，应在2个工作日内通过统一平台反馈提供数据的公共管理和服务机构。提供数据的公共管理和服务机构应在5个工作日内完成数据校核，并通过统一平台提供准确数据，对确无法完成的，应做出说明。

（4）建立公共数据"首席代表"制度。公共管理和服务机构应明确专职人员担任"首席代表"，在授权范围内承担本单位公共数据的业务协调、需求审核、创新应用、监督管理、安全审查等工作。[①]

2.《山东省公共数据开放办法》

公共数据提供单位应当按照国家、省有关标准和要求，对开放的公共数据进行清洗、脱敏、脱密、格式转换等处理，并及时更新、维护。

公民、法人和其他组织认为开放的公共数据存在错误、遗漏等情形的，可以通过统一的公共数据开放平台向公共数据提供单位提出异议或者建议。公共数据提供单位应当及时处理并反馈。[②]

3.《山东省公共数据开放工作细则》

公共数据开放主体应当确保开放数据的真实性、完整性、准确性、时效性、可用性等。县级以上公共数据开放主管部门应当建立开放数据质量监测评估机制，负责保障公共数据的开放质量。[③]

[①]《山东省公共数据共享工作细则》第十二条、第十三条、第七条。

[②]《山东省公共数据开放办法》（2022年1月17日山东省政府第142次常务会议通过）第十三条。山东省人民政府网站，http://www.shandong.gov.cn/art/2022/7/27/art_266672_1675.html。

[③]《山东省公共数据开放工作细则》第十二条，参见《山东省大数据局关于印发〈山东省公共数据开放工作细则〉的通知》（鲁数发〔2025〕1号），山东省大数据局网站，http://bdb.shandong.gov.cn/art/2025/2/6/art_333972_72616.html。

三、提升公共数据质量的具体规范与要求

（一）《促进大数据发展行动纲要》

该纲要要求推进大数据产业标准体系建设，加快建立政府部门、事业单位等公共机构的数据标准和统计标准体系，推进数据采集、政府数据开放、指标口径、分类目录、交换接口、访问接口、数据质量、数据交易、技术产品、安全保密等关键共性标准的制定和实施。加快建立大数据市场交易标准体系。开展标准验证和应用试点示范，建立标准符合性评估体系，充分发挥标准在培育服务市场、提升服务能力、支撑行业管理等方面的作用。积极参与相关国际标准的制定工作。[①]

（二）《国务院办公厅关于印发政务信息系统整合共享实施方案的通知》

该方案要求加快构建政务信息共享标准体系。建立健全政务信息资源数据采集、数据质量、目录分类与管理、共享交换接口、共享交换服务、多级共享平台对接、平台运行管理、网络安全保障等方面的标准，推动标准试点应用工作。[②]

（三）《国务院办公厅关于印发进一步深化"互联网+政务服务"推进政务服务"一网、一门、一次"改革实施方案的通知》

该方案要求各级政府遵循"一数一源、多源校核、动态更新"的原则构建并完善政务数据资源体系，持续完善数据资源目录，动态更新政务数据资源，不断提升数据质量，扩大共享覆盖面，提高服务可

---

① 《国务院关于印发促进大数据发展行动纲要的通知》（国发〔2015〕50号），中国政府网，http://www.gov.cn/zhengce/content/2015-09/05/content_10137.htm。

② 《国务院办公厅关于印发政务信息系统整合共享实施方案的通知》（国办发〔2017〕39号），中国政府网，https://www.gov.cn/gongbao/content/2017/content_5197010.htm。

用性。①

（四）《全国一体化政务大数据体系建设指南》

该指南要求运用多源比对、血缘分析、人工智能等技术手段，开展数据质量多源校核和绩效评价，减少无效数据、错误数据，识别重复采集数据，明确权威数据源，提升政务数据的准确性、完整性和一致性。②

第二十一条 【公共数据共享】

除法律、行政法规规定不予共享的情形外，公共数据应当依法共享。

公共数据提供单位应当注明数据共享的条件和方式，并通过省一体化大数据平台共享。鼓励运用区块链、人工智能等新技术创新数据共享模式，探索通过数据比对、核查等方式提供数据服务。

|条|文|要|旨|

本条是关于公共数据共享原则、共享方式的规定。

---

① 《国务院办公厅关于印发进一步深化"互联网＋政务服务"推进政务服务"一网、一门、一次"改革实施方案的通知》（国办发〔2018〕45号），中国政府网，https://www.gov.cn/zhengce/content/2018-06/22/content_5300516.htm。
② 《国务院办公厅关于印发全国一体化政务大数据体系建设指南的通知》（国办函〔2022〕102号），中国政府网，https://www.gov.cn/gongbao/content/2022/content_5725276.htm。

我国目前的公共数据共享存在数据需求不明确、共享制度不完备、供给不积极、供需不匹配、共享不充分、异议处理机制不完善、综合应用效能不高等问题。有些部门以数据安全要求高、仅供特定部门使用、不具备共享条件为由，拒绝共享。为了促进公共数据共享利用，需要明确公共数据共享的原则和方式。

|理|解|与|适|用|

一、公共数据共享及其制度价值

（一）公共数据共享的含义

数据共享是在一定范围内，针对特定人，为实现数据资源重复利用，降低数据收集成本，实现同类数据社会效益最大化的一种内部数据共用行为。[1]

公共数据共享是指公共管理和服务单位之间共享公共数据资源的行为，包括因履行职责需要使用其他公共管理与服务机构的公共数据和为其他公共管理与服务机构提供公共数据。[2]

公共数据共享不同于公共数据的开放，后者是指"国家机关、法律法规授权的具有管理公共事务职能的组织、具有公共服务职能的企业事业单位、人民团体等（以下统称公共数据提供单位），面向社会提供具备原始性、可机器读取、可进行社会化开发利用的数据集的公共服务"[3]。

（二）公共数据共享的意义

公共数据可以由少数公共管理和服务机构产生或者收集，但是公共数据不应当仅限于收集者、控制者利用，应该消除信息孤岛，实现

---

[1] 张敏主编《数据法学》，中国政法大学出版社，2023，第204页。
[2]《山东省公共数据共享工作细则》第一条。
[3]《山东省公共数据开放工作细则》第一条。

跨地区、跨部门、跨层级的公共数据资源共享和业务协同。公共数据共享有利于打破部门数据壁垒，提升政府的行政效能。

公共数据尤其是其中的政务数据具有重要的行政功能，是行政决策和行政审批的依据。数据共享就是让数据流动起来，满足各类业务办理的需求。政务服务涉及基础性公共服务、社会性公共服务、经济性公共服务、安全性公共服务众多领域，其中不少事项需要跨部门数据共享和协同。由于以往政务部门信息资源目录和共享机制不完善，跨部门数据共享和业务协同发展滞后，办事业务流程烦琐，增加了制度性交易成本。"公民的户籍、教育、就业、生育、医疗、婚姻等基本信息处于分散割据的状态，一事一办、重复采集、一数多源等情况较为普遍，严重降低了群众办理业务的效率。数据割据容易造成信息资源部门化、部门资源利益化、利益产权个人化，面向市场和社会开门改革的措施难以顺利推进。"①

《优化营商环境条例》第三十七条第二款规定："国家依托一体化在线平台，推动政务信息系统整合，优化政务流程，促进政务服务跨地区、跨部门、跨层级数据共享和业务协同。政府及其有关部门应当按照国家有关规定，提供数据共享服务，及时将有关政务服务数据上传至一体化在线平台，加强共享数据使用全过程管理，确保共享数据安全。"②

《国务院关于加强数字政府建设的指导意见》要求推动数据资源标准体系建设，提升数据管理水平和数据质量，探索面向业务应用的共享、交换、协作和开放。加快推动各领域通信协议兼容统一，打破

---

① 石亚军、程广鑫：《区块链＋政务服务：以数据共享优化政务服务的技术赋能》，《北京行政学院学报》2020 年第 6 期。

② 《优化营商环境条例》（2019 年 10 月 8 日国务院第 66 次常务会议通过，自 2020 年 1 月 1 日起施行），中国政府网，https://www.gov.cn/zhengce/content/2019-10/23/content_5443963.htm。

技术和协议壁垒，努力实现互通互操作，形成完整贯通的数据链。推动数据分类分级管理，强化数据安全风险评估、监测预警和应急处置。深化政务数据跨层级、跨地域、跨部门有序共享。建立健全国家公共数据资源体系，统筹公共数据资源开发利用，推动基础公共数据安全有序开放，构建统一的国家公共数据开放平台和开发利用端口，提升公共数据开放水平，释放数据红利。[①]

二、通过激励约束机制破解公共数据共享难题

公共数据共享存在"不愿共享、不敢共享、不能共享"的难题。"不愿共享"多是出于部门权力本位的考虑，"不敢共享"多是由于缺乏责任担当，二者都是由于缺乏共享激励约束机制而主观上不作为，但也可能是责权不清的原因。"不能共享"是由于客观上各部门收集、管理的数据格式各异，缺乏统一标准，缺乏与其他部门共享的技术支撑。"每个政府部门掌握一套对应本部门主要职能、专属本部门检索、查验、使用的封闭式数据列存体系和运用系统，而在政府部门与部门之间、政府与社会之间，会因技术格式差异造成这种数据列存体系和运用系统的非兼容性，进而导致部门数据不能进行政府内部和外部共享。"[②]

解决上述问题需要建立完善的公共数据共享法律制度体系。在基础性的行政法规《公共数据共享开放条例》出台之前，我们可以在建立公共数据共享的激励约束机制，加强公共数据共享的组织管理，利用大数据、区块链、人工智能等技术推动公共数据共享等方面通过地

[①] 《国务院关于加强数字政府建设的指导意见》（国发〔2022〕14号），中国政府网，https://www.gov.cn/zhengce/content/2022−06/23/content_5697299.htm。

[②] 石亚军、程广鑫：《区块链＋政务服务：以数据共享优化政务服务的技术赋能》，《北京行政学院学报》2020年第6期。

方立法积极探索。

三、公共数据共享原则

以共享为原则，不共享为例外。

（1）各政务部门形成的政务信息资源原则上应予共享，涉及国家秘密和安全的，按相关法律法规执行。

（2）需求导向，无偿使用。因履行职责需要使用共享信息的部门提出明确的共享需求和信息使用用途，共享信息的产生和提供部门应及时响应并无偿提供共享服务。

（3）统一标准，统筹建设。按照国家政务信息资源相关标准进行政务信息资源的采集、存储、交换和共享工作，坚持"一数一源"、多元校核，统筹建设政务信息资源目录体系和共享交换体系。

（4）建立机制，保障安全。经由联席会议统筹建立政务信息资源共享管理机制和信息共享工作评价机制。各政务部门和共享平台管理单位应加强对共享信息采集、共享、使用全过程的身份鉴别、授权管理和安全保障，确保共享信息安全。[1]

四、公共数据共享属性

公共数据按共享属性分为无条件共享、有条件共享、不予共享等三种类型。

可提供给所有政务部门共享使用的政务信息资源属于无条件共享类。可提供给相关政务部门共享使用或仅能够部分提供给所有政务部门共享使用的政务信息资源属于有条件共享类。不宜提供给其他政务部门共享使用的政务信息资源属于不予共享类。[2]

---

[1]《政务信息资源共享管理暂行办法》第五条。
[2]《政务信息资源共享管理暂行办法》第九条。

（一）无条件共享类与有条件共享类

人口信息、法人单位信息、自然资源和空间地理信息、电子证照信息等基础信息资源的基础信息项是政务部门履行职责的共同需要，必须依据整合共建原则，通过在各级共享平台上集中建设或通过接入共享平台实现基础数据统筹管理、及时更新，在部门间实现无条件共享。基础信息资源的业务信息项可按照分散和集中相结合的方式建设，通过各级共享平台予以共享。基础信息资源目录由基础信息资源库的牵头建设部门负责编制并维护。

围绕经济社会发展的同一主题领域，由多部门共建项目形成的主题信息资源，如健康保障、社会保障、食品药品安全、安全生产、价格监管、能源安全、信用体系、城乡建设、社区治理、生态环保、应急维稳等，应通过各级共享平台予以共享。主题信息资源目录由主题信息资源牵头部门负责编制并维护。[①]

使用数据的公共管理和服务机构因履职需要申请使用无条件共享数据的，大数据工作主管部门和提供数据的公共管理和服务机构应当予以共享；申请使用有条件共享数据的，由大数据工作主管部门会同提供数据的公共管理和服务机构进行审核，审核同意的，应当予以共享。[②]

（二）不予共享类

凡列入不予共享类的政务信息资源，必须有法律、行政法规或党中央、国务院政策等依据。

根据《中华人民共和国行政许可法》《中华人民共和国行政处罚法》等相关法律行政法规，不予共享的公共数据主要包括：

第一，个人隐私数据。涉及个人身份、财产、健康、行踪等隐私

① 《政务信息资源共享管理暂行办法》第十条。
② 《山东省公共数据共享工作细则》第三条。

信息的数据，如个人身份证号码、家庭住址、电话号码、账户密码、疾病诊断结果等。

第二，商业秘密数据。涉及商业机密、技术秘密等的数据，如企业的营业秘密、客户资料、产品设计、技术方案等。

第三，国家安全数据。涉及国家安全、国防安全等的数据，如涉及国家秘密的文件、资料、会议记录等。

第四，依法保密的其他数据。

五、公共数据共享平台及其建设管理职责

（一）公共数据共享平台

公共数据共享平台是管理政务信息资源目录、支撑各政务部门开展政务信息资源共享交换的国家关键信息基础设施，包括公共数据共享平台内网和公共数据共享平台外网两部分。共享平台内网按照涉密信息系统分级保护要求，依托国家电子政务内网建设和管理；共享平台外网按照国家网络安全相关制度和要求，依托国家电子政务外网建设和管理。

（二）公共数据共享平台建设管理职责

《山东省公共数据共享工作细则》第四条规定："省级人民政府大数据工作主管部门负责统筹推动全省公共数据共享工作，牵头建设和管理统一平台，统筹制定平台建设、汇聚治理、共享应用、安全管理相关标准，组织编制和维护省级数据资源目录、供给清单和需求清单，推进全省公共数据共享，做好服务成效评估和调度通报等工作。

县级以上人民政府大数据工作主管部门负责统筹推动本地区公共数据共享工作，开展统一平台本级节点建设和管理，组织编制和维护本级数据资源目录、供给清单和需求清单，推进本地区公共数据共

享，做好服务成效评估和调度通报等工作。"①

公共数据共享应统一标准、统一平台。各类业务应用系统要基于统一的省一体化大数据平台开展。

六、公共数据共享流程

（1）提供数据的公共管理和服务机构负责根据业务职责编制数据资源目录，采集各类数据并向统一平台汇聚，编制供给清单，提供数据服务，保障数据的完整性、准确性、时效性和可用性。②

（2）使用数据的公共管理和服务机构负责编制需求清单，依法依规申请并使用数据，及时向同级人民政府大数据工作主管部门、提供数据的公共管理和服务机构反馈数据应用情况。③

（3）县级以上人民政府有关部门依法履行职责，可以使用其他有关部门的政务数据，但是不得用于其他目的。

对无条件共享类的政务数据，使用部门可以通过省级或者市级政务信息资源交换共享平台直接获取。对有条件共享类的政务数据，使用部门可以通过省级或者市级政务信息资源交换共享平台向有关部门提出共享申请，有关部门应当在 10 个工作日内予以答复。有关部门同意共享，使用部门应当按照答复意见使用政务数据；不同意共享，有关部门应当说明理由。④

统一平台提供接口共享和批量共享两种服务方式。接口共享方式，用于数据单条查询或校核比对；批量共享方式，用于依托统一平台进行分析计算并导出分析结果，或导出批量原始数据。⑤

---

① 《山东省公共数据共享工作细则》第四条。
② 《山东省公共数据共享工作细则》第五条。
③ 《山东省公共数据共享工作细则》第六条。
④ 《山东省电子政务和政务数据管理办法》第二十三条。
⑤ 《山东省公共数据共享工作细则》第十五条。

七、利用区块链技术促进公共数据共享应用

（一）公共数据共享应用中存在的问题

虽然数据平台建设中采用数据加密与脱密、信息资源目录、数据质量控制、水印技术，但是公共数据共享应用在以下方面存在不足：

第一，由于数据可追溯性差、加密技术不完善等问题，数据流动的风险较高。政务数据在不同部门共享后，数据一旦被泄露，很难确定责任主体。

第二，数据接收者从技术层面并不能确认共享数据的准确性与真实性。

第三，政务数据标准化建设滞后，静态数据和非结构化数据比例高、数据残缺项多、数据更新缓慢等。

利用区块链可以有效解决上述堵点，打破数据孤岛，建设涵盖多方的信用数据平台，实现数据采集、共享、分析全流程的可追溯性，推动数据共享和增值应用，进而促进数字经济模式创新和社会诚信体系建设。

（二）区块链技术助力公共数据共享应用的相关规定

区块链是分布式网络、加密技术、智能合约等多种技术集成的新型数据库软件，具有多中心化、共识可信、不可篡改、可追溯等特性，主要用于解决数据流通过程中的信任和安全问题。[1] 在区块链分布式账本体系下，市场多个参与者共同维护并实时同步一份"总账"，瞬时完成支付、结算，可降低跨行、跨境交易的复杂性和信用成本。区块链公开、不可篡改、可溯源等特性为司法鉴证、身份证明、产权保护、防伪溯源等提供了完美解决方案，能够有效提高公共数据共享的安全性和可信度，为各个领域的数字化转型提供了有力支

---

[1]《数据领域常用名词解释（第一批）》，国家数据局网站，https://www.nda.gov.cn/sjj/zwgk/zcfb/1230/ff808081-93de5a43-0194-1b18a0c6-037e.pdf。

持。"区块链技术能保证所有数据的完整性、永久性和不可更改性，因而有望解决民生领域在存证、追踪、关联、回溯等方面的堵点和痛点。"①

《全国一体化政务大数据体系建设指南》（2022 年）要求建设全国标准统一的政务区块链服务体系，推动"区块链＋政务服务""区块链＋政务数据共享""区块链＋社会治理"等场景应用创新，建立完善数据供给的可信安全保障机制，保障数据安全合规共享开放。②

《数字山东发展规划（2018—2022 年）》规定依托山东省区块链技术应用创新中心，加强区块链理论研究和底层技术的突破创新，开展智能合约技术、多重共识算法、非对称加密算法、分布式容错机制、分布式存储等关键技术研究。在济南、青岛建设区块链公共服务平台，提供区块链应用测试、产业孵化及资格认证支撑服务。探索区块链在质量体系建设、电子商务、电子政务、医养健康、智能制造、智慧物流、分布式能源上网等领域示范应用。加快区块链应用标准体系建设，鼓励科研院所、龙头企业参与国家、国际标准建设。③

（三）区块链技术助力山东省公共数据共享应用的范例

2020 年 9 月 3 日，山东省济南市建成全市统一的政务区块链平台——"泉城链"，在全国首创"政府数据上链＋个人链上授权＋社会链上使用＋全程追溯监管"的政务数据可信共享新模式。济南市大数据局充分利用区块链防篡改、防抵赖、隐私保护、可追溯等特点，

---

① 山东省大数据局编《山东省机关工作人员大数据基础知识读本》，准印证号（鲁）20230023，第 56-58 页。

② 《国务院办公厅关于印发〈全国一体化政务大数据体系建设指南〉的通知》（国办函〔2022〕102 号），中国政府网，https://www.gov.cn/gongbao/content/2022/content_5725276.htm。

③ 《数字山东发展规划（2018—2022 年）》，山东省人民政府网站，http://www.shandong.gov.cn/art/2021/12/6/art_307620_10330566.html。

基于自主可控的区块链技术，创造性地提出"精准授权、智能加密、还数于民、价值传递"的理念，持续拓展"泉城链+"智慧政务、普惠金融、市民一码通、跨境交易、供应链金融、适龄儿童入学、用地企业信用、工业用地监管、劳动合同、电子病历、人才服务等应用场景。[①]

八、利用人工智能技术促进公共数据共享应用

（一）人工智能的含义

人工智能（Artificial Intelligence，简称 AI）是研究、开发用于模拟、延伸和扩展人的智能的理论、方法、技术及应用系统的一门新的技术科学。人工智能包含机器学习、知识图谱、自然语言处理、人机交互、计算机视觉、生物特征识别、AR/VR 等七项关键技术。人工智能是计算机科学的一个分支，涉及的领域包括机器人、语言识别、图像识别、自然语言处理和专家系统等。[②]

（二）人工智能对公共数据共享的促进作用

AI 能通过自动化、智能化和安全化的手段，显著提升公共数据共享的效率和质量，推动数据驱动的决策和创新。

1. 数据自动化整合与标准化处理

AI 能自动整合不同来源的数据，减少人工干预。人工智能通过自然语言处理（NLP）等技术，将数据转换为统一格式，便于共享和使用。

[①] 《济南"泉城链"平台启动》，山东省人民政府网站，http://www.shandong.gov.cn/art/2020/9/4/art_116200_379585.html。

[②] 林子雨编著《大数据导论：数据思维、数据能力和数据伦理》，高等教育出版社，2020，第42页。

2.数据自动清洗与预处理

AI能识别并修正数据中的错误、缺失和不一致，提升数据质量。AI可检测重复数据并自动补全缺失信息，确保数据完整性。

3.数据安全与隐私保护

AI能通过差分隐私等技术对数据进行匿名化处理，保护个人隐私，确保数据共享的安全性。

AI能通过智能权限管理进行访问控制，确保只有授权用户才能访问敏感数据。

4.数据自动化、可视化与智能分析

AI能自动生成图表和报告，帮助用户更直观地理解数据。通过机器学习挖掘数据中的模式和趋势，AI可以提供有价值的观察结论。

5.促进跨部门协作

AI可以协助制定和优化数据共享协议，提供实时协作工具，确保合规性和安全性，促进跨部门数据共享与合作。

第二十二条 【数据资源开放】

省、设区的市人民政府大数据工作主管部门应当通过省一体化大数据平台，依法有序向社会公众开放公共数据。

公共数据提供单位应当建立数据开放范围动态调整机制，逐步扩大公共数据开放范围。

鼓励自然人、法人和其他组织依法开放非公共数据，促进数据融合创新。

|条|文|要|旨|

本条是关于公共数据开放的主体、方式、范围的原则规定以及鼓励非公共数据开放的规定。

近年来，我国公共数据开放取得了显著进展，各地政府通过政策引导、平台建设和数据开放实践，逐步推动公共数据资源的共享和利用。我国公共数据开放存在数据开放程度不足，开放数据的完整性、准确性、时效性亟待提升，以及开放数据质量不高、安全与隐私保护不完善、法律法规不健全、数据应用水平低、公众参与度低和技术支撑不足等亟待解决的问题。

|理|解|与|适|用|

一、公共数据开放的含义与重要性

公共数据开放是指公共数据提供单位面向社会提供具备原始性、可机器读取、可进行社会化开发利用的数据集的公共服务。[①]

公共数据开放是国家机关以及履行公共管理和服务职能的事业单位，将其在依法履职过程中采集和产生的各类数据资源向社会提供的活动。公共数据开放承载着透明政府、公共服务、社会治理、经济发展等价值目标。[②]

物联网、区块链、云计算、人工智能等信息技术与经济社会深度融合，引发数据迅猛增长，飞速迭代的信息技术大幅降低了海量数据记录与处理的成本，数据日益成为重要的生产要素和国家基础性的战略资源。大数据分析应用改变了经济运行机制、社会生活方式和商业

---

① 《山东省公共数据开放办法》（2022年1月17日山东省政府第142次常务会议通过），山东省人民政府网站，http://www.shandong.gov.cn/art/2022/7/27/art_266672_1675.html。
② 高争志：《公共数据开放制度的价值定位与实现路径》，《数字图书馆论坛》2020年第1期。

模式，对全球生产、流通、分配、消费活动以及国家治理能力产生了重要影响。"全球范围内，运用大数据推动经济发展、完善社会治理、提升政府服务和监管能力正成为趋势。"[1] 与其他生产要素不同，数据具有经济学意义上的非竞争性，其价值不因使用而消耗、减少，可以重复利用并可以通过与其他数据汇聚、融合、重组发掘隐藏的经济价值和社会价值。要最大化释放数据的潜在价值，就必须推动数据最大限度地共享开放和社会化利用。

我国互联网、移动互联网用户规模位居全球第一，拥有丰富的数据资源和应用市场优势，为数字经济发展提供了良好基础。政府在履职过程中制作或获取的政务数据是数据资源中"数量最庞大、种类最齐全、质量最优质、价值最可观的部分"[2]，政务数据的共享开放既有利于提升政府的行政效率，改善社会治理能力和公共服务水平，也有利于满足社会对大数据创新应用的需求，促进培育数据要素市场，打造数据经济新产业、新业态和新模式，释放数据红利。在全球政府数据开放浪潮的影响下，我国也开展了政府数据开放的实践。

二、政府信息公开、政府数据开放与公共数据开放的关系

政府数据开放是政府信息公开在大数据时代的新的发展阶段。[3] 政府信息公开和政府数据开放两者具有衔接和递进的联系，前者是后者的基础和前提，而后者是前者的进一步发展和跃进。[4] 从政府信息

---

[1]《国务院关于印发促进大数据发展行动纲要的通知》（国发〔2015〕50号），中国政府网，http://www.gov.cn/zhengce/content/2015-09/05/content_10137.htm。

[2] 马颜昕等：《数字政府：变革与法治》，中国人民大学出版社，2021，第244页。

[3] 黄璜、赵倩、张锐昕：《论政府数据开放与信息公开：对现有观点的反思与重构》，《中国行政管理》2016年第11期。

[4] 张毅菁：《从信息公开到数据开放的全球实践：兼对上海建设"政府数据服务网"的启示》，《情报杂志》2014年第10期。

公开到政府数据开放是历史的必然，窄带互联网环境推动了政府信息公开，在宽带互联网背景下，云计算、物联网与大数据应用等新兴信息技术的广泛应用，催生了政府数据的开放。①

信息公开和数据开放之间既有联系也有区别。在价值目标上，数据获取和信息分析的价值目标都是为了获取或维护某种利益。在目的重心上，信息公开侧重于强调公众的知情权，其重心在于"知"，而数据开放更强调公众获取和利用数据的权利，其重心在于"用"。②

政府信息公开的要点是公开本身，通过信息公开提高政府透明度，满足公众知情权、监督权的需要，在发挥民主政治功能的同时兼具信息再利用目标，利用并非其主要目的。政府数据开放的对象不再是简单的供浏览的财政预算、统计报告、办事流程，而是符合结构化、可机读、非专属格式、有开放授权、维护良好、动态更新等特点，可以通过 API（应用程序编程接口）下载的高价值、大容量、持续更新的数据集。

政府信息公开具有单向性，是供给导向的。政府数据开放需要政府与社会力量的双向互动，是以合作共赢、用户需求为导向的，对信息技术应用提出了更高的要求。在这一过程中，"公民的角色也发生了转变，从被动的知情和服务接受者变为主动的公共服务联合生产者和开放数据用户"③。

公共数据开放在政府数据开放的基础上拓宽了开放范围。除政府数据外，还包括具有公共管理和服务职能的事业单位、公用事业部门创建获取的数据，各类企业受政府委托或公共财政支持所创建的数

---

① 胡小明：《从政府信息公开到政府数据开放》，《电子政务》2015 年第 1 期。
② 郑磊：《开放政府数据研究：概念辨析、关键因素及其互动关系》，《中国行政管理》2015 年第 11 期。
③ 宋烁：《政府数据开放是升级版的政府信息公开吗？——基于制度框架的比较》，《环球法律评论》2021 年第 5 期。

据，以及企业持有的与政府相关、具有重大公共利益的数据。[1] 如果说政府数据开放是政府信息公开的 2.0 版，公共数据开放可以看作是政府数据开放的 2.0 版。

三、我国公共数据开放平台建设现状

政府数据开放平台是政府数据开放的重要基础设施。目前，我国政府数据开放仍处于探索试点阶段，主要在地方政府层面展开，尚未形成全国统一的一体化政府数据开放平台。政府数据开放平台建设初期的工作重心是各地建立跨地区、跨部门、跨层级的一体化公共数据平台，推动向一体化平台汇聚与归集数据。平台初步建立之后的工作重点就会转向提升平台数据的质量、促进数据流通与再利用上，充分释放数据资源的经济价值和社会价值，有效赋能经济社会高质量发展。

据复旦大学数字与移动治理实验室发布的《2022 中国地方政府数据开放报告》，截至 2022 年 10 月，我国已有 208 个省级和城市的地方政府上线了政府数据开放平台，其中省级平台 21 个（含省和自治区，不包括直辖市和港澳台），城市平台 187 个（含直辖市、副省级与地级行政区）。目前，我国 74.07% 的省级（不含直辖市）和 55.49% 的城市（包括直辖市、副省级与地级行政区）已上线了政府数据开放平台。[2] 虽然总体看全国地级及以上政府数据开放平台数量从 2017 年的 20 个持续增长到 2022 年下半年的 208 个，但部分地区存在开放数据开放平台建设迟缓、数据利用价值低、数据开放标准不统一、数据获取便捷性不足、开放数据的社会关注与利用有限的

---

[1] 郑磊：《开放不等于公开、共享和交易：政府数据开放与相近概念的界定与辨析》，《南京社会科学》2018 年第 9 期。

[2] 复旦大学数字与移动治理实验室网站，http://www.dmg.fudan.edu.cn/%20#/。

问题。①

　　我国政务数据开放总体上落后于政府信息资源共享。就政府信息资源共享而言，早在 2016 年 9 月 5 日国务院就印发了《政务信息资源共享管理暂行办法》，对政务信息资源的定义、政府信息资源分类与目录编制、共享原则与范围、共享标准与程序、质量管理与安全保障、共享交换平台的建设与运行都做了详细的规定。2017 年 5 月 3 日，国务院办公厅又根据《政务信息资源共享管理暂行办法》印发《政务信息系统整合共享实施方案》，要求各地区、各部门政务服务平台按照"五个统一"的原则有效推进整合共享，主动与国家政务服务平台对接，实现一网通办、数据共享。2019 年 5 月，全国一体化、一站式在线政务服务平台"国家政务服务平台"②上线试运行，政府信息资源共享进展顺利。相较之下，由于缺乏统一政府数据开放立法，《促进大数据发展行动纲要》提出建设的"国家政府数据统一开放平台"一直未能上线。

四、我国公共数据开放相关立法现状

　　我国国家层面尚未制定规范公共数据开放的专门法律、行政法规，数据开放法制呈现"政策文件推动治理，地方实践先行，中央立法滞后"③的特点。现存国家层面的立法缺乏系统性和统一协调性，较为分散、抽象，可操作性不强。开放活动的核心概念不一致，缺乏规范定义。

　　《促进大数据发展行动纲要》明确了促进大数据发展的总体目标

---

① 周文泓、夏俊英、谢玉雪：《我国地方政府开放数据的进展、问题与对策》，《图书馆论坛》2018 年第 7 期。
② 国家政务服务平台网址 http://gjzwfw.www.gov.cn/。
③ 薛智胜、艾意：《政府数据开放的概念及其范围界定》，《财政法学》2019 年第 6 期。

以及加快政府数据开放共享、推动大数据产业创新发展、强化数据安全保障三项主要任务。该文件提出"大力推动政府信息系统和公共数据互联开放共享，加快政府信息平台整合，消除信息孤岛，推进数据资源向社会开放……形成公共数据资源合理适度开放共享的法规制度和政策体系，2018年底前建成国家政府数据统一开放平台，率先在信用、交通、医疗、卫生、就业、社保、地理、文化、教育、科技、资源、农业、环境、安监、金融、质量、统计、气象、海洋、企业登记监管等重要领域实现公共数据资源合理适度向社会开放，带动社会公众开展大数据增值性、公益性开发和创新应用，充分释放数据红利"①。

2016年的《网络安全法》第十八条和2018年的《电子商务法》第六十九条对促进公共数据资源开放和电子商务经营者依法利用公共数据做了规定。②

2017年，《公共信息资源开放试点方案》明确开放公共信息资源的目标是充分释放数据红利，促进信息资源规模化创新应用，培育新的经济增长点，推动国家治理体系和治理能力现代化。确定北京市、上海市、浙江省、福建省、贵州省为试点地区，开展公共信息资源开放试点工作，重点开放信用服务、医疗卫生、社保就业、公共安全、城建住房、交通运输、教育文化、科技创新、资源能源、生态环境、工业农业、商贸流通、财税金融、安全生产、市场监管、社会救助、

---

① 《国务院关于印发促进大数据发展行动纲要的通知》（国发〔2015〕50号），中国政府网，http://www.gov.cn/zhengce/content/2015-09/05/content_10137.htm。

② 《网络安全法》第十八条规定："国家鼓励开发网络数据安全保护和利用技术，促进公共数据资源开放，推动技术创新和经济社会发展。"《电子商务法》第六十九条规定："国家维护电子商务交易安全，保护电子商务用户信息，鼓励电子商务数据开发应用，保障电子商务数据依法有序自由流动。国家采取措施推动建立公共数据共享机制，促进电子商务经营者依法利用公共数据。"

法律服务、生活服务、气象服务、地理空间、机构团体等领域的公共信息资源。①

2020 年,《中共中央 国务院关于构建更加完善的要素市场化配置体制机制的意见 》要求推进政府数据开放共享。优化经济治理基础数据库,加快推动各地区各部门间数据共享交换,制定出台新一批数据共享责任清单。研究建立促进企业登记、交通运输、气象等公共数据开放和数据资源有效流动的制度规范。②

2021 年,《 数据安全法 》第五章"政务数据安全与开放"对国家机关收集使用数据的原则、政务数据开放的原则以及开放平台、开放目录等做了较为具体的规定,尤其是第四十二条明确要求"制定政务数据开放目录,构建统一规范、互联互通、安全可控的开放平台",为规范政务数据开放利用提供了基本法律依据。《 数据安全法 》提升了相关政策的法律位阶和法律效力,在促进数据创新应用、激发数据要素价值上进一步加强了顶层设计。③《 数据安全法 》第四十一条规定政务数据开放的义务主体为国家机关。④国家机关除了行政机关通常还包括人大、监察委、法院、检察院等,不限于政务机构——行政机关以及法律法规授权行使行政管理职能的事业单位和组织,表明数据开放范围在立法上总体呈现扩大的趋势。

2021 年,《 国民经济和社会发展第十四个五年规划和 2035 年远

---

① 《公共信息资源开放试点方案》(中网办发文〔 2017〕24 号),中华人民共和国国家互联网信息办公室网站,https://www.cac.gov.cn/2018-01/05/c_1122215495.htm。
② 《 中共中央 国务院关于构建更加完善的要素市场化配置体制机制的意见 》,中国政府网,http://www.gov.cn/xinwen/2020-04/09/content_5500622.htm。
③ 龙卫球编著《〈 中华人民共和国数据安全法 〉释义 》,中国法制出版社,2021,第 3 页。
④ 《 中华人民共和国数据安全法 》(2021 年 6 月 10 日第十三届全国人民代表大会常务委员会第二十九次会议通过)。

景目标纲要》明确要构建国家统一数据开放平台和开发利用端口。[①]

五、公共数据开放原则

公共数据开放应当遵循需求导向、创新发展、安全有序的原则。公共数据以开放为原则，不开放为例外。除法律、法规和国家规定不予开放的外，公共数据应当依法开放。"在维护国家数据安全、保护个人信息和商业秘密前提下，依法依规有序开放公共数据。优先开放与民生紧密相关、社会需求迫切的数据，鼓励建立公共数据开放需求受理反馈机制，提高开放数据的完整性、准确性、及时性和机器可读性。"[②]

六、公共数据开放的属性与方式

（一）公共数据开放的属性

公共数据依据开放属性分为无条件开放、有条件开放和不予开放三种类型。无条件开放、有条件开放公共数据应当通过统一的公共数据开放平台进行开放。[③]

（二）公共数据提供单位开放公共数据的方式

公共数据提供单位开放公共数据，可以通过以下几种方式：提供数据下载；提供数据服务接口；以算法模型提供结果数据；法律法规和国家规定的其他方式。[④]

[①]《国民经济和社会发展第十四个五年规划和2035年远景目标纲要》，中国政府网，http://www.gov.cn/xinwen/2021-03/13/content_5592681.htm。

[②]《中共中央办公厅 国务院办公厅关于加快公共数据资源开发利用的意见》（2024年9月21日），中国政府网，https://www.gov.cn/zhengce/202410/content_6978911.htm。

[③]《山东省公共数据开放工作细则》第二条。

[④]《山东省公共数据开放办法》（2022年1月17日山东省政府第142次常务会议通过）第十一条。山东省人民政府网站，http://www.shandong.gov.cn/art/2022/7/27/art_266672_1675.html。

公共数据提供单位应当加强本单位公共数据开放和安全管理等工作，及时回应公民、法人和其他组织对公共数据的开放需求，并以易于获取和加工的方式提供公共数据开放服务。①

公共数据开放主体须在开放平台上提供结构化数据文件等多种类型的数据下载服务。探索以数据沙箱、隐私计算等模式提供其他数据服务。②

七、重点的优先开放的公共数据范围及其确定

公共数据提供单位应当根据本地区经济社会发展情况，重点和优先开放与数字经济、公共服务、公共安全、社会治理、民生保障等领域密切相关的市场监管、卫生健康、自然资源、生态环境、就业、教育、交通、气象等数据，以及行政许可、行政处罚、企业公共信用信息等数据。

公共数据提供单位确定重点和优先开放的数据范围，应当征求社会公众、行业组织、企业、行业主管部门的意见。

八、公共数据开放相关主体的职责与义务

（一）公共数据开放主管部门及其职责

山东省公共数据开放管理实行分工负责制。

1. 省人民政府大数据工作主管部门的职责

省人民政府大数据工作主管部门是省公共数据开放主管部门，主要负责统筹管理、指导推进、监督评估全省公共数据开放、利用相关

---

① 《山东省公共数据开放办法》（2022 年 1 月 17 日山东省政府第 142 次常务会议通过）第十二条。山东省人民政府网站，http://www.shandong.gov.cn/art/2022/7/27/art_266672_1675.html。
② 《山东省公共数据开放工作细则》第十一条。

工作，组织建设开放平台，并负责开放平台省级相关数据管理工作。

2. 市县级人民政府大数据工作主管部门的职责

市、县人民政府大数据工作主管部门是本行政区域内公共数据开放主管部门，负责指导推进、监督评估本行政区域内公共数据开放、利用相关工作，根据需要组织编制和维护本级公共数据开放清单，负责开放平台本级相关数据管理工作。①

（二）公共数据开放主体及其职责

公共数据提供单位是公共数据开放主体。公共数据开放主体的主要职责包括以下三个方面：

（1）负责开展本单位公共数据资源类型评估、目录编制、数据汇聚、开放清单编制、数据开放和数据安全等工作。

公共数据开放主体应当根据法律、法规，参照有关规定，对本单位收集和产生的公共数据进行评估，按照无条件开放、有条件开放和不予开放三种类型确定开放属性；按照《山东省公共数据共享工作细则》相关要求，依托一体化大数据平台开展公共数据资源目录编制和数据汇聚。

公共数据为有条件开放的，公共数据开放主体应当明确具体开放条件，不予开放的，公共数据开放主体应当明确有关依据。②

公共数据开放主体应当根据公共数据资源目录和年度工作重点编制年度公共数据开放清单，经市级以上公共数据开放主管部门汇总审核后，原则上在每年4月底前通过开放平台统一发布。

公共数据开放主体因法律、法规修改或者职能职责变更，申请调整公共数据开放清单的，应当通过开放平台提出申请，经县级以上公

---

① 《山东省公共数据开放工作细则》第六条。
② 《山东省公共数据开放工作细则》第七条。

共数据开放主管部门审核同意后，进行调整。①

（2）审核本单位有条件开放数据获取申请，对数据利用情况进行后续跟踪、服务。

（3）及时回应公民、法人和其他组织对公共数据的开放需求。②

（三）公共数据利用主体及其义务

依法依规获取各类开放公共数据的公民、法人和其他组织是公共数据利用主体。公共数据利用主体的义务包括：

（1）定期向公共数据开放主体报告有条件开放公共数据利用情况、成果与效益产出情况。

（2）建立数据利用风险评估机制与质量反馈机制，及时向公共数据开放主体反馈数据利用中发现的各类数据安全风险和质量问题，履行数据安全保护义务。③

九、公共数据开放利用的具体流程

（一）公共数据提供单位向平台提交开放数据

公共数据开放主体依托一体化大数据平台，编制数据目录，匹配数据资源，进行安全审查，确定脱敏规则，提交开放数据。④

（二）开放主管部门对提交开放的公共数据进行规范性审查

县级以上公共数据开放主管部门依托一体化大数据平台对提交的开放数据进行规范性审查。审查通过的，应当通过开放平台发布，并为公共数据开放主体提供开放数据资源的数据脱敏相关技术支撑；审查未通过的，应当反馈并说明理由、意见，公共数据开放主体应当根

---

① 《山东省公共数据开放工作细则》第九条。
② 《山东省公共数据开放工作细则》第四条。
③ 《山东省公共数据开放工作细则》第五条。
④ 《山东省公共数据开放工作细则》第十条。

据反馈意见对目录和数据进行规范后，重新提交开放数据。[①]

（三）无条件开放数据的获取

对于无条件开放数据，公共数据利用主体可以通过开放平台以数据下载或者接口调用的方式直接获取。[②]

（四）有条件开放数据的获取

公共数据利用主体通过开放平台向公共数据开放主体申请获取有条件开放数据。

申请时应在线提交《有条件开放数据申请表》或者《未开放数据需求申请表》《公共数据安全承诺书》以及公共数据开放主体要求的其他相关证明材料。县级以上公共数据开放主管部门应当在收到申请后 5 个工作日内完成对公共数据利用主体提交的本级数据获取申请材料的规范性审查。未通过材料规范性审查的，县级以上公共数据开放主管部门应当通过开放平台反馈并告知理由；通过材料规范性审查的，由公共数据开放主体审核数据获取申请，原则上应当在 10 个工作日内完成审核。[③]

（五）未开放公共数据的获取

公共数据利用主体通过开放平台在线提交《未开放数据需求申请表》。公共数据开放主管部门应当在收到申请后 5 个工作日内完成公共数据利用主体数据申请材料的形式审核，未通过形式审核的，直接反馈并告知理由；通过形式审核的，市级以上公共数据开放主管部门将数据申请通过开放平台转至公共数据开放主体，公共数据开放主体原则上在 10 个工作日内，完成数据需求论证并反馈。数据未开放但经论证可以开放的，应当在反馈后 20 个工作日内，通过开放平台进

[①]《山东省公共数据开放工作细则》第十条。

[②]《山东省公共数据开放工作细则》第十三条。

[③]《山东省公共数据开放工作细则》第十五条。

行开放；经论证数据不可以开放的，应当告知理由。①

十、公共数据资源授权运营

2024 年 9 月 21 日，中共中央办公厅、国务院办公厅联合发布《关于加快公共数据资源开发利用的意见》。② 这是中央层面首次对公共数据资源开发利用进行全面系统性部署，提出了统筹推进政务数据共享、有序推动公共数据开放、鼓励探索公共数据授权运营的公共数据资源开发利用方针。2025 年 1 月 8 日，为贯彻落实上述《意见》，规范公共数据资源授权运营，国家发展和改革委员会发布了《公共数据资源授权运营实施规范（试行）》（以下简称《规范》）。《规范》明确授权运营应把握的主要原则和实施路径，是推动公共数据资源价值有序释放的重要保障，为规范化开展公共数据资源授权运营提供指引。③ 其主要内容有：

（一）公共数据资源授权运营的概念与责任边界

公共数据资源授权运营，是指将县级以上地方各级人民政府、国家行业主管部门持有的公共数据资源，按照法律法规和相关要求，授权符合条件的运营机构进行治理、开发，并面向市场公平提供数据产品和技术服务的活动。

实施机构，是指由县级以上地方各级人民政府或国家行业主管部门结合授权模式确定的、具体负责组织开展授权运营活动的单位。

运营机构，是指按照规范程序获得授权，对授权范围内的公共数

---

① 《山东省公共数据开放工作细则》第十六条。

② 《中共中央办公厅 国务院办公厅关于加快公共数据资源开发利用的意见》（2024 年 9 月 21 日），中国政府网，https://www.gov.cn/zhengce/202410/content_6978911.htm。

③ 《国家发展改革委 国家数据局关于印发〈公共数据资源授权运营实施规范（试行）〉的通知》（发改数据规〔2025〕27 号），国家发展和改革委员会网，https://www.ndrc.gov.cn/xxgk/zcfb/ghxwj/202501/t20250116_1395726.html。

据资源进行开发运营的法人组织。

（二）公共数据资源授权运营的原则

公共数据资源授权运营应遵循依法合规、公平公正、公益优先、合理收益、安全可控的原则。

（三）公共数据资源授权运营的范围

（1）县级以上地方各级人民政府、国家行业主管部门依法持有的公共数据资源，在落实数据分类分级保护制度要求，不危害国家安全、公共利益，不侵犯商业秘密和个人隐私、个人信息权益等合法权益的前提下，纳入授权运营范围。

（2）将中央党群机关、县级以上各级地方党委持有的公共数据资源开展授权运营，参照《规范》执行。

（3）供水、供气、供热、供电、公共交通等公用企业持有的公共数据资源的开发利用，可参考《规范》有关程序要求授权使用，维护公共利益和企业合法数据权益，接受政府和社会监督。

（四）公共数据资源授权运营的具体实施

1.管理机构的主要职责

编制实施方案。县级以上地方各级数据管理部门、国家行业主管部门数据管理机构应牵头组织编制或指导编制本地区、本部门公共数据资源授权运营实施方案，报经本级人民政府、本部门部委会审议同意。

2.实施机构的义务与责任

（1）选择运营机构签订运营协议。实施机构应当根据实施方案，按照法律法规要求，以公开招标、邀请招标、谈判等公平竞争的方式选择运营机构，与依法选定的运营机构签订公共数据资源授权运营协议。

（2）建立健全安全可控的开发利用环境。充分利用现有信息系统资源，鼓励集约化建设，支持隐私计算等安全可信的流通技术应用，确保数据资源开发利用过程可管、可控、可追溯。

（3）公共数据资源登记管理。实施机构将授权运营范围内的公共数据资源、公共数据产品和服务进行登记。

（4）强化数据治理，提升数据质量，落实数据分类分级保护制度要求，加强技术支撑保障和数据安全管理，严格管控未依法依规公开的原始公共数据资源直接进入市场，强化对运营机构涉及公共数据资源授权运营的内控审计。

3.运营机构的义务与责任

（1）运营机构应具备数据资源加工、运营所需的管理和技术服务能力，经营状况和信用状况良好，符合国家数据安全保护要求。

（2）将授权运营范围内的公共数据资源、公共数据产品和服务进行公共数据资源登记。

（3）公开公共数据产品和服务清单，定期向社会披露公共数据资源使用情况，接受社会监督。

（4）履行数据安全主体责任，加强内控管理、技术管理和人员管理，不得超授权范围使用公共数据资源，严防数据加工、处理、运营、服务等环节数据安全风险。

（5）加强公共数据产品和服务相关的成本、收入和支出的内部管理，依法接受监督。

第四章 发展应用

|本|章|概|述|

　　第四章是关于县级以上人民政府和有关部门促进大数据发展应用的重点领域的列举性规定。本章共十条，主要包括新旧动能转换、数字产业化促进、传统产业数字化改造、数字经济平台、工业互联网、数字经济园区、政务信息系统互联互通、数字机关、大数据辅助决策、公共服务智能化、新型智慧城市、数字乡村。

第二十三条 【促进新旧动能转换、完善社会治理】

县级以上人民政府和有关部门应当采取措施，优化大数据发展应用环境，发挥大数据在新旧动能转换、服务改善民生、完善社会治理等方面的作用。

|条|文|要|旨|

本条是关于促进大数据在新旧动能转换、民生改善、完善社会治理方面发挥作用的规定。

|理|解|与|适|用|

一、通过大数据发展应用促进新旧动能转换

2018 年 1 月 10 日，国务院批复了《山东新旧动能转换综合试验区建设总体方案》，提出全面贯彻落实党的十九大精神，以习近平新时代中国特色社会主义思想为指导，贯彻新发展理念，坚持质量第一、效益优先，以供给侧结构性改革为主线，以实体经济为发展经济的着力点，以新技术、新产业、新业态、新模式为核心，以知识、技术、信息、数据等新生产要素为支撑，积极探索新旧动能转换模式，推动经济发展质量变革、效率变革、动力变革，提高全要素生产率，着力加快建设实体经济、科技创新、现代金融、人力资源协同发展的产业体系，推动经济实现更高质量、更有效率、更加公平、更可持续的发展，为促进全国新旧动能转换、建设现代化经济体系作出积极贡献。明确了山东省新旧动能转换的指导思想、突破点、主攻方向、具

体目标。[①]

（一）山东省实施新旧动能转换的着力突破点

1. 传统产业转型

山东省传统产业占工业比重约 70%，重化工业占传统产业比重约 70%，多数产业处于价值链中低端，转型升级压力大，传统动能主体地位尚未根本改变。新经济规模偏小，新兴产业占比低，在人工智能、工业互联网、车联网等领域实力整体偏弱，新业态、新模式处于起步或跟跑阶段，新动能对经济发展的引领支撑作用尚未充分发挥。能源消耗总量、主要污染物排放总量均位居全国前列，资源环境承载力接近上限。

2. 研发创新促进

山东省规模以上工业企业设立研发机构的仅占 7%，科研成果转化率偏低，研发创新投入不足，自主创新能力亟待提高。

3. 产业布局优化

山东省国有经济战略布局亟待优化调整，民营企业活力不足，资本等要素市场发育仍不充分，市场配置资源能力和政府服务水平有待进一步提高。

4. 对外开放拓展

山东省开放型经济发展的优势挖掘不够，国际化服务体系建设相对滞后，全面开放的广度、深度有待进一步拓展。

（二）山东省实施新旧动能转换的主攻方向

（1）四新，是指以新技术、新产业、新业态、新模式为主要特征的新经济。

（2）四化，是指产业智慧化、智慧产业化、跨界融合化、品牌高

[①]《国务院关于山东新旧动能转换综合试验区建设总体方案的批复》，国函〔2018〕1号，中国政府网，https://www.gov.cn/zhengce/content/2018-01/10/content_5255214.htm。

端化。

（三）山东省实施新旧动能转换的具体目标

2022 年，山东省基本形成了新动能主导经济发展的新格局，经济质量优势显著增强，现代化经济体系建设取得重要阶段性成果。

到 2028 年改革开放 50 周年时，基本完成这一轮新旧动能转换，创新发展的体制机制系统完备、科学规范、运转高效，要素投入结构、产业发展结构、城乡区域结构、所有制结构持续优化，市场活力充沛，发展动力强劲。

到 2035 年，经济实力、科技实力大幅跃升，法治政府基本建成，美丽山东目标基本实现，文化软实力显著增强，共同富裕迈出坚实步伐，在基本实现社会主义现代化进程中走在前列。[1]

（四）新旧动能转换与大数据发展促进的关系

新旧动能转换的主攻方向"四新"与"四化"是数字经济的重要特征，新旧动能转换的重要方面，如大力发展云计算、物联网、大数据、移动互联网等新一代信息技术，加强超级计算中心等基础设施建设，推进量子通信、高端容错计算机系统等科技创新等都涉及大数据发展应用。新旧动能转换和大数据发展应用促进相互融合、相互促进。

二、通过大数据发展应用完善社会治理

国家治理能力是指一个国家治理体系综合协调、分工合作、发挥作用、体现价值、实现目标的一种资格、水平与能力。[2]

通过运用大数据、云计算、物联网和人工智能技术建设数字政

---

[1]《山东省人民政府关于印发山东省新旧动能转换重大工程实施规划的通知》（鲁政发〔2018〕7 号），山东省人民政府网站，http://www.shandong.gov.cn/art/2018/3/16/art_100623_22696.html。

[2] 马颜昕等：《数字政府：变革与法治》，中国人民大学出版社，2021，第 29 页。

府，能够推动社会治理模式从单向管理转向双向互动、从线下转向线上线下融合，着力提升矛盾纠纷化解、社会治安防控、公共安全保障、基层社会治理等领域数字化治理能力。

网上行政复议、网上信访、网上调解、智慧法律援助能促进矛盾纠纷源头预防和排查化解。通过公安大数据平台建设，深化数字化手段在国家安全、社会稳定、打击犯罪、治安联动等方面的应用，提高预测预警预防各类风险的能力。通过应急指挥通信网络优化和完善，全面提升应急监督管理、指挥救援、物资保障、社会动员的数字化、智能化水平。依托"信用中国"网站和国家企业信用信息公示系统，整合市场监管相关数据资源，加强对市场环境的大数据监测分析和预测预警，实现企业信用与市场监管数据信息一网通享，打造线上线下一体化高效的互联网＋市场监管。通过实施"互联网＋基层治理"行动，构建新型基层管理服务平台，推进智慧社区建设，提升基层治理能力。互动平台便民的同时也便于及时获得信息反馈，改进政府工作。

三、通过大数据发展应用促进民生改善

（一）互联网＋大数据能提供更便利、精准的公共服务

通过建设全国一体化政务服务平台，推进政务服务标准化、规范化、便利化，提升政务服务数字化、智能化水平，实现利企便民高频服务事项"一网通办"。数字身份统一认证和电子证照、电子签章、电子公文等互信互认，推进发票电子化改革，促进政务数据共享、流程优化和业务协同。推动政务服务线上线下整体联动、全流程在线、向基层深度拓展，提升公共服务便利化水平。

通过大数据分析技术，可以获取市民的偏好和需求等信息，便利政府和企业为市民提供更加精准的服务，提高服务质量和效率。

（二）大数据发展应用推动智慧城市建设

大数据可以为城市规划、管理和公共服务提供强大的信息和技术支持，通过分析交通流量、环境质量、能源消耗等数据，优化资源配置，提升城市管理效率。大数据支持智能交通、智慧安防，提升预警和应急响应能力，提高安全水平，实现城市管理的精细化和智能化。推动智慧社区平台建设，优化社区服务，提升居民生活的便捷性。

（三）大数据发展应用推动数字乡村建设

数字乡村建设旨在缩小城乡数字鸿沟，支撑农业数字化转型和农村电子商务发展，提升农村公共服务水平。

通过收集和分析农业、环境、经济等大数据，为乡村治理、农业生产、农村电商、远程医疗等提供技术支持。通过分析土壤、气象等数据，优化种植、养殖，提升农业生产效率。分析农村人口、经济等数据，帮助政府优化资源配置，提升公共服务水平。运用大数据分析消费需求与市场趋势，帮助农民调整生产，优化供应链，发展农村电商。助力环境监测和预警，促进乡村绿色发展。支持远程教育、医疗等，提升乡村生活质量。

第二十四条 【促进数字产业化】

县级以上人民政府有关部门应当采取措施，扶持和培育先进计算、新型智能终端、高端软件等特色产业，布局云计算、人工智能、区块链等新兴产业，发展集成电路、基础电子元器件等基础产业，推动数字产业发展。

|条|文|要|旨|

本条是关于政府采取措施推动数字产业化发展的规定。

|理|解|与|适|用|

一、数字产业化及其目的

数字经济发展以数字产业化和产业数字化为核心。

（一）数字产业化的含义

数字产业化，是指移动通信、人工智能等数字技术向数字产品、数字服务转化，数据向资源、要素转化，形成数字新产业、新业态、新模式的过程。[1]数字产业化涵盖信息技术、通信、互联网服务、人工智能、区块链、大数据应用、智能制造、数字金融、数字医疗等领域，其核心是通过技术创新和商业化应用推广，促进数字经济发展。"数字产业化是数字技术的产业化演进，是数字技术价值创造的手段和表现形式。"[2]

（二）推动数字产业化发展的目的

1.促进经济转型和创新发展，提高经济增长质量和效率

数字产业的发展可以促进传统产业的升级改造，提高生产效率和产品质量，拓展新的产业领域和业务模式，同时也可以推动就业和人民生活水平的提高。

2.满足人民对数字化服务和产品的需求

随着互联网和移动互联网的普及，人们对数字化服务和产品的需

---

[1]《数据领域常用名词解释（第一批）》，国家数据局网站，https://www.nda.gov.cn/sjj/zwgk/zcfb/1230/ff808081-93de5a43-0194-1b18a0c6-037e.pdf。

[2] 周之文、周克足:《数字经济：国家战略行动路线图》，中国经济出版社，2023，第3-4页。

求不断增长，数字产业的发展可以满足人民对数字化服务和产品的需求，提高人民生活的品质和幸福感。

3.提高国家信息化建设水平

数字经济已成为全球经济的重要组成部分，通过推动数字产业的发展，可以加强国家在数字经济领域的竞争力和话语权，提升国家的国际地位和影响力。

二、我国数字产业化发展现状与存在的问题

随着数字技术的快速发展，我国数字经济在规模、应用和产业化程度等方面都取得了重要进展。数字技术在各行各业的应用不断拓展，涉及农业、工业、医疗、金融、教育等多个领域，推动了生产力的提高和社会服务的升级。数字产业规模逐步壮大，数字经济发展成果逐步转化为实际产出，数字产业已成为我国产业结构调整和经济增长的重要力量。我国数字产业已经具备了良好基础，面临难得的发展机遇，但仍然存在一些困难和问题：

（一）数据资源开放共享程度低，数据质量不高，数据资源流通不畅，管理能力弱，数据价值难以被有效挖掘利用

（二）技术创新与支撑能力不强

我国在新型计算平台、分布式计算架构、大数据处理、分析和呈现方面与国外仍存在较大差距，对开源技术和相关生态系统的影响力弱。

（三）大数据应用水平不高

我国发展大数据具有强劲的应用市场优势，但是目前还存在应用领域不广泛、应用程度不深、认识不到位等问题。

（四）大数据产业支撑体系尚不完善

数据所有权、隐私权等相关法律法规和信息安全、开放共享等标

准规范不健全，尚未建立起兼顾安全与发展的数据开放、管理和信息安全保障体系。

（五）人才队伍建设亟须加强

大数据基础研究、产品研发和业务应用等各类人才短缺，难以满足发展的需要。[1]

三、"十四五"数字产业化发展重点领域

（一）《中华人民共和国国民经济和社会发展第十四个五年规划和 2035 年远景目标纲要》

重点培育壮大人工智能、大数据、区块链、云计算、网络安全等新兴数字产业，提升通信设备、核心电子元器件、关键软件等产业水平。构建基于 5G 的应用场景和产业生态，在智能交通、智慧物流、智慧能源、智慧医疗等重点领域开展试点示范。鼓励企业开放搜索、电商、社交等数据，发展第三方大数据服务产业。促进共享经济、平台经济健康发展。

数字经济七大重点产业：云计算、大数据、物联网、工业互联网、区块链、人工智能、虚拟现实和增强现实。[2]

（二）《国务院关于印发"十四五"数字经济发展规划的通知》

数字产业化主攻方向：增强传感器、量子信息、网络通信、集成电路、关键软件、大数据、人工智能、区块链、新材料等关键技术创新能力。推动行业企业、平台企业和数字技术服务企业跨界创新，加快创新技术的工程化、产业化。提升核心产业竞争力。加快培育平台

---

[1]《大数据产业发展规划（2016—2020 年）》（工信部规〔2016〕412 号），中华人民共和国国家发展和改革委员会网站，https://www.ndrc.gov.cn/fggz/fzzlgh/gjjzxgh/201706/t20170622_1196822.html。

[2]《中华人民共和国国民经济和社会发展第十四个五年规划和 2035 年远景目标纲要》，中国政府网，https://www.gov.cn/xinwen/2021-03/13/content_5592681.htm。

经济、共享经济、智能经济等新业态新模式。[1]

（三）《山东省支持数字经济发展的意见》

山东省数字产业化的重点任务：做大做强大数据、云计算、物联网等核心引领产业，超前布局人工智能、虚拟现实、区块链等前沿新兴产业，巩固发展集成电路、基础电子等关键基础产业，全面提升高性能计算机、高端软件、智能家居等特色优势产业。[2]

四、云计算及其应用

（一）云计算的含义

云计算是分布式计算的一种。云计算提供商通过互联网构建大规模服务器集群，为用户提供计算和数据存储个性化服务。使用者可以随时快速获取计算、存储资源、应用程序服务等按需使用和付费，不必承担自建服务器等成本。云计算将众多计算资源集合起来形成庞大的计算资源池，不仅能提供超级计算机性能，而且保证了较低的服务成本。"云计算的基础是数据中心，利用数据中心的高效能力和资源共享特性，将计算资源虚拟化、集中管理，通过网络以服务的形式提供给用户，从而提高计算效率并降低成本。云计算由于集中管理、专业运维、规模经营而获得成本优势、专业优势和安全优势。"[3]云计算是集硬件、软件、信息服务于一体的新型计算模式。

（二）云计算技术的应用领域

云计算技术已经普遍运用于今天的互联网服务，最为常见的就是

---

① 《国务院关于印发"十四五"数字经济发展规划的通知》国发〔2021〕29 号，中国政府网，https://www.gov.cn/zhengce/content/2022-01/12/content_5667817.htm。

② 《山东省人民政府办公厅关于印发山东省支持数字经济发展的意见的通知》（鲁政办字〔2019〕124 号），山东省人民政府网站，http://www.shandong.gov.cn/art/2019/7/19/art_2259_34851.html。

③ 山东省大数据局编《山东省机关工作人员大数据基础知识读本》，准印证号（鲁）20230023，第 46 页。

搜索引擎服务，通过云端实现数据资源共享。由于云计算在推动信息技术跨越式发展方面发挥的作用越来越显著，2012年工信部《通信业"十二五"发展规划》提出积极发展云计算服务，统筹布局云计算基础设施，鼓励企业共建共享，云计算产业在我国逐渐成为战略性新兴产业。

云计算技术广泛运用于政府信息化建设，促进了政务信息资源共享开放。智慧政务云平台集中汇聚处理和共享政务信息资源，有利于打破信息孤岛，避免重复建设，降低行政成本，提高政府工作效率，显著提升政府治理水平。

（三）推进云计算技术运用的举措

第一，充分利用现有企业、政府等数据资源和平台设施。注重对现有数据中心及服务器资源的改造和利用，建设绿色环保、低成本、高效率、基于云计算的大数据基础设施和区域性、行业性数据汇聚平台，避免盲目建设和重复投资。

第二，整合分散的数据中心资源。充分利用现有政府和社会数据中心资源，运用云计算技术整合规模小、效率低、能耗高的分散数据中心，构建布局合理、规模适度、保障有力、绿色集约的政务数据中心体系。[①]

第三，《数字山东发展规划（2018—2022年）》提出，创建济南国家云计算装备产业创新中心，依托浪潮集团、省计算中心等骨干单位，加快核心电子器件、高端通用芯片及基础软件等核心技术攻关，突破资源监控管理与调度、弹性计算和虚拟整合等技术瓶颈，积极推动安全可靠的云产品和解决方案在各领域的应用。加强云计算标准研究，支持开展云计算服务能力、可信度测评。鼓励信息技术企业加快向云计算产品和服务提供商转型。[②]

---

① 《国务院关于印发促进大数据发展行动纲要的通知》（国发〔2015〕50号），中国政府网，http://www.gov.cn/zhengce/content/2015-09/05/content_10137.htm。

② 《数字山东发展规划（2018—2022年）》，山东省人民政府网站，http://www.shandong.gov.cn/art/2021/12/6/art_307620_10330566.html。

第二十五条 【促进产业数字化】

县级以上人民政府应当推动利用云计算、人工智能、物联网等技术对农业、工业、服务业进行数字化改造，推动大数据与产业融合发展。

|条|文|要|旨|

本条是关于对传统产业进行数字化改造的规定。经济社会发展对信息化提出了更高要求，发展大数据有强大的内生动力。推动大数据应用，加快传统产业数字化、智能化改造，做大做强数字经济，能够为经济转型发展提供新动力，为重塑竞争优势创造新机遇，为提升政府治理能力开辟新途径。

|理|解|与|适|用|

一、产业数字化的含义

产业数字化，是指传统的农业、工业、服务业等产业通过应用数字技术采集融合数据，挖掘数据资源价值，提升业务运行效率，降低生产经营成本，进而重构思维认知，整体性重塑组织管理模式，系统性变革生产运营流程，不断提升全要素生产率的过程。[①] 产业数字化是指在新一代数字科技的支撑和引领下，以数据为关键要素，以价值释放为核心，以数据赋能为主线，对产业链上下游的全要素进行数字

[①]《数据领域常用名词解释（第一批）》，国家数据局网站，https://www.nda.gov.cn/sjj/zwgk/zcfb/1230/ff808081-93de5a43-0194-1b18a0c6-037e.pdf。

化升级、转型和再造的过程。① 产业数字化通过深化数字技术在生产、运营、管理和营销等坏节的应用，实现产业效率提升和结构优化的目的。产业数字化主要促进工业数字化、农业数字化、服务业数字化等数字化效率提升行业的发展。②

在数字科技加速迭代及国家战略措施升级等因素的共同推动下，产业数字化发展势头迅猛，步入新阶段，迎来新机遇，同时也面临新挑战。当前，信息化、网络化、数字化、智能化交织演进，网联、物联、数联、智联迭代发展，全球正在加速进入以"万物互联、泛在智能"为特点的数字新时代，人类正在迈入一个以数字化生产力为主要特征的全新历史阶段。网络强国、大数据、数字经济、智慧社会发展等国家战略的提出，为我国产业数字化发展营造了良好的发展环境。

中国信息通信研究院将产业数字化水平划分为数字化 1.0 到 4.0 四个阶段，分别对应基础建设、单项应用、综合集成和协同创新。按传统产业分类方式，产业数字化包括农业数字化、工业数字化和服务业数字化。产业数字化的最终目的，是实现所有产业通过云计算、大数据、人工智能等数字技术进行数字化升级、转型与再造，实现增效降本，增强企业产能与市场竞争力，降低各种资源消耗。③

二、传统产业数字化改造的含义及其方法

传统产业数字化改造是指引入数字化技术和手段，优化升级传统产业的生产、管理和服务流程，以提高生产效率、降低成本、提高质

---

① 《〈中国产业数字化报告 2020〉：产业数字化升级效果初显》，中华人民共和国国家发展和改革委员会网站，https://www.ndrc.gov.cn/xxgk/jd/wsdwhfz/202007/t20200714_1233712.html。

② 《广东省数字经济促进条例》（广东省第十三届人民代表大会常务委员会第三十三次会议 2021 年 7 月 30 日通过，自 2021 年 9 月 1 日起施行）。

③ 山东省大数据局编《山东省机关工作人员大数据基础知识读本》，准印证号（鲁）20230023，第 70—71 页。

量、增强竞争力和创造新商业模式和价值。

传统产业数字化改造可以被广泛应用于制造业、服务业、金融业、医疗业等各个领域，其核心是利用大数据、物联网、人工智能等数字技术对现有业务流程进行优化和创新，实现从传统模式向数字化、智能化模式的转变。传统产业数字化改造不仅涉及技术应用，还包括组织结构、管理方式和商业模式的变革。

传统产业数字化改造主要方法包括数据采集与分析、自动化与智能化、云计算与边缘计算、人工智能与机器学习、数字化供应链管理、客户关系管理、数字化产品与服务、组织与流程优化以及网络安全与数据保护。

三、我国"十四五"时期推进产业数字化转型重点领域与具体实践

（一）产业数字化转型重点领域

《中华人民共和国国民经济和社会发展第十四个五年规划和2035年远景目标纲要》规定，实施"上云用数赋智"行动，推动数据赋能全产业链协同转型。在重点行业和区域建设若干国际水准的工业互联网平台和数字化转型促进中心，深化研发设计、生产制造、经营管理、市场服务等环节的数字化应用，培育发展个性定制、柔性制造等新模式，加快产业园区数字化改造。深入推进服务业数字化转型，培育众包设计、智慧物流、新零售等新增长点。加快发展智慧农业，推进农业生产经营和管理服务数字化改造。[①]

在农业数字化转型方面，要求大力提升农业数字化水平，推进"三农"综合信息服务，创新发展智慧农业，提升农业生产、加工、

[①]《中华人民共和国国民经济和社会发展第十四个五年规划和2035年远景目标纲要》，中国政府网，https://www.gov.cn/xinwen/2021-03/13/content_5592681.htm。

销售、物流等各环节的数字化水平。

在工业数字化转型方面，要求纵深推进工业数字化转型，加快推动研发设计、生产制造、经营管理、市场服务等全生命周期数字化转型，加快培育一批"专精特新"中小企业和制造业单项冠军企业。深入实施智能制造工程，大力推动装备数字化，开展智能制造试点示范专项行动，完善国家智能制造标准体系。培育推广个性化定制、网络化协同等新模式。

在商业、金融数字化转型方面，要求大力发展数字商务，全面加快商贸、物流、金融等服务业数字化转型，优化管理体系和服务模式，提高服务业的品质与效益。促进数字技术在全过程工程咨询领域的深度应用，引领咨询服务和工程建设模式的转型升级。

在能源领域数字化转型方面，要求加快推动智慧能源建设应用，促进能源生产、运输、消费等各环节智能化升级，推动能源行业低碳转型。①

（二）农业数字化转型实践：智慧农业

智慧农业是指充分应用如物联网、大数据、人工智能、云计算、卫星遥感等现代信息技术，对农业生产、经营进行精细化管理和智能化改造，从而降低成本、提升农业生产效率和经营能力，同时提高农产品质量并实现生态可持续发展的一种现代农业模式。

为加速智慧农业发展，2018 年山东省人民政府办公厅印发了《关于加快全省智慧农业发展的意见》（鲁政办字〔2018〕142 号），提出山东省智慧农业建设目标：围绕农业、林业、畜牧、渔业全产业链发展，以产业发展为基础，以数据应用为统领，以试验示范为支撑，到 2022 年，实现数据互联互通、产业融合发展、服务高效便捷的智

---

① 《国务院关于印发"十四五"数字经济发展规划的通知》（国发〔2021〕29 号），中国政府网，https://www.gov.cn/zhengce/content/2022−01/12/content_5667817.htm。

慧农业发展目标，加快涵盖农业、林业、畜牧、渔业的智慧农业大数据应用工程建设。建设智慧农业试验区、现代农业智慧物流基地、智慧农业应用基地。实施信息进村入户工程，为村民提供电子商务等便利的公共服务。[①]至 2022 年底，山东省智慧农业发展已取得良好政策成效，全省已建成各类智慧农业应用场景近千处，总结提炼了一大批智慧农业典型应用案例。[②]

（三）工业数字化转型实践：智能制造

1.智能制造的含义

智能制造是指基于新一代信息通信技术与先进制造技术深度融合，贯穿于设计、生产、管理、服务等制造活动的各个环节，具有自感知、自学习、自决策、自执行、自适应等功能的新型生产方式。

当前，我国已转向经济高质量发展阶段，正处于转变发展方式、优化经济结构、转换增长动力的攻关期，但制造业供给与市场需求适配性不高、产业链供应链稳定面临挑战、资源环境要素约束趋紧。以智能制造为主攻方向，能够推动制造业数字化转型，提高质量、效率和效益，减少资源能源消耗，促进我国制造业迈向全球价值链中高端。

2.我国"十四五"智能制造发展目标

《中华人民共和国国民经济和社会发展第十四个五年规划和2035年远景目标纲要》提出，实施智能制造和绿色制造工程，发展服务型制造新模式，推动制造业高端化、智能化、绿色化。培育先进制造业集群，推动集成电路、航空航天、船舶与海洋工程装备、机器人、先进轨道交通装备、先进电力装备、工程机械、高端数控机床、医药及医疗设备等产业创新发展。改造提升传统产业，推动石化、钢铁、有

---

① 《关于加快全省智慧农业发展的意见》（鲁政办字〔2018〕142 号），山东省人民政府网站，http://www.shandong.gov.cn/art/2018/8/20/art_2259_28470.html。

② 山东省大数据局编《山东省机关工作人员大数据基础知识读本》，准印证号（鲁）20230023，第 71-87 页。

色、建材等原材料产业布局优化和结构调整，扩大轻工、纺织等优质产品供给，加快化工、造纸等重点行业企业改造升级，完善绿色制造体系。深入实施增强制造业核心竞争力和技术改造专项，鼓励企业应用先进适用技术、加强设备更新和新产品规模化应用。建设智能制造示范工厂，完善智能制造标准体系。深入实施质量提升行动，推动制造业产品"增品种、提品质、创品牌"。[1]

2021年工信部发布的《"十四五"智能制造发展规划》具体化了"十四五"智能制造的目标、重点任务、保障措施。提出以工艺、装备为核心，以数据为基础，依托制造单元、车间、工厂、供应链等载体，构建虚实融合、知识驱动、动态优化、安全高效、绿色低碳的智能制造系统，推动制造业实现数字化转型、网络化协同、智能化变革。到2025年，规模以上制造业企业大部分实现数字化、网络化，重点行业骨干企业初步应用智能化；到2035年，规模以上制造业企业全面普及数字化、网络化，重点行业骨干企业基本实现智能化。[2]

3. 智能制造实践

实行智能制造的互联工厂通过物联网、大数据、云计算等技术，将生产设备、生产线、工厂和供应链等各个环节连接起来，实现智能化、自动化和高效化生产。互联工厂的优越性体现在：一是通过传感器和通信技术，实时监控设备状态，提升生产效率。二是利用大数据分析优化生产流程，支持智能决策。三是引入机器人和自动化设备，减少人工干预，提高精度和效率。四是根据客户个性需求快速调整生产，灵活适应市场变化。五是通过云平台实现远程管理和控制，提升

---

[1]《中华人民共和国国民经济和社会发展第十四个五年规划和2035年远景目标纲要》，中国政府网，https://www.gov.cn/xinwen/2021-03/13/content_5592681.htm。

[2]《八部门关于印发〈"十四五"智能制造发展规划〉的通知》，（工信部联规〔2021〕207号），中国政府网，https://www.gov.cn/zhengce/zhengceku/2021-12/28/content_5664996.htm。

响应速度。

海尔集团早在 2012 年就开始了互联工厂的实践，致力于打造按需设计、按需制造、按需配送的体系。互联工厂是为用户提供个性化定制体验的"主体"，海尔互联工厂的"众创汇"用户交互定制平台允许用户对产品生产的全流程参与，开启了人人"自造"的时代。海尔互联工厂的"海达源"模块商资源平台是全球家电业第一家为供应商提供在线注册、直接对接用户需求的平台，致力于提供满足用户需求的产品解决方案，助力全球供应商自注册、自抢单、自交互、自交易、自交付、自优化。海尔的互联工厂已成为全球智能制造领域的标杆。①

（四）服务业数字化转型实践：智慧物流

智慧物流是指在物流系统中应用 5G、互联网、大数据、区块链、云计算、人工智能等现代信息技术，实现实时的物物交流和物人交流，从而推动物流各环节的智能化和自动化升级。

《"十四五"现代物流发展规划》指明了"十四五"推进物流智慧化改造和网络化升级的目标：深度应用第五代移动通信（5G）、北斗、移动互联网、大数据、人工智能等技术，分类推动物流基础设施改造升级，加快物联网相关设施建设，发展智慧物流枢纽、智慧物流园区、智慧仓储物流基地、智慧港口、数字仓库等新型物流基础设施。鼓励智慧物流技术与模式创新，拓展智慧物流商业化应用场景，促进自动化、无人化、智慧化物流技术装备以及自动感知、自动控制、智慧决策等智慧管理技术的应用。推动物流设施设备全面联网，实现作业流程透明化、智慧设备全连接，促进物流信息交互联通。在有条件的城市建设智慧物流网络。②

---

① 《"海尔全球首发工业 4.0 战略样本：互联工厂"》，海尔集团官网，https://www.haier.com/press-events/news/20150313_130741.shtml。

② 《国务院办公厅关于印发"十四五"现代物流发展规划的通知》（国办发〔2022〕17号），中国政府网，https://www.gov.cn/zhengce/content/2022-12/15/content_5732092.ht。

第二十六条 【数字经济平台】

县级以上人民政府应当推进数字经济平台建设，支持跨行业、跨领域工业互联网平台发展，培育特定行业、区域平台；推进数字经济园区建设，促进产业集聚发展。

|条|文|要|旨|

本条是关于推进数字经济平台、工业互联网平台和数字经济园区建设的规定。该条规定旨在通过建设数字经济平台、工业互联网平台、数字经济园区开放共享网络数据，释放数字经济发展潜力、打造深度协同的数字经济格局，促进数字经济加快成长。

|理|解|与|适|用|

一、数字经济平台的含义与建设目标

（一）数字经济平台的含义

数字经济平台是基于大数据、人工智能、区块链等信息技术，充分采集加工、分析挖掘、共享利用各类主体的数据，发挥数据生产要素潜能，以多元化需求为核心，全面整合产业链、融合价值链，提高市场配置资源效率，助力经济转型的互联网平台。

数字经济平台主要包括农业数字经济平台、工业数字经济平台、服务业数字经济平台、新业态新模式数字经济平台。

数字经济平台是生产力新的组织方式，是经济发展新动能，对优化资源配置、促进跨界融通发展和大众创业万众创新、推动产业升级、拓展消费市场，尤其是增加就业，都具有重要作用。为促进平台

经济规范健康发展，需要加大政策引导、支持和保障力度。[①]数字经济平台在平台经济中发挥着基础性作用。

（二）建设数字经济平台的目的

第一，整合各种数字化技术和资源，为数字经济的快速发展提供有力的支持和保障。

第二，为企业和行业提供数字化转型的解决方案和技术支持，帮助企业和行业实现数字化转型和升级。

第三，为创新创业者提供创业孵化、技术支持和市场拓展等服务，促进创新创业的发展。

第四，整合各种数字化资源，优化资源配置和提高利用效率，减少资源浪费和重复建设。

二、数字经济园区的含义及其管理规定

（一）数字经济园区的含义

根据《山东省省级数字经济园区管理办法（试行）》，山东省省级数字经济园区是指聚焦数字产业化、产业数字化方向，具备一定产业基础和规模，管理科学规范、产业链条完整、创新能力突出、特色优势明显、辐射带动性强，经规定程序认定的数字经济发展集聚区。

省级数字经济园区主要包括数字产业化园区和产业数字化园区。数字产业化园区主导产业为数字经济核心产业，原则上应属于大数据、云计算、物联网、区块链、人工智能等新一代信息技术领域。产业数字化园区主导产业需符合数字农业、智能制造，以及互联网金

---

①《关于促进平台经济规范健康发展的指导意见》（国办发〔2019〕38号），中国政府网，https://www.gov.cn/zhengce/content/2019-08/08/content_5419761.htm。

融、智慧物流、电子商务等智慧服务产业数字化转型方向。[①]

（二）山东省支持数字经济园区建设的规定

1.《山东省数字政府建设实施方案》

加快数字经济园区建设，研究制定全省数字经济园区布局规划和建设标准。大力开展数字经济园区信息基础设施环境建设，搭建各类公共服务和技术支撑平台。制定数字经济园区扶持政策，创新信息化服务模式，提高管理和服务水平，优化园区营商环境，积极吸引人才、资金、技术等高端要素汇聚，鼓励园区利用已建商务楼宇、众创空间、孵化器、标准厂房等设施，促进大数据、云计算等核心产业和智能制造、互联网金融、电子商务等关联产业集聚发展。同时，加快推进传统产业园区数字化转型。开展数字经济园区创建试点，总结推广先进经验做法，将数字园区打造成引领高质量发展的"样板间"。[②]

2.《数字山东发展规划（2018—2022年）》

以数字产业化和产业数字化协同推进数字经济产业园建设，做强大数据、云计算等核心支撑产业，加快发展智能制造、智慧农业、互联网金融、电子商务等关联产业。加大园区政策支持，加快建设山东数字经济产业园、青岛西海岸新区创智产业园、烟台大数据产业园等一批综合型、专业型、特色化产业园区。积极争取国内外领军企业在山东省设立综合总部、地区总部和功能总部，重点培育一批省内总部企业，形成区域性数字经济总部基地。到2022年，打造20个以上产

---

① 《关于印发〈山东省省级数字经济园区管理办法（试行）〉和园区建设指标的通知》（鲁数字〔2020〕6号），山东省人民政府网站，http://www.shandong.gov.cn/jpaas-jpolicy-web-server/front/info/detail?iid=4d6a78d2313e47d4b30ab2fafd658210。
② 《山东省人民政府关于印发山东省数字政府建设实施方案的通知》（鲁政字〔2023〕15号），山东省人民政府网站，http://www.shandong.gov.cn/art/2023/2/3/art_267492_43501.html。

业集聚、特色突出、带动能力强的综合型数字经济产业园。①

3.《山东省支持数字经济发展的意见》

引导产业集聚发展，积极培育优势突出、辐射带动性强的大数据产业集聚区。对新确定的省级产业集聚区，在数字山东专项资金中给予不少于500万元的支持，对新认定的国家级大数据综合实验区或产业集聚区，给予最高3000万元的支持。对入驻数字经济园区的数字技术企业，由所在地政府对其办公用房和厂房给予不低于3年的房租补贴。②

4.《关于山东省数字基础设施建设的指导意见》

优先在数字经济园区、智慧化工园区、现代产业集聚区建设低时延、高可靠、广覆盖的网络基础设施。积极争取标识解析体系国家节点在山东落地，推广标识解析应用。到2022年年底，全省建设10个左右国家二级服务节点。③

5.《山东省省级数字经济园区管理办法（试行）》

该文件对省级园区的申报条件、遴选认定和建设管理做了较为详细的规定。④

6.《山东省省级数字经济园区建设奖补实施细则》

该细则具体规定了申报升级数字经济园区的条件、申请与认定程序、园区类型以及奖补措施。⑤

---

① 《数字山东发展规划（2018—2022年）》，山东省人民政府网站，http://www.shandong.gov.cn/art/2021/12/6/art_307620_10330566.html。

② 《山东省人民政府办公厅关于印发山东省支持数字经济发展的意见的通知》（鲁政办字〔2019〕124号），山东省人民政府网站，http://www.shandong.gov.cn/art/2019/7/19/art_2259_34851.html。

③ 《关于山东省数字基础设施建设的指导意见》（鲁政办字〔2020〕34号）。

④ 《关于印发〈山东省省级数字经济园区管理办法（试行）〉和园区建设指标的通知》（鲁数字〔2020〕6号），山东省人民政府网站，http://www.shandong.gov.cn/jpaas-jpolicy-web-server/front/info/detail?iid=4d6a78d2313e47d4b30ab2fafd658210。

⑤ 《关于印发〈山东省省级数字经济园区建设奖补实施细则〉的通知》，山东省工业与信息化厅网站，http://gxt.shandong.gov.cn/art/2022/3/28/art_15201_10301649.html。

三、工业互联网平台的含义及其相关规定

（一）工业互联网平台的含义

工业互联网平台是基于物联网、云计算、大数据、人工智能等现代信息技术构建的面向制造业数字化、网络化、智能化需求的开放式平台。工业互联网平台是工业互联网的核心组成部分，是工业全要素、全产业链、全价值链连接的枢纽，通过整合工业设备、数据、人员和服务，推动制造业的数字化转型和智能化，提升生产效率，降低成本，优化资源配置。

目前，我国已初步建立以通用技术平台为基础底座，以跨行业、跨领域的综合型平台、行业和区域特色型平台、技术领域专业型平台为核心，企业级平台建设蓬勃发展的多层次平台体系。[①] 其中，代表性工业互联网平台包括海尔卡奥斯 COSMOPlat、阿里云 ET 工业大脑、腾讯云工业互联网平台等。

（二）发展工业互联网平台的相关规定

1.《国务院关于深化"互联网＋先进制造业"发展工业互联网的指导意见》

加快工业互联网平台建设。突破数据集成、平台管理、开发工具、微服务框架、建模分析等关键技术瓶颈，形成有效支撑工业互联网平台发展的技术体系和产业体系。开展工业互联网平台适配性、可靠性、安全性等方面测试验证，推动平台功能不断完善。通过分类施策、同步推进、动态调整，形成多层次、系统化的平台发展体系。依托工业互联网平台形成服务大众创业、万众创新的多层次公共平台。

提升工业互联网平台运营能力。强化工业互联网平台的资源集聚

---

① 《工业互联网综合标准化体系建设指南（2021 版）》，中国政府网，https://www.gov.cn/zhengce/zhengceku/2021－12/25/5664533/files/9cfdc5ca2c54436dab4808863ca3f182.pdf。

能力，有效整合产品设计、生产工艺、设备运行、运营管理等数据资源，汇聚共享设计能力、生产能力、软件资源、知识模型等制造资源。开展面向不同行业和场景的应用创新，为用户提供包括设备健康维护、生产管理优化、协同设计制造、制造资源租用等各类应用，提升服务能力。不断探索商业模式创新，通过资源出租、服务提供、产融合作等手段，不断拓展平台盈利空间，实现长期可持续运营。[1]

2.《工业互联网创新发展行动计划（2021—2023年）》

遴选跨行业、跨领域综合型工业互联网平台。建立动态评价机制，打造具有国际影响力的工业互联网平台，深化工业资源要素集聚，加速生产方式和产业形态创新变革。建设面向重点行业和区域的特色型工业互联网平台。聚焦数字基础好、带动效应强的重点行业，打造行业特色工业互联网平台，推动行业知识经验在平台沉淀集聚。面向制造资源集聚程度高、产业转型需求迫切的区域，打造区域特色工业互联网平台，推动平台在"块状经济"产业集聚区落地。发展面向特定技术领域的专业型工业互联网平台。围绕特定工业场景和前沿信息技术，建设技术专业型工业互联网平台，推动前沿技术与工业机理模型融合创新，支撑构建数据驱动、软件定义、平台支撑、服务增值、智能主导的新型制造体系。[2]

---

[1]《国务院关于深化"互联网＋先进制造业"发展工业互联网的指导意见》，中国政府网，https://www.gov.cn/zhengce/content/2017-11/27/content_5242582.htm。

[2]《关于印发〈工业互联网创新发展行动计划（2021—2023年）〉的通知》（工信部信管〔2020〕197号），中国政府网，www.gov.cn/zhengce/zhengceku/2021-01/13/content_5579519.htm。

第二十七条 【政务服务电子化】

县级以上人民政府应当推进现代信息技术在政务服务领域的应用，推动政务信息系统互联互通、数据共享，通过一体化在线政务服务平台和"爱山东"移动政务服务平台提供政务服务，推动政务服务便捷化。

县级以上人民政府有关部门应当建立线上服务与线下服务相融合的政务服务工作机制，优化工作流程，减少纸质材料；在政务服务中能够通过省一体化大数据平台获取的电子材料，不得要求另行提供纸质材料。

除法律、行政法规另有规定外，电子证照和加盖电子印章的电子材料可以作为办理政务服务事项的依据。

|条|文|要|旨|

本条是促进大数据在政务服务领域运用的规定。通过推动政务信息系统互联互通、数据共享以及推广使用电子证照等电子材料等方式，实现政务服务"一网通办"、线上线下融合，提升政务服务标准化、规范化、便利化水平。

|理|解|与|适|用|

一、电子签名、电子印章、电子证照、电子档案的含义

（一）电子签名

电子签名是一种用于验证电子文档或数据真实性和完整性的技术手段。它通过加密技术确保签名者的身份和签署内容的不可篡改性，

具有与手写签名同等的法律效力。

根据《国务院关于在线政务服务的若干规定》，电子签名是指数据电文中以电子形式所含、所附用于识别签名人身份并表明签名人认可其中内容的数据。[①]

（二）电子印章

电子印章是指基于可信密码技术生成身份标识，以电子数据图形表现的印章。电子印章技术以先进的数字技术模拟传统实物印章，其管理、使用方式符合实物印章的习惯和体验，其加盖的电子文件具有与实物印章加盖的纸张文件相同的外观、相同的有效性和相似的使用方式。

根据《国务院关于在线政务服务的若干规定》，电子印章与实物印章具有同等法律效力，加盖电子印章的电子材料合法有效。[②]

（三）电子证照与电子档案

根据《国务院关于在线政务服务的若干规定》，电子证照是指由计算机等电子设备形成、传输和存储的证件、执照等电子文件。电子档案是指具有凭证、查考和保存价值并归档保存的电子文件。[③]

二、我国政务服务一网通办、电子证照效力的相关规定

（一）《优化营商环境条例》

《优化营商环境条例》第三十七条第二款规定，国家加快建设全国一体化在线政务服务平台（以下称一体化在线平台），推动政务服务事项在全国范围内实现"一网通办"，纳入一体化在线平台办理。

[①]《国务院关于在线政务服务的若干规定》（中华人民共和国国务院令第716号），中国政府网，https://www.gov.cn/gongbao/content/2019/content_5389312.htm。

[②] 同上。

[③] 同上。

国家依托一体化在线平台，推动政务信息系统整合，优化政务流程，促进政务服务跨地区、跨部门、跨层级数据共享和业务协同。政府及其有关部门应当按照国家有关规定，提供数据共享服务，及时将有关政务服务数据上传至一体化在线平台，加强共享数据使用全过程管理，确保共享数据安全。

《优化营商环境条例》第三十七条第三款规定，国家建立电子证照共享服务系统，实现电子证照跨地区、跨部门共享和全国范围内互信互认。各地区、各部门应当加强电子证照的推广应用。

《优化营商环境条例》第三十七条第四款规定，各地区、各部门应当推动政务服务大厅与政务服务平台全面对接融合。市场主体有权自主选择政务服务办理渠道，行政机关不得限定办理渠道。[①]

（二）《国务院关于在线政务服务的若干规定》

《国务院关于在线政务服务的若干规定》规定，国家建立电子证照共享服务系统，实现电子证照跨地区、跨部门共享和全国范围内互信互认。国务院有关部门、地方人民政府及其有关部门按照电子证照国家标准、技术规范制作和管理电子证照，电子证照采用标准版式文档格式。电子证照与纸质证照具有同等法律效力。除法律、行政法规另有规定外，电子证照和加盖电子印章的电子材料可以作为办理政务服务事项的依据。[②]

（三）《"十四五"数字经济发展规划》

《"十四五"数字经济发展规划》提出提高"互联网＋政务服务"效能。全面提升全国一体化政务服务平台功能，加快推进政务服务标

---

① 《优化营商环境条例》（2019年10月8日国务院第66次常务会议通过，自2020年1月1日起施行），中国政府网，https://www.gov.cn/zhengce/content/2019-10-23/content_5443963.htm。
② 《国务院关于在线政务服务的若干规定》（中华人民共和国国务院令第716号），中国政府网，https://www.gov.cn/zhengce/content/2019-04-30/content_5387879.htm。

准化、规范化、便利化，持续提升政务服务数字化、智能化水平，实现利企便民高频服务事项"一网通办"。建立健全政务数据共享协调机制，加快数字身份统一认证和电子证照、电子签章、电子公文等互信互认，推进发票电子化改革，促进政务数据共享、流程优化和业务协同。①

（四）《国务院关于加快推进政务服务标准化规范化便利化的指导意见》

该指导意见对政务服务"一网通办"的意义和总体目标做了提炼概括：

加强跨层级、跨地域、跨系统、跨部门、跨业务协同管理和服务，充分发挥全国一体化政务服务平台"一网通办"的支撑作用，进一步推进政务服务运行标准化、服务供给规范化、企业和群众办事便利化，有效服务生产要素自由流动和畅通国民经济循环，更好地满足人民日益增长的美好生活需要，为推动高质量发展、创造高品质生活、推进国家治理体系和治理能力现代化提供有力支撑。

2022年底前，国家、省、市、县、乡五级政务服务能力和水平显著提升；国家政务服务事项基本目录统一编制、联合审核、动态管理、全面实施机制基本建立；政务服务中心综合窗口全覆盖，全国一体化政务服务平台全面建成，"一网通办"服务能力显著增强，企业和群众经常办理的政务服务事项实现"跨省通办"。2025年底前，政务服务标准化、规范化、便利化水平大幅提升，高频政务服务事项实现全国无差别受理、同标准办理；高频电子证照实现全国互通互认，"免证办"全面推行；集约化办事、智慧化服务实现新的突破，"网上办、掌上办、就近办、一次办"更加好办、易办，政务服务线

---

① 《国务院关于印发"十四五"数字经济发展规划的通知》（国发〔2021〕29号），中国政府网，https://www.gov.cn/zhengce/content/2022-01/12/content_5667817.htm。

上、线下深度融合、协调发展，方便快捷、公平普惠、优质高效的政务服务体系全面建成。

三、山东省一体化政务服务网及其移动端建设

2022年，山东省人民政府发布《关于塑强"爱山东"政务服务品牌全面推进政务服务体系建设的实施意见》，提出以"爱山东"为统一品牌，统筹规划建设"爱山东"政务服务平台。全面整合各级、各部门政务服务事项办事入口，2022年11月底前，原则上政务服务事项办事入口全部统一至"爱山东"政务服务网和"爱山东"政务服务平台移动端。充分运用大数据、人工智能等技术，提供精准化、智能化、规范化前端咨询服务。建设集智能搜索、智能问答、智能导航等功能于一体的智能客服，持续丰富政务服务知识库。深化政务服务"一网通办""应上尽上"政策，已上网运行的政务服务事项原则上均应纳入"爱山东"政务服务平台统一管理和运行，持续推进水电气热、电信、公证、法律援助等更多领域服务应用进驻该平台。2022年12月底前，对不能纳入"爱山东"政务服务平台统一管理的事项编制负面清单。①

第二十八条 【数字机关】

县级以上人民政府和有关部门应当加快数字机关建设，依托全省统一的"山东通"平台推动机关办文、办会、办事实现网上

---

① 《山东省人民政府关于塑强"爱山东"政务服务品牌全面推进政务服务体系建设的实施意见》（鲁政发〔2022〕7号），山东省人民政府网站，http://m.sd.gov.cn/art/2022/8/1/art_100623_40767.html。

办理，提升机关运行效能和数字化水平。

政务信息系统的开发、购买等，除法律、行政法规另有规定外，应当按照规定报本级人民政府大数据工作主管部门审核；涉及固定资产投资和国家投资补助的，依照有关投资的法律、法规执行。

|条|文|要|旨|

本条是关于数字机关建设的规定。第一款规定通过一体化"山东通"平台网上协同办公，推动数字机关建设，提升机关运行效能。第二款规定加强对政务信息系统开发、建设的审核，防止重复建设。

政务服务依托权威、便捷的一体化互联网政务服务平台统一申请、统一受理、集中办理、统一反馈和全流程监督，有利于实现基础信息资源共享和业务协同，提升机关运行效能和数字化水平。明确有关部门对政务信息系统开发、购买进行审核的职责，旨在加强对政务信息系统建设的监督管理，防止重复建设和浪费。

|理|解|与|适|用|

一、数字政府建设的目标和任务

《中华人民共和国国民经济和社会发展第十四个五年规划和2035年远景目标纲要》提出要提高数字政府建设水平。将数字技术广泛应用于政府管理服务，推动政府治理流程再造和模式优化，不断提高决策科学性和服务效率。[①]

[①]《中华人民共和国国民经济和社会发展第十四个五年规划和2035年远景目标纲要》，中国政府网，https://www.gov.cn/xinwen/2021-03/13/content_5592681.htm。

《国务院关于加强数字政府建设的指导意见》对加强数字政府建设进行了周密部署。该指导意见指出加强数字政府建设是适应新一轮科技革命和产业变革趋势、引领驱动数字经济发展和数字社会建设、营造良好数字生态、加快数字化发展的必然要求，是建设网络强国、数字中国的基础性和先导性工程，是创新政府治理理念和方式、形成数字治理新格局、推进国家治理能力和治理体系现代化的重要举措。对加快转变政府职能，建设法治政府、廉洁政府和服务型政府意义重大。[1]

（一）数字政府建设的主要目标

到 2025 年，与政府治理能力现代化相适应的数字政府顶层设计更加完善，统筹协调机制更加健全，政府数字化履职能力、安全保障、制度规则、数据资源、平台支撑等数字政府体系框架基本形成，政府履职数字化、智能化水平显著提升，政府决策科学化、社会治理精准化、公共服务高效化取得重要进展，数字政府建设在服务党和国家重大战略、促进经济社会高质量发展、建设人民满意的服务型政府等方面发挥了重要作用。到 2035 年，与国家治理体系和治理能力现代化相适应的数字政府体系框架更加成熟完备，整体协同、敏捷高效、智能精准、开放透明、公平普惠的数字政府基本建成，为基本实现社会主义现代化提供有力支撑。[2]

（二）数字政府建设的重点任务

（1）广泛运用数字技术，全面提升经济治理和宏观调控水平。

（2）深入推进智慧监管，支撑构建新型监管机制。

（3）创新数字化治理模式，构建智慧社会。

（4）持续深化一体化发展思路，提升公共服务数字化、智能化水平。

---

[1]《国务院关于加强数字政府建设的指导意见》（国发〔2022〕14 号），中国政府网，https://www.gov.cn/zhengce/content/2022−06/23/content_5697299.htm。
[2] 同上。

（5）构建智慧高效的生态环境治理体系，强化生态环境数字化治理能力。

（6）充分发挥数据资源作用，推进机关业务数字化运行。

（7）注重发挥政务公开平台作用，提升政务公开水平。①

二、数字机关的含义及其建设要求

（一）数字机关的含义

数字机关是指党政群团机关业务工作数字化，包括机关办公业务（公文、会议、信息、督查、值班等）数字化，以及各单位按照"三定方案"确定核心业务数字化运行。

数字机关建设是数字政府建设的基础和重要组成部分，是支撑引领数字政府建设的关键驱动。数字机关将数字化理念和数字技术应用到机关事务工作的全过程、全领域，推进机关事务工作管理流程再造、服务模式优化、保障效能提升，形成机关运行保障新模式。②

（二）数字机关建设的要求

《国务院关于加强数字政府建设的指导意见》（国发〔2022〕14号）对数字机关建设提出明确要求：

（1）建立健全大数据辅助科学决策机制，统筹推进决策信息资源系统建设，提升政府决策科学化水平。

（2）深化数字技术应用，创新行政执行方式，提升行政执行能力。加快一体化协同办公体系建设，推动机关内部服务事项线上集成化办理，提高机关运行效能。

---

① 王益民：《加强数字政府建设　全面提升政府履职能力》，人民网，http://finance.people.com.cn/n1/2022/0701/c1004-32463633.html。

② 山东省大数据局编《山东省机关工作人员大数据基础知识读本》，准印证号（鲁）20230023，第116页。

（3）推动行政审批、行政执法、公共资源交易等全流程数字化运行、管理和监督，促进行政权力运行规范透明。优化完善"互联网＋督查"机制，提升行政监督水平，保障政令畅通。

三、"山东通"协同办公平台建设的实践

2023年山东省人民政府印发《山东省数字政府建设实施方案》，对山东省数字机关建设提出具体要求：

在推进机关决策科学化方面，要求2023年年底前深入推进党委、政府智能辅助决策系统建设，围绕动态监测、统计分析、趋势研判、效果评估、风险防控等打造一批典型应用场景。2025年年底前基本形成"用数据说话、用数据决策、用数据管理、用数据创新"的辅助决策体系。

在推进机关办公协同化方面，打造全省统一的"山东通"协同办公平台，集成公文办理、视频会议、即时通信、信息报送、督查督办、值班值守、个人事务等通用功能，接入政务服务、监管执法等业务系统，实现办文、办会、办事功能全覆盖，做到机关工作人员"一人一号"、随时随地可在线办公，各级、各部门单位相关非涉密系统全部接入"山东通"，实现移动办公。2023年年底前，实现全省非涉密业务移动办公全覆盖。[1]

---

[1]《山东省人民政府关于印发山东省数字政府建设实施方案的通知》（鲁政字〔2023〕15号），山东省人民政府网站，http://www.shandong.gov.cn/art/2023/2/3/art_267492_43501.html。

第二十九条 【 大数据辅助决策 】

省人民政府应当组织建立全省重点领域数字化统计、分析、监测、评估等系统，建设全省统一的展示、分析、调度、指挥平台，健全大数据辅助决策机制，提升宏观决策和调控水平。

县级以上人民政府应当在社会态势感知、综合分析、预警预测等方面，加强大数据关联分析和创新应用，提高科学决策和风险防范能力。

|条|文|要|旨|

本条是健全大数据辅助政府决策机制的规定。国家治理体系与治理能力现代化要求政府管理理念和社会治理模式推陈出新。各级人民政府应当通过大数据分析应用提高社会态势感知、风险防范能力，以及宏观调控、科学决策水平。

|理|解|与|适|用|

一、大数据辅助政府决策的主要方面

大数据辅助政府决策主要体现在政策制定与效果评估、城市管理、公共安全、宏观调控与市场监管等多个方面。

将数字技术广泛应用于经济社会发展分析、宏观调控决策、市场监管等方面，及时调整和优化政策，有利于提升经济调控、市场监管的科学性、预见性和有效性。

在企业监管、环境治理、食品药品安全、消费安全、安全生产、

信用体系建设等领域，汇总整合并及时向社会公开有关市场监管数据、法定检验监测数据、违法失信数据、投诉举报数据和企业依法依规应公开的数据，鼓励和引导企业自愿公示更多生产经营数据、销售物流数据等，构建大数据监管模型，进行关联分析，及时掌握市场主体经营行为、规律与特征，主动发现违法违规现象，提高政府科学决策和风险预判能力，加强对市场主体的事中、事后监管。[①]

二、山东省落实大数据辅助决策的具体措施

第一，加强经济社会运行监测预警。持续提升财政、税收、金融、就业、工业运行、统计、审计等领域数字化监测预警水平，开发构建经济监测预测预警、季度年度计量分析等分析应用模型，完善智能化监测分析体系，系统刻画分析经济社会运行情况，实现对经济运行情况的动态监测和趋势研判，助力跨周期政策设计，提升逆周期调节能力。

第二，高标准推进全省"一网统揽"综合慧治平台建设，构建省市一体、高效协同的全省经济社会运行态势感知体系和可视化指挥调度体系。

第三，大数据辅助决策与各行各业流程再造。2023 年年底前，深入推进党委、政府智能辅助决策系统建设，围绕动态监测、统计分析、趋势研判、效果评估、风险防控等打造一批典型应用场景。2025 年年底前，基本形成"用数据说话、用数据决策、用数据管理、用数据创新"的辅助决策体系。[②]

---

①《国务院办公厅关于运用大数据加强对市场主体服务和监管的若干意见》（国办发〔2015〕51 号），中国政府网，https://www.gov.cn/zhengce/content/2015-07/01/content_9994.htm。

②《山东省人民政府关于印发山东省数字政府建设实施方案的通知》（鲁政字〔2023〕15 号），山东省人民政府网站，http://www.shandong.gov.cn/art/2023/2/3/art_267492_43501.html。

第三十条 【公共服务智能化】

县级以上人民政府应当发挥大数据优化公共资源配置的作用，推进大数据与公共服务融合。

县级以上人民政府有关部门应当推动大数据在科技、教育、医疗、健康、就业、社会保障、交通运输、法律服务等领域的应用，提高公共服务智能化水平。

提供智能化公共服务，应当充分考虑老年人、残疾人的需求，避免对老年人、残疾人的日常生活造成障碍。

鼓励自然人、法人和其他组织在公共服务领域开发大数据应用产品和场景解决方案，提供特色化、个性化服务。

条文要旨

本条是关于促进大数据发展应用提高公共服务智能化水平的规定。第一款是推进大数据与公共服务融合的一般规定。第二款是通过推动重点领域大数据应用提高公共服务智能化水平的规定。第三款是加强信息无障碍建设，确保智能化公共服务惠及包括残障人士和老年人群体的规定。第四款是鼓励开发公共服务领域的大数据应用产品和场景解决方案来满足社会需求的规定。

大数据应用与公共服务结合，有助于政府机构更好地洞察民生需求、优化资源配置、丰富服务内容、拓展服务渠道、扩大服务范围、提高服务质量，形成网络化、数字化、智能化的公共服务体系。

|理|解|与|适|用|

一、推动大数据应用服务民生改善的相关规定

（一）《中华人民共和国数据安全法》①

《数据安全法》第十五条规定："国家支持开发利用数据提升公共服务的智能化水平。提供智能化公共服务，应当充分考虑老年人、残疾人的需求，避免对老年人、残疾人的日常生活造成障碍。"

（二）《无障碍环境设施建设条例》②

无障碍环境建设，是指为便于残疾人等社会成员自主安全地通行道路、出入相关建筑物、搭乘公共交通工具、交流信息、获得社区服务所进行的建设活动。

县级以上人民政府负责组织编制无障碍环境建设发展规划并组织实施。公共服务机构和公共场所应当创造条件为残疾人提供语音和文字提示、手语、盲文等信息交流服务，并对工作人员进行无障碍服务技能培训。社区公共服务设施应当逐步完善无障碍服务功能，为残疾人等社会成员参与社区生活提供便利。

（三）《国务院关于加快推进政务服务标准化规范化便利化的指导意见》

坚持传统服务方式与智能化服务创新并行，为老年人、残疾人等特殊群体提供多元化、个性化、贴心暖心的高质量服务。不断提升基层、边远和欠发达地区政务服务能力，推动政务服务区域间均衡发展。③

---

① 《中华人民共和国数据安全法》（2021年6月10日第十三届全国人民代表大会常务委员会第二十九次会议通过）。

② 《无障碍环境建设条例》（2012年6月13日国务院第208次常务会议通过），中国政府网，https://www.gov.cn/zwgk/2012−07/10/content_2179864.htm。

③ 《国务院关于加快推进政务服务标准化规范化便利化的指导意见》（国发〔2022〕5号），中国政府网，https://www.gov.cn/zhengce/content/2022−03/01/content_5676259.htm。

（四）《国务院关于加强数字政府建设的指导意见》①

持续优化全国一体化政务服务平台功能，打造泛在可及的服务体系。充分发挥全国一体化政务服务平台"一网通办"枢纽作用，推动政务服务线上线下标准统一、全面融合、服务同质，构建全时在线、渠道多元、全国通办的一体化政务服务体系。提升智慧便捷的服务能力，推行政务服务事项集成化办理，推广"免申即享""民生直达"等服务方式，打造掌上办事服务新模式，提高主动服务、精准服务、协同服务、智慧服务能力。提供优质便利的涉企服务，以数字技术助推深化"证照分离"改革，推动涉企审批"一网通办"、惠企政策精准推送、政策兑现直达直享。拓展公平普惠的民生服务，推进基本公共服务数字化应用，实现"多卡合一""多码合一"，积极打造多元参与、功能完备的数字化生活网络，提升普惠性、基础性、兜底性公共服务能力。围绕老年人、残疾人等特殊群体需求，完善线上线下服务渠道，推进信息无障碍建设，切实解决特殊群体在运用智能技术方面遇到的突出困难。

（五）《数字经济促进共同富裕实施方案》②

实施"信息无障碍"推广工程。持续推动各类应用开展适应性改造，聚焦老年人、残疾人等群体的特定需求，重点推动与其生产、生活密切相关的网站、手机 App 的适应性改造。探索建立数字技术无障碍的标准和规范，明确数字产品的可访问标准，建立文字、图像、语音等多种交互手段标准。

---

① 《国务院关于加强数字政府建设的指导意见》（国发〔2022〕14号），中国政府网，https://www.gov.cn/zhengce/content/2022-06/23/content_5697299.htm。

② 《国家发展改革委 国家数据局关于印发〈数字经济促进共同富裕实施方案〉的通知》（发改数据〔2023〕1770号），国家数据局网站，https://www.nda.gov.cn/sjj/zwgk/zcfb/0830/20240830174919792427953_pc.html。

（六）《山东省数字政府建设实施方案》①

发挥全国一体化政务服务平台"一网通办"枢纽作用。各级政务服务实施机构统一使用"爱山东"政务服务平台提供政务服务，强化网上受理、权力运行、用户评价等全流程应用支撑体系，实现线上线下并行提供服务、标准统一、服务同质。企业和群众到政府办事更加高效便捷。

推动政务服务事项集成化办理。企业和个人全生命周期重要阶段涉及的更多政务服务事项实现网上办事"一次告知、一表申请、一套材料、一次办好"。

提供优质便利的涉企服务。简化审批环节、材料、时限和费用。围绕企业开办、经营、投资、清算退出等全生命周期，持续推动企业常用证照证明电子化应用。

推进基本公共服务数字化应用，建设全省一体化"居民码"服务体系，围绕个人出生、教育、就业、就医、养老等全生命周期社会化场景与领域，实现民生服务办事"一码通行"。推动各级政府网站、政务服务平台进行适老化、无障碍改造，各类政务服务场所采取传统服务和智能化服务并行方式，为老年人、残疾人等特殊群体提供贴心暖心的便利服务。

---

① 《山东省人民政府关于印发山东省数字政府建设实施方案的通知》（鲁政字〔2023〕15号），山东省人民政府网站，http://www.shandong.gov.cn/art/2023/2/3/art_267492_43501.html。

第三十一条 【社会治理创新应用】

县级以上人民政府应当在国家安全、安全生产、应急管理、防灾减灾、社会信用、生态环境治理、市场监督管理等领域加强大数据创新应用，推行非现场监管、风险预警等新型监管模式，提升社会治理水平。

|条|文|要|旨|

本条是关于通过大数据应用创新监管模式以提升社会治理水平的规定。通过非现场监管、风险预警等新型监管模式，提升在国家安全、安全生产、应急管理、防灾减灾、社会信用、生态环境治理、市场监督管理等重要领域的社会治理水平。

|理|解|与|适|用|

一、利用大数据实施非现场监管的含义及其优越性

（一）非现场监管的含义

通过大数据应用实现非现场监管，是指监管机构利用大数据技术对监管对象进行远程监控和风险评估。这种方式通过收集、存储和分析海量数据，帮助监管机构更高效、精准地识别潜在风险，无须依赖传统的现场检查。

（二）非现场监管的优越性

为应对数字经济时代的监管挑战，需要加快建立全方位、多层次、立体化新监管体系，实现事前、事中、事后全链条、全领域监管，以数字化手段提升监管精准化、协同化、智能化水平。充分运用

数字技术构建新型监管机制。利用大数据进行非现场监管具有显著优势。大数据能够覆盖广泛数据源，更精准地识别风险点和异常行为，发现潜在风险并主动监管，具有前瞻性。实时监控＋大数据分析能够辅助决策，提高感知精确度和风险应对速度。自动化数据处理和分析减少了人工成本，提高了监管效率。

二、推动大数据应用实施非现场监管的相关规定

（一）《优化营商环境条例》[①]

《优化营商环境条例》第五章对监管执法做了较为详细的规定。第五十六条明确要求政府及其有关部门应当充分运用互联网、大数据等技术手段，依托国家统一建立的在线监管系统，加强监管信息归集共享和关联整合，推行以远程监管、移动监管、预警防控为特征的非现场监管，提升监管的精准化、智能化水平。

（二）《国务院关于加强和规范事中事后监管的指导意见》

充分发挥现代科技手段在事中事后监管中的作用，依托互联网、大数据、物联网、云计算、人工智能、区块链等新技术推动监管创新，努力做到监管效能最大化、监管成本最优化、对市场主体干扰最小化。

依托国家"互联网＋监管"系统，联通汇聚全国信用信息共享平台、国家企业信用信息公示系统，以及行政处罚、司法判决、社会投诉举报、第三方平台等数据，归集到相关市场主体名下。充分运用大数据等技术，探索推行以远程监管、移动监管、预警防控为特征的

[①]《优化营商环境条例》（2019年10月8日国务院第66次常务会议通过，自2020年1月1日起施行），中国政府网，https://www.gov.cn/zhengce/content/2019-10/23/content_5443963.htm。

非现场监管,提升监管精准化、智能化水平。[①]

(三)《国务院关于加强数字政府建设的指导意见》

充分运用数字技术支撑构建新型监管机制,加快建立全方位、多层次、立体化监管体系,实现事前、事中、事后全链条、全领域监管,以数字化手段提升监管精准化水平。加强监管事项清单数字化管理,运用多源数据为市场主体精准"画像",强化风险研判与预测预警。加强"双随机、一公开"监管工作平台建设,根据企业信用实施差异化监管。加强重点领域的全主体、全品种、全链条数字化追溯监管。以一体化在线监管提升监管协同化水平,大力推行"互联网+监管",构建全国一体化在线监管平台,推动监管数据和行政执法信息归集共享和有效利用,强化监管数据治理,推动跨地区、跨部门、跨层级协同监管,提升数字贸易跨境监管能力。以新型监管技术提升监管智能化水平,充分运用非现场、物联感知、掌上移动、穿透式监管等新型监管手段,弥补监管短板,提升监管效能。[②]

三、山东省推动大数据应用实施非现场监管的具体方案

《山东省数字政府建设实施方案》从推动监管智能化、精准化、协同化三个方面做了具体安排。[③]

(一)推动监管智能化

打造全省一体化在线监管平台,推进远程监管、移动监管、实时

[①]《国务院关于加强和规范事中事后监管的指导意见》(国发〔2019〕18号),中国政府网,https://www.gov.cn/gongbao/content/2019/content_5433721.htm。

[②]《国务院关于加强数字政府建设的指导意见》(国发〔2022〕14号),中国政府网,https://www.gov.cn/zhengce/content/2022-06/23/content_5697299.htm。

[③]《山东省人民政府关于印发山东省数字政府建设实施方案的通知》(鲁政字〔2023〕15号),山东省人民政府网站,http://www.shandong.gov.cn/art/2023/2/3/art_267492_43501.html。

监管。全省各级监管部门充分利用"山东通"移动监管功能，在日常检查、专项检查、"双随机"检查等监管工作中开展移动检查，提高了监管执法效率，做到执法结果即时上传，实现了违法线索互联、监管标准互通、处理结果互认。

（二）推动监管精准化

充分运用现代信息技术提升监管效能，推进全流程数字化、信息化监管。结合企业信用评价、公共信用综合评价、行业信用评价结果等，明确企业信用等级，确定分类差异化监管措施。在公共安全、危险化学品、生态环保、卫生健康、食品药品、特种设备、消防安全等重点领域，建立全省统一的重点监管清单。统一归集登记注册、行政审批、生产许可、行政处罚、投诉举报等涉企信息，为风险动态评估和精细化分类监管奠定基础。

（三）推动监管协同化

推动各类监管业务系统互联互通，加强监管数据与公共信用、企业信用公示等数据协同共享，强化对基层监管业务的信息化支撑。强化监管数据、行政执法信息归集共享和有效利用，推动跨地区、跨部门、跨层级协同监管。

第三十二条 【促进新型智慧城市建设】

县级以上人民政府应当推动大数据在城市规划、建设、治理和服务等领域的应用，加强新型智慧城市建设和区域一体化协同发展，鼓励社会力量参与新型智慧城市建设运营。

县级以上人民政府应当推动数字乡村建设，建立农业农村数据收集、应用、共享、服务体系，推进大数据在农业生产、经营、管理和服务等环节的应用，提升乡村治理和生产生活数字化水平。

|条|文|要|旨|

本条是推动大数据应用在新型智慧城市、数字乡村建设中发挥作用的规定。

|理|解|与|适|用|

一、新型智慧城市、数字乡村的含义

（一）新型智慧城市的含义

新型智慧城市是指利用物联网、大数据、人工智能、云计算、5G等现代信息技术，通过数据驱动和智能化管理提升城市管理、公共服务、产业发展和居民生活质量的城市发展模式。建设新型智慧城市，向居民提供便捷丰富的信息服务、透明高效的在线政府、精细精准的城市治理、融合创新的信息经济和自主可控的安全体系，有利于提升城市治理体系和治理能力现代化水平。[①]

新型智慧城市建设通过深度的城市信息化来满足城市发展转型和管理方式转变的需求，有助于改善城市人居环境质量、优化城市管理和生产生活方式、提升城市居民幸福感。新型智慧城市建设依托大数据发展应用提升城市运行管理水平、政府行政效能、公共服

[①]《"十四五"规划〈纲要〉名词解释之94| 新型智慧城市 》，中华人民共和国发展和改革委员会网站，https://www.ndrc.gov.cn/fggz/fzzlgh/gjfzgh/202112/t20211224_1309350.html。

务能力，有效推动城市数字经济和新兴产业发展，促进城市资源节约与环境保护，提高城市应对自然灾害和突发事件的能力。其主要应用领域是智慧交通、智慧能源、智慧医疗、智慧安防、智慧政务、智慧社区。

（二）数字乡村的含义

数字乡村是伴随网络化、信息化和数字化在农业农村经济社会发展中的应用，以及农民现代信息技能的提高而内生的农业农村现代化发展和转型进程，既是乡村振兴的战略方向，也是建设数字中国的重要内容。①

数字乡村建设有助于构建面向农业农村的综合信息服务体系，为农民生产生活提供综合、高效、便捷的信息服务；有利于缩小城乡数字鸿沟，促进城乡发展一体化。

二、国家推进新型智慧城市、数字乡村建设的相关规定

（一）《中华人民共和国国民经济和社会发展第十四个五年规划和 2035 年远景目标纲要》②

建设智慧城市和数字乡村。以数字化助推城乡发展和治理模式创新，全面提高运行效率和宜居度。分级、分类推进新型智慧城市建设，将物联网感知设施、通信系统等纳入公共基础设施统一规划建设，推进市政公用设施、建筑等物联网应用和智能化改造。完善城市信息模型平台和运行管理服务平台，构建城市数据资源体系，推进城市数据大脑建设。探索建设数字孪生城市。加快推进数字乡村建设，

---

① 《中共中央办公厅 国务院办公厅印发〈数字乡村发展战略纲要〉》，中国政府网，https://www.gov.cn/zhengce/2019-05/16/content_5392269.htm。

② 《中华人民共和国国民经济和社会发展第十四个五年规划和 2035 年远景目标纲要》，中国政府网，https://www.gov.cn/xinwen/2021-03/13/content_5592681.htm。

构建面向农业农村的综合信息服务体系，建立涉农信息普惠服务机制，推动乡村管理服务数字化。

（二）《国务院关于印发"十四五"数字经济发展规划的通知》[①]

推动数字城乡融合发展。统筹推动新型智慧城市和数字乡村建设，协同优化城乡公共服务。深化新型智慧城市建设，推动城市数据整合共享和业务协同，提升城市综合管理服务能力，完善城市信息模型平台和运行管理服务平台，因地制宜构建数字孪生城市。加快城市智能设施向乡村延伸覆盖，完善农村地区信息化服务供给，推进城乡要素双向自由流动，合理配置公共资源，形成以城带乡、共建共享的数字城乡融合发展格局。构建城乡常住人口动态统计发布机制，利用数字化手段助力提升城乡基本公共服务水平。

（三）国家发展改革委等四部门《关于深化智慧城市发展 推进城市全域数字化转型的指导意见》[②]

1. 智慧城市发展的总体目标

到 2027 年，全国城市全域数字化转型取得明显成效，形成一批横向联通、纵向贯通、各具特色的宜居、韧性的智慧城市，有力支撑数字中国建设。到 2030 年，全国城市全域数字化转型全面突破，人民群众的获得感、幸福感、安全感全面提升，涌现一批数字文明时代具有全球竞争力的中国式现代化城市。

2. 全领域推进城市数字化转型的举措

第一，建立城市数字化共性基础。第二，培育壮大城市数字经济。第三，促进新型产城融合发展。第四，推进城市精准精细治

---

①《国务院关于印发"十四五"数字经济发展规划的通知》（国发〔2021〕29 号），中国政府网，https://www.gov.cn/zhengce/content/2022-01/12/content_5667817.htm。
②《国家发展改革委 国家数据局 财政部 自然资源部〈关于深化智慧城市发展 推进城市全域数字化转型的指导意见〉》（发改数据〔2024〕660 号），国家数据局网站，https://www.nda.gov.cn/sjj/zwgk/zcfb/0830/20240830175752608663956_pc.html。

理。第五，丰富普惠数字公共服务。第六，优化绿色智慧宜居环境。第七，提升城市安全韧性水平。第八，建设完善数字基础设施。第九，构建数据要素赋能体系。第十，推进适数化制度创新。第十一，创新运营运维模式。第十二，推动数字化协同发展。

（四）《数字乡村发展战略纲要》①

该纲要提出了数字乡村建设的总体要求、重点任务和保障措施。提出强化农村信息基础设施建设、发展农村数字经济、强化农业农村科技创新供给、建设智慧绿色乡村、繁荣发展乡村网络文化、推进乡村治理能力现代化、深化信息惠民服务、激发乡村振兴内生动力、推动网络扶贫向纵深发展、统筹推动城乡信息化融合发展十个方面重点任务，为数字乡村发展指明了方向。

（五）《数字乡村发展行动计划（2022—2025 年）》②

2022 年，中央网信办等十部门印发《数字乡村发展行动计划（2022—2025 年）》，对"十四五"时期数字乡村发展从数字基础设施升级行动、智慧农业创新发展行动、新业态新模式发展行动、数字治理能力提升行动、乡村网络文化振兴行动、智慧绿色乡村打造行动、公共服务效能提升行动、网络帮扶拓展深化行动八个方面做出重点行动部署安排。

---

① 《中共中央办公厅 国务院办公厅印发〈数字乡村发展战略纲要〉》，中国政府网，https://www.gov.cn/zhengce/2019−05/16/content_5392269.htm。
② 《中央网信办等十部门印发〈数字乡村发展行动计划（2022—2025 年）〉》，中国政府网，https://www.gov.cn/xinwen/2022−01/26/content_5670637.htm。

（六）《数字经济促进共同富裕实施方案》①

1.加快乡村产业数字化转型

深入实施数字乡村发展行动，以数字化赋能乡村振兴。提升农村数字基础设施水平，持续推进电信普遍服务，不断提升农村及偏远地区通信基础设施供给能力，深入推进智慧广电，全面提升乡村广播电视数字化、网络化、智能化水平。大力发展智慧农业，推动智能化农业技术装备应用，提升农业科技信息服务。深入发展"数商兴农"，实施"互联网＋"农产品出村进城工程，开展直播电商助农行动，培育一批电商赋能的农产品网络品牌和特色产业。强化农产品经营主体流量扶持，为偏远地区农产品拓宽销售渠道，借助互联网推进休闲农业、创意农业、森林康养等新业态发展，推动数字文化赋能乡村振兴。

2.加大农村数字人才培养力度

持续推进农民手机应用技能培训，开展智慧农业应用、直播电商等课程培训，让手机成为"新农具"，数据成为"新农资"，直播带货成为"新农活"。创新联农带农机制，鼓励大型农业企业加大对公益性技术和服务的支持力度，保障广大农民共享数字红利，吸引更多人才返乡创业。

3.提升乡村数字治理水平

运用互联网手段，不断提升乡村治理效能和服务管理水平，拓宽服务应用场景、丰富服务方式和服务内容。大力发展农村数字普惠金融，促进宜居宜业。

---

① 《国家发展改革委 国家数据局关于印发〈数字经济促进共同富裕实施方案〉的通知》（发改数据〔2023〕1770号），国家数据局网站，https://www.nda.gov.cn/sjj/zwgk/zcfb/0830/20240830174919792427953_pc.html。

三、山东省推进新型智慧城市建设的主要部署

（一）《山东省人民政府办公厅关于加快推进新型智慧城市建设的指导意见》

该指导意见为山东省新型智慧城市建设提供了系统性的详细指南。

（1）推进新型智慧城市建设的工作目标。围绕"优政、惠民、兴业、强基"，加快建设以人为本、需求引领、数据驱动、特色发展的新型智慧城市，全面推动城市治理体系和治理能力现代化。2022年，全部市和80%的县（市、区）达到《新型智慧城市建设指标》（DB37/T3890）三星级以上；2025年，全部县（市、区）达到三星级以上，全部市和60%的县（市、区）达到四星级以上，力争打造3个以上的五星级标杆城市。

（2）推进新型智慧城市建设的管理架构。数字山东建设专项小组及其办公室统筹推进全省新型智慧城市建设，负责总体设计、标准制定、考核评价、示范推广等。各市、县（市、区）政府是新型智慧城市建设的责任主体，结合实际分级、分类开展建设工作。各级大数据主管部门发挥职能作用，推动任务落实。

（3）推进新型智慧城市建设的技术架构。省级统筹推进"一个平台一个号，一张网络一朵云"建设，构建省一体化大数据平台和综合指挥平台，推动数据跨层级、跨地域、跨部门汇聚共享开放，实现各级、各部门智慧应用与指挥调度的横向互联、纵向贯通及条块协同。市级负责构建感知设施统筹、数据统管、平台统一、系统集成和应用多样的"城市大脑"，支撑全市新型智慧城市建设。按照"平台上移，应用下沉"的原则，县级基于市级"城市大脑"开发部署特色智慧应用，确有需要的可结合实际建设"城市大脑"，并与市级联通。

（4）推进新型智慧城市建设的具体措施。通过深化"一网通办"、加快"一号通行"优化政务服务；通过改进完善智慧出行、智慧医

疗、智慧教育、智慧文体等拓展便民应用；通过提升市政综合管理能力、城市安全保障能力、应急协同指挥能力、生态环境治理能力、基层社区治理能力推动精细治理；通过培育数字产业新业态、推进传统产业数字化转型加快产业升级；通过畅通信息通信网络、加快数据中心建设、完善智慧市政设施、构建城市数字底座夯实数字基础设施。[①]

（二）《山东省数字政府建设实施方案》

该实施方案在总结山东省新型智慧城市建设经验基础上提出了新的细化要求。

（1）分级、分类开展新型智慧城市建设，实行动态评价，促进市、县两级共同提升。

（2）鼓励济南、青岛等市对标国际先进水平，发挥区域示范引领作用，打造全国新型智慧城市标杆。

（3）支持各市提升社保、医疗、教育、文化等民生领域智慧化应用，加强城市一体化运行监控和联动指挥建设。

（4）将新型智慧城市规划与其他规划"多规合一"，推动地上建筑物、构筑物、市政公用设施，园林绿化、环境卫生、地下管线、综合管廊等城市设施数字化展示、可视化管理。

（5）建设完善房屋网签备案、住房租赁管理系统，积极推广应用智能家居和智慧楼宇技术，开展绿色智慧住区、智慧建筑、智慧建造、智慧市政、智慧城管等示范应用。

（6）构建城市"智慧云脑"，完善智能感知、智能预警、智能决策和调控体系，打造集资源配置、决策支持、融合应用、展示交流、宣传普及、线上线下于一体的省、市两级数据大厅，实现城市治理数

[①]《山东省人民政府办公厅关于加快推进新型智慧城市建设的指导意见》（鲁政办字〔2020〕136号），山东省人民政府网站，http://www.shandong.gov.cn/art/2020/10/21/art_107851_109058.html。

字化、网络化、可视化、智慧化。①

四、山东省推进数字乡村建设的主要部署

为落实国家《"十四五"数字经济发展规划》《数字乡村发展战略纲要》，山东省结合本省实际制定出台《山东省支持数字经济发展的意见》《山东省数字乡村发展战略实施意见》《山东省数字乡村发展行动计划（2022—2025 年）》《关于加快推进山东省数字乡村标准化建设的指导意见》等政策文件，成立山东省数字乡村发展专家委员会、山东省数字乡村建设创新联盟，搭建部门指导、行业服务、科研支撑、社会参与的协作交流平台，激发政、产、学、研、用各方积极性，全力助推数字乡村建设。②

《山东省支持数字经济发展的意见》把数字乡村建设纳入山东省数字经济发展的重要一环，提出了六项重点任务。

（1）以打造乡村振兴齐鲁样板为引领，着力发展农业"新六产"，培育数字农业新动能。

（2）推进数字技术在农业生产、经营、管理和服务等环节的集成应用。

（3）推动智慧农机、智慧灌溉、智慧渔业、智慧种业、智慧畜牧工程建设，建设一批智慧农业应用基地。

（4）培育"互联网＋订单农业"，建立产销衔接服务平台，促进消费需求与农业生产高效匹配。

（5）大力发展农村电商，积极推动电子商务进农村综合示范工作。

---

① 《山东省人民政府关于印发山东省数字政府建设实施方案的通知》（鲁政字〔2023〕15号），山东省人民政府网站，http://www.shandong.gov.cn/art/2023/2/3/art_267492_43501.html。

② 卢岚：《山东数字乡村发展全面起势：打造"齐鲁样板"为全国献力》，澎湃网，https://m.thepaper.cn/newsDetail_forward_20960474。

（6）实施信息进村入户工程，加快益农信息社区建设。①

《山东省数字乡村发展行动计划（2022—2025 年）》落实国家《数字乡村发展战略纲要》《数字乡村发展行动计划（2022—2025 年）》《山东省数字乡村发展战略实施意见》的有关要求，对"十四五"期间我省数字乡村发展作出部署安排。其中，部署了八个方面的重点行动，提出了二十六项任务措施。②

---

① 《山东省人民政府办公厅关于印发山东省支持数字经济发展的意见的通知》（鲁政办字〔2019〕124 号），山东省人民政府网站，http://www.shandong.gov.cn/art/2019/7/19/art_2259_34851.html。

② 《省委网信委印发〈山东省数字乡村发展行动计划（2022—2025 年）〉》，鲁网，https://sd.sdnews.com.cn/yw/202204/t20220425_4017881.htm。

第五章 安全保护

|本|章|概|述|

　　第五章是关于数据安全保护制度的全面构建，明确了各方主体的数据安全保护义务。

　　数据安全关乎个人、社会、国家的安全，要全方位建设数据安全保障体系。中央全面深化改革委员会第二十六次会议指出，要把安全贯穿数据治理全过程，守住安全底线，明确监管红线，加强重点领域执法司法，把必须管住的坚决管到位。要构建政府、企业、社会多方协同治理模式，强化分行业监管和跨行业协同监管，压实企业数据安全责任。①

　　数据安全保障需要多监管主体的共同参与，同时也需要数据处理主体自我管理的配合，构建多元协作的数据安全保障模式。外部监管主体承担强监管责任，以动态化和全程化监管手段克服数据监管的方式难题，以设置牵头机构总体协调和分行业、分职能具体监管的机制化解数据监管的主体矛盾。②

　　本章共八条。第三十三条明确了数据处理者的数据安全责任主体。第三十四条规定了政府数据分类分级保护制度，识别重点数据进行重点保护。第三十五条明确了政府数据安

---

① 《习近平主持召开中央全面深化改革委员会第二十六次会议》，新华网，http://www.news.cn/politics/leaders/2022-06/22/c_1128766853.htm。
② 苗运卫、董宏伟：《三重维度解读〈数据安全法（草案）〉保障数据安全》，《中国电信业》2020年第8期。

全监督管理体制。第三十六条是关于数据安全责任单位落实数据安全责任制实施数据安全保护的具体要求。第三十七条是关于对个人信息处理者合法合规处理个人信息的要求。第三十八条是关于数据安全责任单位建立健全数据安全事件紧急预案、风险评估制度，应急处置数据安全事件的规定。第三十九条是关于省人民政府大数据工作主管部门组织建设全省公共数据容灾备份体系的规定。第四十条是关于数据出境安全评估和国家安全审查的规定。

第三十三条 【数据安全责任制】

本省实行数据安全责任制。

数据安全责任按照谁收集谁负责、谁持有谁负责、谁管理谁负责、谁使用谁负责的原则确定。

|条|文|要|旨|

本条是关于数据安全责任制的规定。

|理|解|与|适|用|

一、数据安全的含义

《数据安全法》第三条规定："数据安全，是指通过采取必要措施，确保数据处于有效保护和合法利用的状态，以及具备保障持续安全状态的能力。"[①] 数据安全涵盖数据全生命周期数据处理活动每一环节的安全。除了传统信息安全所强调的保密性、可用性和完整性，数据安全还应包括防止数据不被窃取、破坏和滥用，依靠各种流程和措施防止未经授权的个人或组织使用或访问数据，确保数据系统安全稳定运行。

习近平总书记在党的二十大报告中强调："加快建设制造强国、质量强国、航天强国、交通强国、网络强国、数字中国。"加快建设数字中国，需要充分发挥数据要素作用，也需要防范数据泄露、窃取、篡改、滥用等给个人、企业、社会乃至国家利益带来损害。深入

[①]《中华人民共和国数据安全法》（2021 年 6 月 10 日第十三届全国人民代表大会常务委员会第二十九次会议通过）。

学习贯彻党的二十大精神，加快建设数字中国，需要提升数据安全治理效能，多措并举维护数据安全，为数字中国建设保驾护航。[1]

数据安全防护旨在维护国家安全、社会公共利益，保护公民、法人和其他组织在网络空间的合法权益。[2]

二、数据安全与国家安全的关系

2014 年 4 月 15 日，习近平总书记在中央国家安全委员会第一次全体会议上首次提出总体国家安全观重大战略思想。总体国家安全观坚持国家利益至上，以人民安全为宗旨，以政治安全为根本，以经济安全为基础，以军事、文化、社会安全为保障，以促进国际安全为依托，统筹外部安全和内部安全、国土安全和国民安全、传统安全和非传统安全、自身安全和共同安全，完善国家安全制度体系，加强国家安全能力建设，坚决维护国家主权、安全、发展利益。

总体国家安全的外延涵盖网络安全、数据安全。数据安全也是国家安全的一部分，我们应当将数据安全治理置于总体国家安全的系统中整体考虑。《数据安全法》第四条规定，"维护数据安全，应当坚持总体国家安全观，建立健全数据安全治理体系，提高数据安全保障能力。"[3]《数据安全法》规定的数据安全风险评估、报告、信息共享、监测预警机制是《国家安全法》规定的风险预防、评估和预警制度在数据安全领域的具体落实。

---

[1] 田五星：《为数字中国建设保驾护航：提升数据安全治理效能》，《人民日报》（2023年 9 月 5 日 09 版）。
[2] 何渊主编《数据法学》，北京大学出版社，2020，第 192 页。
[3]《中华人民共和国数据安全法》（2021 年 6 月 10 日第十三届全国人民代表大会常务委员会第二十九次会议通过）。

三、数据安全责任制的含义

数据安全责任制是指通过明确数据处理者内部各层级、各部门及相关人员在数据安全管理中的职责和权限，确保数据安全管理工作有效落实的制度安排，旨在构建全员参与、责任清晰的数据安全管理体系。其核心在于"谁收集谁负责、谁持有谁负责、谁管理谁负责、谁使用谁负责"的原则。

数据收集、存储、使用、加工、传输、提供、公开、删除等活动皆为数据处理，数据处理者是数据安全责任主体，承担数据安全主体责任。

四、数据安全主体责任的内容

（一）《数据安全法》的相关规定 [①]

《数据安全法》第八条规定："开展数据处理活动，应当遵守法律、法规，尊重社会公德和伦理，遵守商业道德和职业道德，诚实守信，履行数据安全保护义务，承担社会责任，不得危害国家安全、公共利益，不得损害个人、组织的合法权益。"

《数据安全法》第二十七条至第三十六条列举了数据处理者的数据安全保护义务：

（1）按照法律、法规规定建立健全全流程数据安全管理制度，采取技术措施和其他必要措施，保障数据安全。利用互联网等信息网络开展数据处理活动。应当遵守网络安全等级保护要求。

（2）重要数据的处理者应当明确数据安全负责人和管理机构，落实数据安全保护责任。

（3）风险监测。发现数据安全缺陷、漏洞等风险时，应当立即采

---

① 《中华人民共和国数据安全法》（2021 年 6 月 10 日第十三届全国人民代表大会常务委员会第二十九次会议通过）。

取补救措施；发生数据安全事件时，应当立即采取处置措施，按照规定及时告知用户并向有关主管部门报告。

（4）风险评估。重要数据的处理者应当定期开展风险评估，并向有关主管部门报送风险评估报告。

（5）遵守数据出境安全管理规定。非经主管机关批准，境内的组织、个人不得向外国司法或者执法机构提供存储于中华人民共和国境内的数据。

（二）《网络数据安全管理条例》的相关规定 [①]

《网络数据安全管理条例》第九条规定："网络数据处理者应当依照法律、行政法规的规定和国家标准的强制性要求，在网络安全等级保护的基础上，加强网络数据安全防护，建立健全网络数据安全管理制度，采取加密、备份、访问控制、安全认证等技术措施和其他必要措施，保护网络数据免遭篡改、破坏、泄露或者非法获取、非法利用，处置网络数据安全事件，防范针对和利用网络数据实施的违法犯罪活动，并对所处理网络数据的安全承担主体责任。"

五、实行数据安全责任制的意义

（一）有效应对境内外数据安全风险

我国现阶段在制度规范、技术防护、运行管理三个层面尚未形成数据安全保障有机整体，[②] 表现为数据全生命周期的安全管理机制不健全，数据安全技术防护能力亟待加强，缺乏专业化的数据安全运营团队，数据安全管理的规范化水平有待提升。因此，有必要建立健全

---

①《国务院办公厅关于印发全国一体化政务大数据体系建设指南的通知》（国办函〔2022〕102号），中国政府网，https://www.gov.cn/gongbao/content/2022/content_5725276.htm。

②《国务院办公厅关于印发全国一体化政务大数据体系建设指南的通知》（国办函〔2022〕102号），中国政府网，https://www.gov.cn/gongbao/content/2022/content_5725276.htm。

国家数据安全管理制度，完善国家数据安全治理体系。

（二）落实数据安全主体责任

明确数据安全责任主体，促使各单位人员加强数据安全保护工作，提高数据安全意识、防范能力和水平，达到维护国家安全、社会公共利益，保护公民、法人和其他组织的合法权益，促进经济社会健康发展的目的。

第三十四条 【数据分类分级保护】

县级以上人民政府和有关部门应当按照数据分类分级保护制度，确定本地区、本部门以及相关行业、领域的重要数据具体目录，对列入目录的数据进行重点保护。

条 文 要 旨

本条是关于县级以上人民政府和有关部门按照对数据进行分类分级保护的要求，确定重要数据目录并进行重点保护的规定。

根据数据属性、特点、数量、质量、格式、重要性、敏感程度等因素，科学划分数据资源等级与类别，配套相应的安全风险控制措施，是保护数据安全的前提下数据资源充分利用的需要。明确县级以上人民政府及有关部门建立本地区、本部门以及相关行业、领域重要数据目录的职责，有利于维护数据安全与发展利益，维护公民、组织的合法权益。

|理|解|与|适|用|

一、数据分类分级保护制度的含义

"数据分类分级保护制度是指根据数据属性、特点、数量、质量、格式、重要性、敏感程度等因素，科学划分数据资源，配套相应的安全风险控制措施，在释放数据资源价值的同时，保护数据安全和个人隐私。数据分类保护将具有共同性质、属性或特征的数据归并在一起，再根据类别纳入不同的保护体系；数据分级保护主要从数据安全、隐私保护和合规要求的角度对数据进行划分，构建相应的技术保护体系。"[1]

二、数据分类分级保护制度的意义

（一）保障数据安全

数据分类分级本身不是最终目的，对不同类别和级别的数据配适不同的安全保护规则，才是分类分级的落脚点。[2]数据安全遭受侵害会对国家安全、社会公共利益、企业以及个人的合法权益产生不利影响。对数据进行分类分级，据此判断数据的影响对象以及影响程度，采取针对性的安全管理手段，在保障数据安全的基础上充分激发数据的经济效益。

（二）推进数字经济发展

数据资源是重要的生产要素，安全、合规、有序地利用好数据资源是推进数字经济蓬勃发展的重要保证。数据分类分级能够对数据进行精细化、规范化管理，避免陷入杂乱无序的状态，是促进数字经济

---

[1]《"十四五"规划〈纲要〉名词解释之101|数据分类分级保护制度》，中华人民共和国国家发展和改革委员会网站，https://www.ndrc.gov.cn/fggz/fzzlgh/gjfzgh/202112/t20211224_1309358.html。

[2]同上。

发展的稳定因素。①

三、数据分类分级保护制度的相关规定

目前，我国通过法律法规等规范性文件初步构建了数据分类分级管理制度。

（一）《数据安全法》的相关规定②

《数据安全法》第二十一条规定："国家建立数据分类分级保护制度，根据数据在经济社会发展中的重要程度，以及一旦遭到篡改、破坏、泄露或者非法获取、非法利用，对国家安全、公共利益或者个人、组织合法权益造成的危害程度，对数据实行分类分级保护。"

"关系国家安全、国民经济命脉、重要民生、重大公共利益等数据属于国家核心数据，实行更加严格的管理制度。"

《数据安全法》第三十条规定，国家数据安全工作协调机制统筹协调有关部门制定重要数据目录，加强对重要数据的保护；各地区、各部门应当按照数据分类分级保护制度，确定本地区、本部门以及相关行业、领域的重要数据具体目录，对列入目录的数据进行重点保护；重要数据的处理者应当明确数据安全负责人和管理机构，落实数据安全保护责任；重要数据的处理者应当按照规定对其数据处理活动定期开展风险评估，并向有关主管部门报送风险评估报告。

（二）《网络数据安全管理条例》的相关规定③

2024 年颁布的《网络数据安全管理条例》对重要数据进行了定

---

① 高磊、赵章界、林野丽等：《基于〈数据安全法〉的数据分类分级方法研究》，《信息安全研究》2021 年第 7 期。

②《中华人民共和国数据安全法》（2021 年 6 月 10 日第十三届全国人民代表大会常务委员会第二十九次会议通过）。

③《网络数据安全管理条例》（2024 年 8 月 30 日国务院第 40 次常务会议通过），中国政府网，https://www.gov.cn/zhengce/content/202409/content_6977766.htm。

义，第四章专章规定了重要数据安全管理的要求。

《网络数据安全管理条例》第六十二条第四项规定："重要数据是指特定领域、特定群体、特定区域或者达到一定精度和规模，一旦遭到篡改、破坏、泄露或者非法获取、非法利用，可能直接危害国家安全、经济运行、社会稳定、公共健康和安全的数据。"

《网络数据安全管理条例》第二十九条、第三十条、第三十一条、第三十二条、第三十三条、第三十九条规定了较为完整的重要数据保护制度。

（1）重要数据目录制度。国家数据安全工作协调机制统筹协调有关部门制定重要数据目录，加强对重要数据的保护。各地区、各部门应当按照数据分类分级保护制度，确定本地区、本部门以及相关行业、领域的重要数据具体目录，对列入目录的网络数据进行重点保护。

（2）重要数据识别、申报。网络数据处理者应当按照国家有关规定识别、申报重要数据。国家鼓励网络数据处理者使用数据标签标识等技术和产品，提高重要数据安全管理水平。

（3）重要数据安全负责人和网络数据安全管理机构。确定网络数据安全负责人和网络数据安全管理机构，由数据安全管理机构履行网络数据安全保护责任。对网络数据安全负责人和关键岗位的人员进行安全背景审查，加强相关人员培训。

（4）重要数据风险评估。按照规定对其数据处理活动定期开展风险评估。

（5）存在可能危害国家安全的重要数据处理活动的，应当按照有关部门的要求整改或者采取停止处理重要数据等措施。

（6）重要数据处境安全评估。在中华人民共和国境内运营中收集和产生的重要数据确需向境外提供的，应当通过国家网信部门组织的数据出境安全评估。

第三十五条 【数据安全监督管理体制】

国家安全领导机构负责数据安全工作的议事协调，实施国家数据安全战略和有关重大方针政策，建立完善数据安全工作协调机制，研究解决数据安全的重大事项和重要工作，推动落实数据安全责任。

公安、国家安全、大数据、保密、密码管理、通信管理等部门和单位按照各自职责，负责数据安全相关监督管理工作。

网信部门依照法律、行政法规的规定，负责统筹协调网络数据安全和相关监督管理工作。

|条|文|要|旨|

本条是关于数据安全监督管理体制的规定。第一款明确国家安全领导机构在数据安全监督管理方面的主要职责，包括数据安全工作的议事协调、实施国家安全战略和有关重大方针政策、建立完善数据安全工作协调机制以及研究解决数据安全的重大事项和重要工作，推动落实数据安全责任。第二款具体规定了公安、国家安全、大数据、保密、密码管理、通信管理等部门和单位根据各自职责负责数据安全相关监督管理工作。第三款规定了县级以上网信部门负责统筹协调数据安全和相关监督管理工作。

党的十八届三中全会提出，设立国家安全委员会，完善国家安全体制和国家安全战略，确保国家安全。[①] 坚持党对数据安全工作的领

---

① 《中国共产党第十八届中央委员会第三次全体会议公报》（2013 年 11 月 12 日中国共产党第十八届中央委员会第三次会议通过），中华人民共和国审计署网站，https://www.audit.gov.cn/n4/n18/c4164/content.html。

导，是做好数据安全工作的根本原则。《数据安全法》第四条规定："维护数据安全，应当坚持总体国家安全观，建立健全数据安全治理体系，提高数据安全保障能力。"[1]

在坚持中央国家安全领导机构统筹国家数据安全战略、政策和工作的基础上，本省的国家安全领导机构应结合本省省情实施国家数据安全战略和有关重大方针政策，完善数据安全工作协调机制，研究解决本省数据安全的重大事项和重要工作。

|理|解|与|适|用|

一、数据安全监督管理体制的含义

数据安全涉及多政府部门、互联网企业、数据交易平台、信息处理者等多个主体，需要建立多方主体共同参与的协调机制。[2]相关部门和单位应通过制订工作计划或工作方案，列出进度表，明确责任人，组织人力、物力、财力贯彻落实国家数据安全战略。

明确分工和职责，有利于避免多头监管导致的监管主体众多、责权不明、监管不力、效率低下等问题。

二、《数据安全法》的相关规定

《数据安全法》第五条、第六条规定，中央国家安全领导机构负责国家数据安全工作的决策和议事协调，研究制定、指导实施国家数据安全战略和有关重大方针政策，统筹协调国家数据安全的重大事项和重要工作，建立国家数据安全工作协调机制。各地区、各部门对本地区、本部门工作中收集和产生的数据及数据安全负责。工业、电

---

[1]《中华人民共和国数据安全法》（2021年6月10日第十三届全国人民代表大会常务委员会第二十九次会议通过）。

[2] 龙卫球主编《中华人民共和国数据安全法释义》，中国法制出版社，2021，第17页。

信、交通、金融、自然资源、卫生健康、教育、科技等主管部门承担本行业、本领域数据安全监管职责。公安机关、国家安全机关等依照本法和有关法律、行政法规的规定，在各自职责范围内承担数据安全监管职责。国家网信部门依照本法和有关法律、行政法规的规定，负责统筹协调网络数据安全和相关监管工作。[①]

三、《网络数据安全管理条例》的相关规定

《网络数据安全管理条例》第七章专章规定了网络数据安全监督管理体制与监督管理职责，对《数据安全法》的规定进行了细化。[②]

《网络数据安全管理条例》第四十七条规定，国家网信部门负责统筹协调网络数据安全和相关监督管理工作。公安机关、国家安全机关依照有关法律、行政法规和本条例的规定，在各自职责范围内承担网络数据安全监督管理职责，依法防范和打击危害网络数据安全的违法犯罪活动。国家数据管理部门在具体承担数据管理工作中履行相应的网络数据安全职责。各地区、各部门对本地区、本部门工作中收集和产生的网络数据及网络数据安全负责。

《网络数据安全管理条例》第四十八条规定，工业、电信、交通、金融、自然资源、卫生健康、教育、科技等主管部门承担本行业、本领域数据安全监管职责，应当明确本行业、本领域网络数据安全保护工作机构，统筹制定并组织实施本行业、本领域网络数据安全事件应急预案，定期组织开展本行业、本领域网络数据安全风险评估，对网络数据处理者履行网络数据安全保护义务情况进行

---

① 《中华人民共和国数据安全法》（2021 年 6 月 10 日第十三届全国人民代表大会常务委员会第二十九次会议通过）。

② 《网络数据安全管理条例》（2024 年 8 月 30 日国务院第 40 次常务会议通过），中国政府网，https://www.gov.cn/zhengce/content/202409/content_6977766.htm。

监督检查，指导督促网络数据处理者及时对存在的风险隐患进行整改。

2023 年 3 月 16 日，依据中共中央印发的《深化党和国家机构改革方案》组建国家数据局。国家数据局负责协调推进数据基础制度建设，统筹数据资源整合共享和开发利用，统筹推进数字中国、数字经济、数字社会规划和建设等。中央网络安全和信息化委员会办公室承担的研究拟订数字中国建设方案、协调推动公共服务和社会治理信息化、协调促进智慧城市建设、协调国家重要信息资源开发利用与共享、推动信息资源跨行业跨部门互联互通等职责，国家发展和改革委员会承担的统筹推进数字经济发展、组织实施国家大数据战略、推进数据要素基础制度建设、推进数字基础设施布局建设等职责划入国家数据局。①

第三十六条 【数据安全与网络安全保护】

数据收集、持有、管理、使用等数据安全责任单位应当建立本单位、本领域数据安全保护制度，落实有关数据安全的法律、行政法规和国家标准以及网络安全等级保护制度；属于关键信息基础设施范围的，还应当落实关键信息基础设施保护有关要求，保障数据安全。

自然人、法人和其他组织在数据收集、汇聚等过程中，应当对数据存储环境进行分域分级管理，选择安全性能、防护

---

① 《中共中央印发〈深化党和国家机构改革方案〉》，中国政府网，https://www.gov.cn/gongbao/content/2023/content_5748649.htm。

级别与其安全等级相匹配的存储载体，并对重要数据进行加密存储。

|条|文|要|旨|

本条是数据安全责任单位落实数据安全责任制、实施数据安全保护的具体要求。第一款要求数据安全责任单位建立本单位的数据安全保护制度，遵守数据安全法律法规和国家标准，落实网络安全等级保护、关键信息基础设施保护要求。第二款要求数据处理者选择安全等级相匹配的存储载体分域分级存储数据，并对重要数据进行加密存储。

数据安全责任单位建立数据安全保护制度对于数据安全具有基础性和关键性作用。有关主体必须遵守数据安全的法律、行政法规和国家标准，落实网络安全等级保护和关键信息基础设施保护有关要求，通过制度化管理保障数据安全，提高信息安全防范能力，保护国家安全和公民的合法权益。

|理|解|与|适|用|

一、数据安全责任单位

数据安全责任单位通常是指任何处理、收集、存储或使用个人或机构数据的组织或实体。《网络数据安全管理条例》将在网络数据的收集、存储、使用、加工、传输、提供、公开、删除等活动中自主决定处理目的和处理方式的个人、组织统称为网络数据处理者。"数据安全责任单位"与"网络数据处理者"的含义基本一致。

二、网络安全等级保护制度

（一）网络安全等级保护制度的含义及其法律规定

网络安全等级保护制度是根据信息系统的重要性及其遭受破坏后的影响程度，实行分级保护的一项机制，旨在保障网络信息系统的安全性、完整性、可靠性。网络安全等级保护是对不同等级的网络信息系统实施不同的安全保护措施，包括但不限于安全策略、技术措施、管理措施、应急预案等。

《网络安全法》第二十一条规定："国家实行网络安全等级保护制度。网络运营者应当按照网络安全等级保护制度的要求，履行下列安全保护义务，保障网络免受干扰、破坏或者未经授权的访问，防止网络数据泄露或者被窃取、篡改：

（一）制定内部安全管理制度和操作规程，确定网络安全负责人，落实网络安全保护责任；

（二）采取防范计算机病毒和网络攻击、网络侵入等危害网络安全行为的技术措施；

（三）采取监测、记录网络运行状态、网络安全事件的技术措施，并按照规定留存相关的网络日志不少于六个月；

（四）采取数据分类、重要数据备份和加密等措施；

（五）法律、行政法规规定的其他义务。"

（二）网络安全等级的划定

《网络安全等级保护条例（征求意见稿）》依据网络在国家安全、经济建设、社会生活中的重要程度，以及其一旦遭到破坏、丧失功能或者数据被篡改、泄露、丢失、损毁后，对国家安全、社会秩序、公共利益以及相关公民、法人和其他组织的合法权益的危害程度等因素，将网络分为五个安全等级。[①] 相应的，网络安全等级保护从低到高依次为第一级（自主保护级）、第二级（指导保护级）、第三级（监督保护级）、第四级（强制保护级）和第五级（专控保护级）。

（三）网络安全等级保护的国家标准

我国已发布的网络安全等级保护系列国家标准为网络运营者、网络安全企业、网络安全服务机构贯彻实施网络安全等级保护提供了规范化与标准化的指引。这些标准包括《信息安全技术 网络安全等级保护基本要求》（GB/T 22239—2019）、《信息安全技术 网络安全等级保护实施指南》（GB/T 25058—2020）、《信息安全技术 网络安全等级保护定级指南》（GB/T 22240—2020）、《信息安全技术 网络安全等级保护设计技术要求》（GB/T 25070—2019）、《信息安全技术 网络安全等级保护测评要求》（GB/T 28448—2019）和《信息安全技术 网络安全等级保护测评过程指南》（GB/T 28449—2018）。

《信息安全技术 网络安全等级保护基本要求》（GB/T 22239—2019）规定了第一级到第四级网络安全等级保护对象的安全保护基本要求。安全要求细分为技术要求和管理要求。技术要求体现了对等级保护对象"从外部到内部"的纵深防御思想，要求对通信网络、区域边界和计算环境整体防护，对所处的物理环境进行安全防护，对级别较高的对象还需对分布在整个系统中的安全功能或安全组件进行集中技术管理。管理要求部分体现了"从要素到活动"的综合管理思想，明确规定了在系统建设整改和运行维护重要活动中实施控制的管理机构和人员，以及具体管控制度要求。[②]

---

① 《公安部关于〈网络安全等级保护条例（征求意见稿）〉公开征求意见的公告》，中华人民共和国公安部网站，https://www.mps.gov.cn/n2254536/n4904355/c6159136/content.html。
② 《网络安全等级保护系列国家标准解读》，国家市场监督管理总局国家标准技术审评中心网站，https://www.ncse.ac.cn/newsinfo/1568531.html。

三、关键信息基础设施保护制度

（一）关键信息基础设施的含义

《关键信息基础设施安全保护条例》第二条规定，关键信息基础设施是指公共通信和信息服务、能源、交通、水利、金融、公共服务、电子政务、国防科技工业等重要行业和领域的，以及其他一旦遭到破坏、丧失功能或者数据泄露，可能严重危害国家安全、国计民生、公共利益的重要网络设施、信息系统等。[①]

（二）关键信息基础设施重点保护的规定

根据《关键信息基础设施安全保护条例》的规定，对关键信息基础设施实行重点保护。

（1）国家对关键信息基础设施实行重点保护，采取措施，监测、防御、处置来源于中华人民共和国境内外的网络安全风险和威胁，保护关键信息基础设施免受攻击、侵入、干扰和破坏，依法惩治危害关键信息基础设施安全的违法犯罪活动。任何个人和组织不得实施非法侵入、干扰、破坏关键信息基础设施的活动，不得危害关键信息基础设施安全。

（2）关键信息基础设施运营者要在网络安全等级保护的基础上，采取技术保护措施和其他必要措施，应对网络安全事件，防范网络攻击和违法犯罪活动，保障关键信息基础设施安全稳定运行，维护数据的完整性、保密性和可用性。

（3）运营者应当设置专门安全管理机构，并对专门安全管理机构负责人和关键岗位人员进行安全背景审查。专门安全管理机构具体负责本单位的关键信息基础设施安全保护工作，履行保护职责。[②]

---

① 《关键信息基础设施安全保护条例》（2021年4月27日国务院第133次常务会议通过）第二条。

② 《关键信息基础设施安全保护条例》（2021年4月27日国务院第133次常务会议通过）第五条、第六条、第十四条、第十五条。

四、数据安全领域的国家标准

我国在数据安全领域已发布多项国家标准，除前述网络安全等级保护国家标准外，还包括《信息安全技术 大数据安全管理指南》（GB/T 37973—2019）、《信息安全技术 政务信息共享数据安全技术要求》（GB/T 39477—2020）、《信息安全技术 即时通信服务数据安全要求》（GB/T 42012—2022）、《信息安全技术 网上购物服务数据安全要求》（GB/T 42014—2022）、《信息安全技术 人脸识别数据安全要求》（GB/T 41819—2022）和《数据安全技术 大数据服务安全能力要求》（GB/T 35274—2023）等。国家标准的实施有利于数据处理者规范化、标准化开展数据处理活动，全面提升数据安全、网络安全防护能力。

五、数据存储环境分域分级管理

数据存储分域是指根据数据的性质、用途和访问权限将数据存储环境划分为不同的安全域，实现数据的隔离和保护，以防止未经授权的访问和数据泄露。数据存储分级是指根据数据的重要性和敏感程度，将数据划分为不同的安全等级，确保不同重要级别的数据匹配相应的安全防护措施。

六、数据流通安全防护要求

2025 年 1 月 6 日，国家发展改革委等部门印发《关于完善数据流通安全治理 更好促进数据要素市场化价值化的实施方案》的通知，对企业数据流通安全和公共数据流通安全管理进行了最新规范。①

---

① 《国家发展改革委等部门印发〈关于完善数据流通安全治理 更好促进数据要素市场化价值化的实施方案〉的通知》（发改数据〔2025〕18 号），国家数据局网站，https://www.nda.gov.cn/sjj/zwgk/zcfb/0115/20250115173302396617093_pc.html。

（一）企业数据流通安全规则

（1）支持企业通过编制数据资源目录、分析流通过程安全风险、制定分类分级保护措施等方式，提升数据治理能力。

（2）鼓励企事业单位设立首席数据官，加强数据治理和数据开发利用。

（3）数据处理者应按照国家有关规定识别、申报重要数据，并依法接受监管部门的监督检查。对确认为重要数据的，相关地区、部门应当及时向数据处理者告知或公开发布。数据处理者对外提供重要数据时，应按照相关法律法规、行业主管部门要求，采取必要的安全保护措施，切实维护国家安全、经济运行、社会稳定、公共健康和安全。

（4）鼓励开展数据脱敏等研究，对于经脱敏等技术处理后，依据所属行业领域的分类分级标准规范重新识别为一般数据的，可按照一般数据自行采取必要安全措施开展流通交易。

（5）不涉及风险问题的一般数据，鼓励自行采取必要安全措施进行流通利用。对于重要数据，在保护国家安全、个人隐私和确保公共安全的前提下，鼓励通过"原始数据不出域、数据可用不可见、数据可控可计量"等方式，依法依规实现数据价值开发。

（二）公共数据流通安全管理

（1）政务数据共享过程中，数据提供方按照"谁主管、谁提供、谁负责"的原则，明确政务数据共享范围、用途、条件，承担数据提供前的安全管理责任，探索建立数据接收方数据安全管理风险评估制度，确保数据在安全前提下有序共享。

（2）数据接收方按照"谁经手、谁使用、谁管理、谁负责"的原则，承担数据接收后的安全管理责任。

（3）有关地方和部门开展公共数据授权运营的，应依据有关要求明确公共数据授权运营机构的安全管理责任，建立健全数据安全管理制度，采取必要安全措施，加强关联风险识别和管控，保护公共数据安全。①

第三十七条 【个人信息保护】

自然人、法人和其他组织开展涉及个人信息的数据活动，应当依法妥善处理个人隐私保护与数据应用的关系，不得泄露或者篡改涉及个人信息的数据，不得过度处理；未经被收集者同意，不得向他人非法提供涉及个人信息的数据，但是经过处理无法识别特定自然人且不能复原的除外。

|条|文|要|旨|

本条是关于对个人信息处理者合法合规处理个人信息的要求。

平衡数据开发利用与个人信息保护的紧张关系是现今数字经济发展的重点难点课题。一方面，自然人的隐私和个人信息受法律保护，另一方面，随着计算机、互联网、人工智能等新技术的快速发展以及不断地与人类生产生活的交汇，个人信息数据的应用场景逐步扩展至商事领域。严格执行个人信息处理的法律法规十分必要，因为相关法律法规既为自然人隐私权、个人信息保护提供保障，又为数据开发利用安全提供保障。同时，个人信息匿名化处理等技术为化解个人隐私

---

① 《国家发展改革委等部门印发〈关于完善数据流通安全治理 更好促进数据要素市场化价值化的实施方案〉的通知》（发改数据〔2025〕18号），国家数据局网站，https://www.nda.gov.cn/sjj/zwgk/zcfb/0115/20250115173302396617093_pc.html。

保护与数据应用的冲突提供了可能。

|理|解|与|适|用|

一、个人信息的含义

《民法典》第一千零三十四条规定，个人信息是以电子或者其他方式记录的能够单独或者与其他信息结合识别特定自然人的各种信息，包括自然人的姓名、出生日期、身份证件号码、生物识别信息、住址、电话号码、电子邮箱、健康信息、行踪信息等。个人信息中的私密信息，适用有关隐私权的规定；没有规定的，适用有关个人信息保护的规定。[①]

《个人信息保护法》第四条将个人信息定义为"以电子或者其他方式记录的与已识别或者可识别的自然人有关的各种信息，不包括匿名化处理后的信息"[②]。

二、《民法典》有关个人信息保护的原则规定

（一）自然人隐私权受法律保护

隐私是自然人的私人生活安宁和不愿为他人知晓的私密空间、私密活动、私密信息。自然人享有隐私权。任何组织或者个人不得以刺探、侵扰、泄露、公开等方式侵害他人的隐私权。[③]除法律另有规定或者权利人明确同意外，任何组织或者个人不得处理他人的私密信息。[④]

[①]《中华人民共和国民法典》（2020年5月28日第十三届全国人民代表大会第三次会议通过）。

[②]《中华人民共和国个人信息保护法》（2021年8月20日第十三届全国人大常委会第三十次会议通过）。

[③]《民法典》第一千零三十二条。

[④]《民法典》第一千零三十三条。

（二）自然人个人信息受法律保护

任何组织或者个人需要获取他人个人信息的，应当依法取得并确保信息安全，不得非法收集、使用、加工、传输他人个人信息，不得非法买卖、提供或者公开他人个人信息。[①]

三、个人信息处理应遵守的主要法律规则

（一）《民法典》

（1）不得过度处理。"处理个人信息应当遵循合法、正当、必要原则，不得过度处理，并符合下列条件：（一）征得该自然人或者其监护人同意，但是法律、行政法规另有规定的除外；（二）公开处理信息的规则；（三）明示处理信息的目的、方式和范围；（四）不违反法律、行政法规的规定和双方的约定。"[②]

（2）不得泄露篡改。信息处理者不得泄露或者篡改其收集、存储的个人信息；未经自然人同意，不得向他人非法提供其个人信息，但是经过加工无法识别特定个人且不能复原的除外。[③]

（3）确保个人信息安全。信息处理者应当采取技术措施和其他必要措施，确保其收集、存储的个人信息安全，防止信息泄露、篡改、丢失；发生或者可能发生个人信息泄露、篡改、丢失的，应当及时采取补救措施，按照规定告知自然人并向有关主管部门报告。[④]

（二）《个人信息保护法》

《个人信息保护法》第五章专章规定了个人信息处理者的义务。其中涉及数据安全的主要有：

---

① 《民法典》第一百一十一条。
② 《民法典》第一千零三十五条。
③ 《民法典》第一千零三十八条。
④ 同上。

（1）个人信息处理者应当建立内部管理制度和操作规程保护个人信息安全，防止未经授权的访问以及个人信息泄露、篡改、丢失。[①]

（2）处理个人信息达到国家网信部门规定数量的个人信息处理者应当指定个人信息保护负责人，负责对个人信息处理活动以及采取的保护措施等进行监督。[②]

（3）定期对个人信息处理活动进行合规审计。[③]

（4）对于高风险的处理活动进行个人信息保护影响评估。[④]

（5）发生个人信息泄露或数据安全事件的补救措施。[⑤]

（三）《网络数据安全管理条例》[⑥]

《网络数据安全管理条例》除了细化《个人信息保护法》对自然人人格权保护的规定，还提高了对大规模处理个人信息的网络数据处理者安全监管要求。

《网络数据安全管理条例》第二十八条规定，网络数据处理者处理 1000 万人以上个人信息的，应当遵守对重要数据处理者的数据安全要求。

（1）明确网络数据安全负责人和网络数据安全管理机构。

（2）制定实施网络数据安全管理制度、操作规程和网络数据安全事件应急预案。

（3）定期组织开展网络数据安全风险监测、风险评估、应急演练、宣传教育培训，及时处置网络数据安全风险和事件。

[①]《个人信息保护法》第五十一条。
[②]《个人信息保护法》第五十二条。
[③]《个人信息保护法》第五十四条。
[④]《个人信息保护法》第五十五条。
[⑤]《个人信息保护法》第五十七条。
[⑥]《网络数据安全管理条例》（2024 年 8 月 30 日国务院第 40 次常务会议通过），中国政府网，https://www.gov.cn/zhengce/content/202409/content_6977766.htm。

（4）因合并、分立、解散、破产等可能影响数据安全的，向省级以上有关主管部门报告数据处置方案、接收方的名称或者姓名和联系方式等。

（四）《关于完善数据流通安全治理 更好促进数据要素市场化价值化的实施方案 》

该实施方案进一步完善了个人数据权益保障机制，对于个人数据流通，应当依法依规取得个人同意或经过匿名化处理，不得通过强迫、欺诈、误导等方式取得个人同意；制定个人信息匿名化相关标准规范，明确匿名化操作规范、技术指标和流通环境要求；鼓励采用国家网络身份认证公共服务等多种方式，强化个人信息保护；健全个人信息保护投诉、举报、受理、处置渠道。[①]

四、个人信息的匿名化处理及其意义

个人信息匿名化，是指个人信息经过处理无法识别特定自然人且不能复原的过程。[②]

通过对个人信息进行脱敏处理、匿名化处理、聚合处理等技术手段，使得数据无法被用于识别、联系、辨认或推断出特定自然人的身份和信息，且无法被恢复到原始状态。

通过匿名化，个人身份信息被隐藏，降低了隐私泄露的风险。匿名化后的数据无法识别特定自然人且不能复原，减少了被滥用的可能性。个人信息匿名化处理广泛应用于数据统计、分析、研究等各类数据处理活动，在隐私保护、数据安全、合规性及公众信任等方面具有

[①]《国家发展改革委等部门印发〈关于完善数据流通安全治理 更好促进数据要素市场化价值化的实施方案〉的通知》（发改数据〔2025〕18号），国家数据局网站，https://www.nda.gov.cn/sjj/zwgk/zcfb/0115/20250115173302396617093_pc.html。

[②]《个人信息保护法》第七十三条。

重要意义，是实现数据利用与隐私保护平衡的关键手段。个人信息的匿名化处理技术为妥善处理个人隐私保护与数据应用的紧张关系提供了可能。

第三十八条 【数据安全应急预案】

数据收集、持有、管理、使用等数据安全责任单位应当制定本单位、本领域数据安全应急预案，定期开展数据安全风险评估和应急演练；发生数据安全事件，应当依法启动应急预案，采取相应的应急处置措施，并按照规定向有关主管部门报告。

|条|文|要|旨|

本条是关于数据安全责任单位建立健全数据安全事件紧急预案、风险评估制度，应急处置数据安全事件的规定。

数据是当今数字经济发展的重要生产要素，数据安全则是数据发展应用的前提，全方位设置数据安全保障体系，应急预案是其中重要一环。

|理|解|与|适|用|

一、数据安全责任单位制定数据安全事件应急预案的意义

应急预案的制定是风险防范的前提。数据安全事件应急预案的有效性取决于数据安全风险隐患辨识的准确性。应急预案编制是对突发

风险的应急管理工作进行统筹和规划，对管理机构的组成人员、职责、应急装备和物资、应急处置、救援行动、技术支持、指挥与协调等具体工作内容预先做出具体明确的实施方案。建立健全数据安全应急预案，有利于消除数据安全隐患，在数据安全事件发生时有序应对，减少损失。

二、《网络数据安全管理条例》的相关规定[①]

（一）网络数据处理者对处置网络数据安全事件承担主体责任

《网络数据安全管理条例》第九条规定，网络数据处理者应当依照法律、行政法规的规定和国家标准的强制性要求，在网络安全等级保护的基础上，加强网络数据安全防护，建立健全网络数据安全管理制度，采取加密、备份、访问控制、安全认证等技术措施和其他必要措施，保护网络数据免遭篡改、破坏、泄露或者非法获取、非法利用，处置网络数据安全事件，防范针对和利用网络数据实施的违法犯罪活动，并对所处理网络数据的安全承担主体责任。

（二）网络数据安全事件应急预案的制定与实施

《网络数据安全管理条例》第十一条规定，网络数据处理者应当建立健全网络数据安全事件应急预案，发生网络数据安全事件时，应当立即启动预案，采取措施防止危害扩大，消除安全隐患，并按照规定向有关主管部门报告。网络数据安全事件对个人、组织合法权益造成危害的，网络数据处理者应当及时将安全事件和风险情况、危害后果、已经采取的补救措施等，以电话、短信、即时通信工具、电子邮件或者公告等方式通知利害关系人；法律、行政法规规定可以不通知的，从其规定。网络数据处理者在处置网络数据安全事件过程中发

---

① 《网络数据安全管理条例》（2024 年 8 月 30 日国务院第 40 次常务会议通过），中国政府网，https://www.gov.cn/zhengce/content/202409/content_6977766.htm。

现涉嫌违法犯罪线索的，应当按照规定向公安机关、国家安全机关报案，并配合开展侦查、调查和处置工作。

（三）重要数据处理者数据安全事件应急预案的制定与实施

《网络数据安全管理条例》第三十条规定，重要数据的处理者应当明确网络数据安全负责人和网络数据安全管理机构。网络数据安全管理机构应当履行下列网络数据安全保护责任：第一，制定实施网络数据安全管理制度、操作规程和网络数据安全事件应急预案；第二，定期组织开展网络数据安全风险监测、风险评估、应急演练、宣传教育培训等活动，及时处置网络数据安全风险和事件。

第三十九条 【公共数据灾备体系】

省人民政府大数据工作主管部门统筹建设全省公共数据灾备体系；设区的市人民政府应当按照统一部署，对公共数据进行安全备份。

|条|文|要|旨|

本条是关于省人民政府大数据工作主管部门组织建设全省公共数据容灾备份体系的规定。

|理|解|与|适|用|

一、数据灾备的含义

数据灾备又称数据容灾备份，是指为了防止在系统故障、自然灾害、网络攻击等意外情况数据丢失及保持业务连续性，采取一系列措施将重要数据备份到其他载体设备，以便在原始数据不可用时，通过备份数据恢复到原本状态。

数据备份是指为防止数据丢失，存储在其他非易失性存储介质上某一时间点的数据集合或数据副本。数据恢复是指利用备份数据将需要恢复的数据还原为某一备份时间点的内容或状态的过程。[①]

数据本身是无形的，有赖于载体存在。为了防范数据丢失、损坏等，有必要建设数据灾备体系，对数据进行安全备份。

二、数据灾备的相关政策法律依据

1.《网络安全法》[②]

《网络安全法》第三十四条规定关键信息基础设施的运营者应当履行对重要系统和数据库进行容灾备份的义务。

2.《国务院关于加快推进全国一体化在线政务服务平台建设的指导意见》[③]

落实《中华人民共和国网络安全法》和信息安全等级保护制度等

---

① 《信息安全技术 数据备份与恢复产品技术要求与测试评价方法》（GB/T 29765—2021），全国标准信息公共服务平台，https://std.samr.gov.cn/gb/search/gbDetailed?id=CE1E6A1DD5CF58F6E05397BE0A0A68DF。

② 《中华人民共和国网络安全法》（2016 年 11 月 7 日第十二届全国人民代表大会常务委员会第二十四次会议通过）。

③ 《国务院关于加快推进全国一体化在线政务服务平台建设的指导意见》（国发〔2018〕27 号），中国政府网，https://www.gov.cn/zhengce/content/2018-07-31/content_5310797.htm。

信息网络安全相关法律法规和政策性文件，加强国家关键基础设施安全防护，明确各级政务服务平台网络安全管理机构，落实安全管理主体责任，建立健全安全管理和保密审查制度，加强安全规划、安全建设、安全测评、容灾备份等保障。

3.《山东省人民政府关于促进大数据发展的意见》①

实施重要信息资源备份制度。针对重点行业和重点企事业单位，在建设数据中心的同时，配套建设数据灾备中心。采用同步与异步相结合的容灾方式，实现数据跨区域、实时、多份、异地安全存储。

三、建设公共数据灾备体系的工作要求

第一，建立省级公共数据备份中心，负责收集、存储、备份和恢复全省各级政府和关键领域的重要数据，确保数据的可靠性和安全性。

第二，采用先进的数据备份和恢复技术，包括云备份、异地备份、磁带备份等多种技术手段，确保数据备份的全面性、快速性和准确性

第三，制定科学合理的数据备份和恢复策略，包括备份频率、备份数据量、备份目标、备份时间等，确保数据备份的全面性和可靠性。

第四，建立全省公共数据灾备应急预案和演练机制，确保在数据安全事件发生时，能够及时启动应急预案，采取相应的应急措施，最大限度地减少数据损失和影响。

第五，建立全省公共数据备份和恢复的统一管理和监控平台，实现数据备份和恢复的实时监控和管理，确保数据的安全性和可靠性。

---

① 《山东省人民政府关于促进大数据发展的意见》（鲁政发〔2016〕25号），山东政务服务网，https://zwfw.sd.gov.cn/art/2016/10/28/art_1684_652.html。

第四十条 【数据出境安全评估与国家安全审查】

数据收集、持有、管理、使用等数据安全责任单位向境外提供国家规定的重要数据，应当按照国家有关规定实行数据出境安全评估和国家安全审查。

|条|文|要|旨|

本条是关于数据出境安全评估与国家安全审查的规定。

|理|解|与|适|用|

一、数据出境安全评估及其意义

数据出境安全评估是指数据处理者向境外提供在中华人民共和国境内运营中收集和产生的重要数据和个人信息时，进行的安全风险评估。其主要目的是评估跨境流动数据可能产生的安全风险，从而采取相应的措施加以防范和应对，确保数据出境的安全和合法性。

数据具有重要的经济、社会、政治价值。数据跨境流动在数字经济时代是一种常态，但由于跨境流动的数据在规模、范围、种类等方面给国家安全、公共利益和个人权益带来的风险，各国纷纷加强对数据跨境流动的监管，并将其监管上升到数据主权的高度。

数据出境安全评估和国家安全审查是我国在保护个人信息和国家安全方面的重要措施，旨在防止数据出境对个人信息保护、网络安全、数据安全、国家安全等方面造成不良影响。

二、我国数据出境安全评估的主要法律规定

（一）《数据出境安全评估办法》

2022 年 7 月 7 日，国家互联网信息办公室公布《数据出境安全评估办法》①，明确了数据出境安全评估的目的、原则、范围、程序和监督机制等具体规定，对保护我国国家安全、公共利益、个人合法利益和促进数字经济发展具有重要的里程碑意义。

根据《数据出境安全评估办法》第四条规定，数据处理者向境外提供数据，有下列情形之一的，应当通过所在地省级网信部门向国家网信部门申报数据出境安全评估：一是数据处理者向境外提供重要数据；二是关键信息基础设施运营者和处理 100 万人以上个人信息的数据处理者向境外提供个人信息；三是自上年 1 月 1 日起累计向境外提供 10 万人个人信息或者 1 万人敏感个人信息的数据处理者向境外提供个人信息；四是国家网信部门规定的其他需要申报数据出境安全评估的情形。

（二）《促进和规范数据跨境流动规定》②

2024 年 3 月 22 日，国家互联网信息办公室公布《促进和规范数据跨境流动规定》，对现有数据出境安全评估、个人信息出境标准合同、个人信息保护认证等数据出境制度的实施和衔接作出进一步明确。该规定在保障国家数据安全的前提下，适度收窄了数据出境安全评估范围。降低企业合规成本，有利于实现发展与安全的平衡，促进对外开放，为数字经济高质量发展提供法律保障。

应当申报数据出境安全评估的两类情形：一是关键信息基础设施

---

① 《数据出境安全评估办法》（国家互联网信息办公室令第 11 号），中国政府网，https://www.gov.cn/zhengce/zhengceku/2022-07/08/content_5699851.htm。

② 《促进和规范数据跨境流动规定》（国家互联网信息办公室令第 16 号），中国政府网，https://www.gov.cn/gongbao/2024/issue_11366/202405/content_6954192.html。

运营者向境外提供个人信息或者重要数据。二是关键信息基础设施运营者以外的数据处理者向境外提供重要数据，或者自当年 1 月 1 日起累计向境外提供 100 万人以上个人信息（不含敏感个人信息）或者 1 万人以上敏感个人信息。

豁免申报数据出境安全评估的三类情形：一是国际贸易、跨境运输、学术合作、跨国生产制造和市场营销等活动中收集和产生的数据不包含个人信息或者重要数据的，向境外提供免于申报。二是部分个人信息出境免于申报。主要包括为订立或者履行个人作为一方当事人的合同或者实施跨境人力资源管理确需向境外提供个人信息；紧急情况下为保护自然人的生命健康和财产安全确需向境外提供个人信息；关键信息基础设施运营者以外的数据处理者自当年 1 月 1 日起累计向境外提供不满 10 万人非敏感个人信息，只要不包含重要数据，免于申报。三是自贸区内数据处理者向境外提供负面清单之外的数据免于申报。

三、数据出境安全评估申报事项指南

2024 年 3 月 22 日，国家互联网信息办公室发布了《数据出境安全评估申报指南（第二版）》《个人信息出境标准合同备案指南（第二版）》，对申报数据出境安全评估、备案个人信息出境标准合同的方式、流程和材料等具体要求作出了说明。①

2024 年 5 月 13 日，山东省互联网信息办公室结合国家互联网信息办公室修订完成的《山东省数据出境安全评估申报工作指引（第二版）》对申报数据出境安全评估的方式、流程和材料等具体要求作

---

① 《国家互联网信息办公室发布〈数据出境安全评估申报指南（第二版）〉和〈个人信息出境标准合同备案指南（第二版）〉》，国家互联网信息办公室网站，https://www.cac.gov.cn/2024-03/22/c_1712783131692707.htm。

出了说明，对数据处理者需要提交的相关材料进行了优化简化，旨在指导和帮助数据处理者规范、有序申报数据出境安全评估，保障数据安全、合规、有序跨境流通。①

---

① 《山东省互联网信息办公室发布〈山东省数据出境安全评估申报工作指引（第二版）〉》，澎湃新闻网，https://www.thepaper.cn/newsDetail_forward_27362092。

第六章　促进措施

第六章是关于大数据发展应用促进措施的规定。

本章共八条。第四十一条是关于政府有关部门编制大数据发展规划、大数据发展专项规划职责职权的规定。第四十二条是关于省级人民政府有关部门促进大数据标准体系建设措施的规定。第四十三条是关于县级以上人民政府及其有关部门通过资金支持、政策引导等方式促进大数据领域技术创新和产业研发活动的规定。第四十四条是关于县级以上人民政府引育大数据发展应用人才、采取激励措施的规定。第四十五条是关于县级以上人民政府依法推进数据资源市场化交易、加强监管的规定，以及数据交易平台运营者应承担的义务与责任的规定。第四十六条是关于县级以上人民政府通过安排财政资金和鼓励社会资本投资等多种途径促进重点领域的大数据发展应用的规定。第四十七条是关于省人民政府为大数据重点项目提供用地保障、电价优惠的规定。第四十八条是关于县级以上人民政府通过加强宣传教育，提高全社会数字素养的规定。

第四十一条 【编制大数据发展规划】

省人民政府大数据工作主管部门应当会同有关部门编制本省大数据发展规划，报省人民政府批准后发布实施。

设区的市人民政府、省人民政府有关部门应当根据本省大数据发展规划编制本区域、本部门、本行业大数据发展专项规划，报省人民政府大数据工作主管部门备案。

|条|文|要|旨|

本条是关于政府有关部门编制大数据发展规划、大数据发展专项规划职责职权的规定。

大数据发展应用作为当前数字经济发展和转型的重要一环，应当规划先行。政府有关部门有必要对本行政区域内大数据发展工作制定规划并稳步推进，保障大数据发展应用的顺利和有序。

山东省级大数据发展规划由省人民政府大数据工作主管部门会同有关部门编制，报省人民政府批准后发布实施。设区的市人民政府、省人民政府有关部门有权编制本区域、本部门、本行业大数据发展专项规划，报省人民政府大数据工作主管部门备案。省级及以下大数据发展规划应当以国家级规划为战略导向，注重与国家级规划的衔接协调，并对国家规划所规定的发展战略、主要目标、重点任务、重大工程项目进行贯彻落实。充分利用规划备案管理机制有效审查、及时调整。

|理|解|与|适|用|

一、大数据发展规划的分类

（一）按规划层级分为国家规划和地方规划

从规划编制和公布主体看，主要包括国务院、中共中央办公厅、国务院办公厅、工业和信息化部、省委省政府、工业和信息化厅等。据此，可以将相应规划划分为国家规划和地方规划。

《促进大数据发展行动纲要（2015）》《大数据产业发展规划（2016—2020 年）》等国家级大数据发展规划立足于建设数据强国、网络强国的目标，致力于在全国范围内实施国家大数据战略，是规范和指导全国大数据工作的长期纲领性文件，其作用在于为地方明确发展战略、主要目标、重点任务、重大工程项目。

地方规划是在国家规划的统领下，依据前者所设计的战略重点、主要任务、时间表及路线图等对本级行政区内的大数据发展工作进行细化布局。就省级以下规划编制工作而言，尤其需要注重与上层规划的衔接统一，扎实推进审批和备案制度。

（二）按规划内容分为综合规划和专项规划

从规划内容所涵盖的范围看，大数据发展规划还可划分为综合规划和专项规划两类。

在部级规划层面，工业和信息化部出台的《大数据产业发展规划（2016—2020 年）》作为对大数据产业的整体性部署文件，在对我国发展大数据产业的基础、国家整体形势、指导思想和发展目标展开分析后，对重点任务和重大工程进行了全面布局，规定了"强化大数据技术产品研发""深化工业大数据创新应用""促进行业大数据应用发展""加快大数据产业主体培育""推进大数据标准体系建设""完善大数据产业支撑体系""提升大数据安全保障能力"七个方面的工作内容，属于综合规划。《工业和信息化部关于工业大数据发展的指导意见》中的规划聚焦于工业大数据相关的问题，并经历了相对更为细化的调研、论证和施策的过程，属于专项规划。

在地方规划层面，不同省市均制订有与大数据发展相关的综合规划和专门针对政务信息、智慧农业、健康医疗等领域的专项规划。

二、省级规划编制的总体要求

省人民政府大数据工作主管部门及有关部门在编制本身大数据发展规划的过程中，应当以国家层面相关发展规划为指引，以空间维度为进行规划的基础，制订符合省情需要的综合规划和专项规划，从而形成"国家—省—市县"的规划体系。建设完备有效的国家规范体系，要求各级规划具备定位准确、功能互补、边界清晰、统一衔接的特征，应当从国家规划统领作用、各级规划衔接协调、规划法规健全完善三方面入手。

（一）强化国家规划的统领作用

省人民政府大数据工作主管部门及有关部门在编制本省大数据发展规划的过程中，应当以国家级规划为战略导向，并对国家规划所规定的发展战略、主要目标、重点任务、重大工程项目进行贯彻落实。国家级发展规划基于国土空间开发保护的框架制订国家级空间规划，确定国家战略重点和主要任务，在数据科技创新等领域制订实施一批国家级重点专项规划，明确细化落实发展任务的时间表和路线图，并根据区域发展战略任务制订实施相应的国家级区域规划实施方案。对此，省级规划编制部门应当着眼于本行政区域内的战略任务落地工作，在进行本区域规划编制的过程中突出任务重点。

（二）加强各级规划的衔接协调

为保障各级规划的协调统一，在"十四五"期间国家层面将建立健全编制备案等规划管理制度，并依托国家规划综合管理信息平台完善备案机制。在国家级平台的基础上，省级及以下规划编制部门在制订本省规划或专项规划时应当注重与国家级规划的衔接协调，确保上、下级规划在主要目标、总体布局、发展方向、重大政策、重大工程等方面保持一致。对于省级以下大数据专项发展规划，相应省级人民政府大数据工作主管部门应当充分利用好备案管理机制有效审查、及时调整，保障规划体系的协调性和有效性。

第四十二条 【 完善大数据标准体系 】

省人民政府标准化行政主管部门应当会同大数据工作主管部门组织制定大数据领域相关标准，完善大数据地方标准体系，支持、引导地方标准上升为国家标准。

鼓励企业、社会团体制定大数据领域企业标准、团体标准，鼓励高等学校、科研机构、企业、社会团体等参与制定大数据领域国际标准、国家标准、行业标准和地方标准。

|条|文|要|旨|

本条是关于省级人民政府有关部门采取措施促进大数据标准体系建设的规定。省人民政府标准化行政主管部门会同大数据工作主管部门应当积极组织制定大数据地方标准。并鼓励社会力量制定团体标准、企业标准，积极参与大数据领域标准体系建设。

根据《国家标准化发展纲要》，标准是经济活动和社会发展的技术支撑，是国家基础性制度的重要方面。标准化在推进国家治理体系和治理能力现代化中发挥着基础性、引领性作用。推动高质量发展、全面建设社会主义现代化国家，迫切需要进一步加强标准化工作。[①]促进大数据的发展需要相关大数据标准的引导，而目前大数据领域相关标准较为缺乏，亟待建立健全大数据领域相关标准体系，为大数据发展应用提供遵循。

|理|解|与|适|用|

一、标准化工作的相关定义

标准化工作的内容是制定标准、组织实施标准，以及对标准的制定、实施进行监督。根据《中华人民共和国标准化法》，标准（含标准样品）是指农业、工业、服务业以及社会事业等领域需要统一的技术要求。标准包括国家标准、行业标准、地方标准、团体标准和企业标准。其中，国家标准分为强制性标准和推荐性标准；行业标准、地方标准均为推荐性标准。根据规定，强制性标准必须执行，而国家鼓励积极采用推荐性标准。[②]

国家标准是由国家标准化管理机构制定并发布，在全国范围内统一实施的标准。

行业标准是指在特定行业内，由相关组织或机构制定并广泛认可的技术规范、操作流程或质量标准。旨在确保产品、服务或流程的一致性、安全性和互操作性。

地方标准是由地方标准化管理机构制定并发布，仅适用于本行政

---

① 《国家标准化发展纲要》，中国政府网站，https://www.gov.cn/zhengce/2021-10/10/content_5641727.htm。
② 《中华人民共和国标准化法》（2017 年 11 月 4 日第十二届全国人民代表大会常务委员会第三十次会议修订）。

区域的标准。地方标准为满足地方特殊性需求而制定，在本行政区域内优先适用，但不得与国家标准相冲突。地方标准由省、自治区、直辖市人民政府标准化行政主管部门制定；设区的市级人民政府标准化行政主管部门根据本行政区域的特殊需要，经所在地省、自治区、直辖市人民政府标准化行政主管部门批准，可以制定本行政区域的地方标准。地方标准由省、自治区、直辖市人民政府标准化行政主管部门报国务院标准化行政主管部门备案。

团体标准是依法成立的社会团体为满足市场和创新需要，协调相关市场主体共同制定的标准。[1]国家鼓励学会、协会、商会、联合会、产业技术联盟等社会团体协调相关市场主体共同制定团体标准，由本团体成员约定采用或者按照本团体的规定供社会自愿采用。

企业标准是企业对企业范围内需要协调、统一的技术要求，管理要求和工作要求所制定的标准。企业应当依据标准生产产品和提供服务。企业生产产品和提供服务没有相关标准的，应当制定企业标准。[2]

国家鼓励社会力量参与大数据标准化体系建设。

二、大数据领域标准化建设的相关政策及法律依据

（一）《促进大数据发展行动纲要》[3]

建立标准规范体系。推进大数据产业标准体系建设，加快建立政府部门、事业单位等公共机构的数据标准和统计标准体系，推进数据

---

[1]《团体标准管理规定》，国家市场监管总局网站，https://www.samr.gov.cn/bzcxs/zcwj/art/2021/art_227e54e8ee5d40338937dd7ddf39f865.html。

[2]《企业标准化促进办法》（2023年8月31日国家市场监督管理总局令第83号），国家市场监管总局网站，https://www.samr.gov.cn/zw/zfxxgk/fdzdgknr/fgs/art/2023/art_cd0ac0e159904c65b60c67edf9719c10.html。

[3]《国务院关于印发促进大数据发展行动纲要的通知》（国发〔2015〕50号），中国政府网，http://www.gov.cn/zhengce/content/2015-09/05/content_10137.htm。

采集、政府数据开放、指标口径、分类目录、交换接口、访问接口、数据质量、数据交易、技术产品、安全保密等关键共性标准的制定和实施。加快建立大数据市场交易标准体系。开展标准验证和应用试点示范，建立标准符合性评估体系，充分发挥标准在培育服务市场、提升服务能力、支撑行业管理等方面的作用。积极参与相关国际标准制定的工作。

（二）《国务院办公厅关于运用大数据加强对市场主体服务和监管的若干意见》[①]

完善标准规范。建立大数据标准体系，研究制定有关大数据的基础标准、技术标准、应用标准和管理标准等。加快建立政府信息采集、存储、公开、共享、使用、质量保障和安全管理的技术标准。引导建立企业间信息共享交换的标准规范，促进信息资源开发利用。

（三）《国家数据标准体系建设指南》[②]

数据标准体系框架包含七个组成部分：一是基础通用标准。主要包括术语、参考架构、管理、服务、产业标准等。二是数据基础设施标准。主要包括存算设施、网络设施、流通利用设施标准等。三是数据资源标准。主要包括基础资源、开发利用、数据主体、数据治理、训练数据集标准等。四是数据技术标准。主要包括数据汇聚技术、数据处理技术、数据流通技术、数据应用技术、数据运营技术、数据销毁技术标准等。五是数据流通标准。主要包括数据产品、数据确权、数据资源定价、数据流通交易标准等。六是融合应用标准。数据标准

---

①《国务院办公厅关于运用大数据加强对市场主体服务和监管的若干意见》（国办发〔2015〕51号），中国政府网，https://www.gov.cn/zhengce/content/2015-07/01/content_9994.htm。
②《国家发展改革委等部门关于印发〈国家数据标准体系建设指南〉的通知》（发改数据〔2024〕1426号），国家数据局网站，https://www.nda.gov.cn/sjj/zwgk/zcfb/1009/20241009101438632290639_pc.html。

化重点行业融合应用包括但不限于工业制造、农业农村、商贸流通、交通运输、金融服务、科技创新、文化旅游（文物）、卫生健康、应急管理、气象服务、城市治理、绿色低碳等。七是安全保障标准。主要包括数据基础设施安全、数据要素市场安全、数据流通安全标准等。

（四）《山东省数字政府建设实施方案》[①]

《山东省数字政府建设实施方案》要求健全、完善数字政府领域标准体系，不断推进数据开发利用、政务信息系统建设管理、共性办公应用、关键政务应用等标准的制定，鼓励、支持省内相关单位积极参与国际、国家和行业标准的制定，构建完备的山东数字政府标准体系。开展标准宣贯及评估评价工作，加大既有标准推广执行力度，建立标准跟踪评价机制，提升标准应用水平。加强数字政府领域标准管理，统筹推进数字政府标准化相关工作。

三、推进大数据领域标准体系建设的具体措施

大数据领域标准体系涉及国家标准、行业标准、地方标准、团体标准和企业标准的各个层级，因此需要对标准化工作进行总体性布局。对此，可以将《全国一体化政务大数据体系建设指南》作为贯彻标准体系建设工作要求的案例，通过政务大数据标准建设工作反映大数据标准化工作的普适性开展思路。

（一）加快编制国家标准

根据《国家数据标准体系建设指南》，到 2026 年底，我国将基本建成国家数据标准体系，围绕数据流通利用基础设施、数据管理、数据服务、训练数据集、公共数据授权运营、数据确权、数据资源定

[①]《关于印发山东省数字政府建设实施方案的通知》（鲁政字〔2023〕15 号），山东省人民政府网站，http://www.shandong.gov.cn/art/2023/2/3/art_107851_123659.html。

价、企业数据范式交易等方面，制修订 30 项以上数据领域基础通用国家标准，形成一批标准应用示范案例，建成标准验证和应用服务平台，培育一批具备数据管理能力评估、数据评价、数据服务能力评估、公共数据授权运营绩效评估等能力的第三方标准化服务机构。[1]

（二）加快行业标准、地方标准制定

各地区各部门协同开展标准体系建设。在政务大数据方面，根据国家政务大数据标准体系框架和国家标准要求，各地区各部门、行业主管机构结合自身业务特点和行业特色，积极开展政务数据相关行业标准、地方标准编制工作，以国家标准为核心基础、以地方标准和行业标准为有效补充。在大数据标准化工作中，省级政府标准化行政主管部门可以会同大数据工作主管部门，组织制定该省大数据领域相关的地方标准，如数据格式、数据分类等方面的标准。这些地方标准可以针对当地的数据产业特点和需求进行定制，有利于推动本地区大数据产业的发展。[2]

（三）鼓励行业标准、企业标准制定

国家支持在重要行业、战略性新兴产业、关键共性技术等领域利用自主创新技术制定团体标准、企业标准。

大数据领域制定团体标准应当以满足市场和创新需要为目标，聚焦新技术、新产业、新业态和新模式，填补国家标准、地方标准的空白。国家鼓励社会团体制定高于推荐性标准相关技术要求的团体标准，鼓励制定具有国际领先水平的团体标准。社会团体可以通过自律

---

[1]《国家发展改革委等部门关于印发〈国家数据标准体系建设指南〉的通知》（发改数据〔2024〕1426 号），国家数据局网站，https://www.nda.gov.cn/sjj/zwgk/zcfb/1009/20241009101438632290639_pc.html。

[2]《国务院办公厅关于印发全国一体化政务大数据体系建设指南的通知》（国办函〔2022〕102 号），中国政府网，https://www.gov.cn/zhengce/content/2022-10/28/content_5722322.htm。

公约的方式推动团体标准的实施。团体标准实施效果良好，且符合国家标准、行业标准或地方标准制定要求的，团体标准发布机构可以申请转化为国家标准、行业标准或地方标准。[①]

2024 年 1 月 1 日起正式施行的《企业标准化促进办法》在激发企业标准化投入积极性方面有重要突破。第一，以企业标准自我声明公开代替以往企业标准备案管理制度，为企业节约了大量的经济成本和时间成本。企业在公共服务平台上仅需 10 分钟即可免费公开一项标准。第二，除特殊重点领域外，县级以上人民政府标准化行政主管部门、有关行政主管部门以"双随机、一公开"监管方式对企业的标准化工作进行管理监督，无事不扰。第三，对具有自主创新技术、发挥引领示范作用、产生明显经济社会效益的企业标准加大奖励力度，支持将先进企业标准纳入科学技术奖励范围。[②]

第四十三条 【支持技术创新和产业研发】

县级以上人民政府及其有关部门应当通过政策引导、资金支持等方式，支持高等学校、科研机构、企业等开展大数据领域技术创新和产业研发活动。

[①]《团体标准管理规定》，国家市场监管总局网站，https://www.samr.gov.cn/bzcxs/zcwj/art/2021/art_227e54e8ee5d40338937dd7ddf39f865.html。

[②]《企业标准化促进办法》，中国政府网，https://www.gov.cn/lianbo/bumen/202309/content_6903288.htm。

|条|文|要|旨|

本条是关于县级以上人民政府及其有关部门通过资金支持、政策引导等方式促进大数据领域技术创新和产业研发活动的规定。

|理|解|与|适|用|

一、支持大数据领域技术创新研发的相关规范指引

（一）《促进大数据发展行动纲要》①

推进基础研究和核心技术攻关。围绕数据科学理论体系、大数据计算系统与分析理论、大数据驱动的颠覆性应用模型探索等重大基础研究进行前瞻布局，开展数据科学研究，引导和鼓励在大数据理论、方法及关键应用技术等方面展开探索。采取政、产、学、研、用相结合的协同创新模式和基于开源社区的开放创新模式，加强海量数据存储、数据清洗、数据分析发掘、数据可视化、信息安全与隐私保护等关键技术攻关，构建安全可靠的大数据技术体系。同时，支持自然语言理解、机器学习、深度学习等人工智能技术创新，全面提升数据分析处理能力、知识发现能力和辅助决策能力。

（二）《国务院办公厅关于运用大数据加强对市场主体服务和监管的若干意见》②

提升产业支撑能力。进一步健全创新体系，鼓励相关企业、高校和科研机构开展产学研合作，推进大数据协同融合创新，加快突破大规模数据仓库、非关系型数据库、数据挖掘、数据智能分析、数据可

---

① 《国务院关于印发〈促进大数据发展行动纲要〉的通知》（国发〔2015〕50号），中国政府网，http://www.gov.cn/zhengce/content/2015-09/05/content_10137.htm。
② 《国务院办公厅关于运用大数据加强对市场主体服务和监管的若干意见》（国办发〔2015〕51号），中国政府网，https://www.gov.cn/zhengce/content/2015-07/01/content_9994.htm。

视化等大数据关键共性技术，支持高性能计算机、存储设备、网络设备、智能终端和大型通用数据库软件等产品创新。支持企事业单位开展大数据公共技术服务平台建设。鼓励具有自主知识产权和技术创新能力的大数据企业做强做大。推动各领域大数据创新应用，提升社会治理、公共服务和科学决策水平，培育新的增长点。落实和完善支持大数据产业发展的财税、金融、产业、人才等政策，推动大数据产业加快发展。

（三）《大数据产业发展规划（2016—2020 年）》[①]

构建企业协同发展格局。支持龙头企业整合利用国内外技术、人才和专利等资源，加快大数据技术研发和产品创新，提高产品和服务的国际市场占有率和品牌影响力，形成一批具有国际竞争力的综合型和专业型龙头企业。支持中、小企业深耕细分市场，加快服务模式创新和商业模式创新，提高中、小企业的创新能力。鼓励生态链各环节企业加强合作，构建多方协作、互利共赢的产业生态，形成大、中、小企业协同发展的良好局面。

加大政策扶持力度。结合《促进大数据发展行动纲要》、中国制造 2025、"互联网＋"行动计划、培育发展战略性新兴产业的决定等战略文件，制定面向大数据产业发展的金融、政府采购等政策措施，落实相关税收政策。充分发挥国家科技计划（专项、基金等）资金扶持政策的作用，鼓励有条件的地方设立大数据发展专项基金，支持大数据基础技术、重点产品、服务和应用的发展。鼓励产业投资机构和担保机构加大对大数据企业的支持力度，引导金融机构对技术先进、带动力强、惠及面广的大数据项目优先予以信贷支持，鼓励大数据企

[①]《大数据产业发展规划（2016—2020 年）》（工信部规〔2016〕412 号），中华人民共和国国家发展和改革委员会网站，https://www.ndrc.gov.cn/fggz/fzzlgh/gjjzxgh/201706/t20170622_1196822.html。

业进入资本市场融资，为企业重组并购创造更加宽松的市场环境。支持符合条件的大数据企业享受相应优惠政策。

（四）《关于加快构建全国一体化大数据中心协同创新体系的指导意见》①

抓好任务落实。各地区、各部门要结合实际，坚持小切口大带动，在大数据机制管理、产业布局、技术创新、安全评估、标准制定、应用协同等方面积极探索，积累和推广先进经验。鼓励各地区创新相关配套政策，制定符合自身特点的一体化大数据中心建设规划和协同创新实施方案，并加快推进落实。（各地区、各部门负责）

（五）《国务院关于印发"十四五"数字经济发展规划的通知》②

创新数据要素开发利用机制。适应不同类型数据特点，以实际应用需求为导向，探索建立多样化的数据开发利用机制。鼓励市场力量挖掘商业数据价值，推动数据价值产品化、服务化，大力发展专业化、个性化数据服务，促进数据、技术、场景深度融合，满足各领域数据需求。鼓励重点行业创新数据开发利用模式，在确保数据安全、保障用户隐私的前提下，调动行业协会、科研院所、企业等多方参与数据价值开发。对具有经济和社会价值、允许加工利用的政务数据和公共数据，通过数据开放、特许开发、授权应用等方式，鼓励更多社会力量进行增值开发利用。结合新型智慧城市建设，加快城市数据融合及产业生态培育，提升城市数据运营和开发利用水平。

---

① 《关于加快构建全国一体化大数据中心协同创新体系的指导意见》（发改高技〔2020〕1922号），中国政府网，https://www.gov.cn/zhengce/zhengceku/2020-12/28/content_5574288.htm。

② 《国务院关于印发"十四五"数字经济发展规划的通知》（国发〔2021〕29号），中国政府网，https://www.gov.cn/zhengce/content/2022-01/12/content_5667817.htm。

二、山东省支持大数据领域技术创新产业研发的具体措施

（一）融资支持、税收优惠

《山东省人民政府关于促进大数据发展的意见》对研发创新融资、税收优惠做了较为详细的规定：

（1）充分发挥省级股权投资引导基金作用，吸引社会资本采取股权投资等方式参与大数据发展应用，重点支持大数据核心技术攻关、关键设备和产品制造、产业链构建、重大应用示范和公共服务平台建设等。

（2）鼓励金融机构和融资担保、小额贷款、民间融资机构等地方性金融组织创新金融产品，支持大数据发展应用。支持符合条件的企业在资本市场直接融资。

（3）鼓励金融机构加大对中、小、微企业支持力度，开发信息科技融资担保、知识产权质押融资、信用保险保单融资增信等产品和服务，推进信息资产作为生产要素投资入股、质押融资。

（4）积极开展促进科技与金融结合试点，探索投贷联动试点。支持符合条件的数字经济企业在境内外资本市场上市融资，通过多种融资方式降低融资成本。

（5）认真落实高新技术企业、软件企业、创投企业税收优惠政策及研发费用加计扣除、股权激励、科技成果转化等各项税收优惠政策。对于引进高层次人才的科技奖励资金，免征个人所得税。对于为创业者提供办公场所、创业服务、数据资源、平台和技术工具的大数据极客中心、创客中心、科技企业孵化器和众创空间，给予免除数据使用费和税收优惠。[①]

---

① 《山东省人民政府关于促进大数据发展的意见》（鲁政〔2016〕25号），山东省人民政府网站，http://www.shandong.gov.cn/art/2016/10/27/art_2267_19802.html。

（二）财政奖补、财政专项资金支持

（1）数字山东专项基金。《数字山东发展规划（2018—2022 年）》规定省财政在统筹整合信息化建设、电子政务等财政资金基础上，设立"数字山东"专项资金，集中支持电子政务、数字经济、大数据应用等领域重点项目建设。积极争取国家战略性新兴产业、科技重大专项、集成电路、信息安全等专项资金支持。落实好省级科技成果转化贷款风险补偿和省级知识产权质押融资风险补偿政策。对承担省重大科技成果转化任务、进入示范性国家技术转移机构范围的服务机构，一次性给予最高 600 万元奖励。开展信息和数字经济重点产业领域核心技术专利（群）培育工作，对认定的关键核心技术专利（群）给予 100 万元专利经费补助。加大"创新券"实施力度，将科技型中、小、微企业接受科技服务所产生的费用纳入省科技"创新券"补助范围。[①]

（2）山东省新型智慧城市建设奖补资金。山东省新型智慧城市建设奖补资金由省级财政统筹省级"数字山东"等方面资金予以安排，支持各地分级分类开展新型智慧城市和智慧社区建设。省级新型智慧城市建设的奖补对象，主要分为市、县（市、区）、社区等三类。省级新型智慧城市建设的奖补类型，主要分为试点示范创建、优秀场景打造和智慧社区建设等三种类型。[②]

（3）数据基础设施项目专项奖补资金。数据基础设施项目专项奖补是指在山东省内依法设立的事业单位、企业、高等院校、科研院所、社会组织等，建成符合国家及省数据管理部门定义的数据基础设

---

① 《数字山东发展规划（2018—2022 年）》，山东省人民政府网站，http://www.shandong. gov.cn/art/2021/12/6/art_307620_10330566.html。

② 《山东省大数据局 山东省财政厅关于印发〈山东省新型智慧城市建设奖补资金实施细则〉的通知》（鲁数发〔2022〕11 号），山东省人民政府网站，http://www.shandong. gov.cn/jpaas-jpolicy-web-server/front/info/detail?iid=f4a384f954fc4a559dfc3ed5eebe1db3。

施项目，依据其对"数字中国""数字强省"的实际支持力度，可申报的奖补资金。奖补资金由省级财政预算安排，用于发放"算力券"来支持省内各类数据基础设施项目。[①]

（三）优先纳入政府采购目录

《山东省人民政府关于促进大数据发展的意见》规定对数字经济相关创新成果优先纳入政府采购目录，推动数字经济新技术新产品应用推广。[②]

（四）建设省级大数据产业集聚区和创新平台

《关于促进山东省大数据产业加快发展的意见》规定推动大数据产业集聚发展。引导济南、青岛等市结合自身产业基础和产业优势，发展大数据相关产业，形成特色鲜明、辐射带动性强的大数据产业集聚区，促进大数据产业向规模化、创新化和高端化发展。支持有条件的集聚区争创国家级大数据集聚区。引导大数据产业集聚区企业加强技术合作与信息共享，构建多方协作、互利共赢的产业生态。[③]

《山东省支持数字经济发展的意见》规定实施省级以上创新平台"倍增计划"，围绕数字经济领域布局建设一批省级及以上创新中心、实验室和研究中心。推动建设山东省产业技术创新研究院，支持合作共建数字经济产业协同创新研究院、区块链创新研究院，鼓励成立数字经济领域协同创新联盟。[④]

《关于深化改革创新促进数字经济高质量发展的若干措施》规定

---

①《山东省省级财政支持数据基础设施建设奖补资金实施细则》（鲁数字〔2024〕52号），山东省大数据局网站，http://bdb.shandong.gov.cn/art/2024/12/31/art_333974_72196.html。

②《山东省人民政府关于促进大数据发展的意见》（鲁政〔2016〕25号），山东省人民政府网站，http://www.shandong.gov.cn/art/2016/10/27/art_2267_19802.html。

③《关于促进山东省大数据产业加快发展的意见》，山东省工业和信息化厅网站，http://gxt.shandong.gov.cn/art/2017/12/5/art_103863_7607452.html。

④《山东省支持数字经济发展的意见》（鲁政办字〔2019〕124号），山东省人民政府网站，http://www.shandong.gov.cn/art/2019/7/19/art_2259_34851.html。

省级数字经济园区年度综合绩效评价优势突出的园区给予每个最高200万元奖补，打造一批国字号产业链"数字经济总部"。开通数字技术企业电力接入绿色通道。[①]

《山东省数据开放创新应用实验室管理办法（试行）》规定省数据开放创新应用实验室以推动我省公共数据深度开放利用为目标，开展数据开放技术攻关与创新应用研究，省数据开放创新应用实验室由省大数据局统一授牌，有效期三年。实验室可通过山东公共数据开放网直接向省大数据局申请开展研究所需的各类公共数据。[②]

（五）深化"放管服"改革，优化创新发展环境

《数字山东发展规划（2018—2022年）》提出以下要求：一是调整清理不适应数字经济发展的行政许可、商事登记等事项及相关制度，营造审慎包容的制度环境。二是支持高水平举办青岛国际软博会、中国（济南）"信博会"等会议，打造引资、引技、引智平台。三是面向数字经济行业龙头、科研机构，定期组织策划数字经济专题招商推介。四是加强协调服务和要素保障，对数字经济重大项目实行"一企一策"。五是鼓励省内企业、科研院校主导或参与数字经济、新型智慧城市等领域国家、行业和地方标准制修订。六是加强知识产权保护综合行政执法。七是积极发展第三方服务机构，为企业提供大数据技术、产品、服务和应用解决方案。八是全方位开展数字山东建设的宣传，推动各级政府、各行业领域牢固树立数字化发展的理念，营造全社会参与支持数字山东建设的良好氛围。[③]

[①]《关于深化改革创新促进数字经济高质量发展的若干措施》（鲁改委发〔2022〕5号），山东省工业和信息化厅网站，http://gxt.shandong.gov.cn/art/2022/10/12/art_103863_10313968.html。

[②]《我省发布管理办法 加强全省数据开放创新应用实验室建设》，山东省人民政府网站，http://www.shandong.gov.cn/art/2023/9/14/art_97564_608851.html。

[③]《数字山东发展规划（2018—2022年）》，山东省人民政府网站，http://www.shandong.gov.cn/art/2021/12/6/art_307620_10330566.html。

第四十四条 【加强人才引育与激励】

县级以上人民政府应当制定大数据人才培养与引进计划，完善人才评价与激励机制，加强大数据专家智库建设，发展大数据普通高等教育、职业教育，为大数据发展提供智力支持。

|条|文|要|旨|

本条是关于县级以上人民政府引育大数据发展应用人才、采取激励措施的规定。

大数据发展应用需要相关人才、科研、教育等的大力支持。大数据人才可以从外部引进，也可以通过高校、科研机构等进行本土培养。政府促进大数据发展应用应当加强人才引进和智库建设，完善配套措施，建立适应大数据发展需求的人才培养和评价机制，鼓励行业组织探索建立大数据人才能力评价体系，健全以创新能力、质量、实效、贡献为导向的科技人才评价体系，促进大数据职业教育实现可持续化发展。

|理|解|与|适|用|

一、大数据人才引育的相关定义

大数据人才是指具备大数据相关专业知识，从事大数据领域研究，服务于大数据行业，能够对数据进行采集与处理、存储与管理、分析与应用的专业人才。

大数据专家智库是指由各类大数据人才齐聚、多专业学科融合、为国家大数据战略实施出谋划策，提供最佳理论、策略、方法、建议的研究单位或机构。智库是国家"软实力"和"话语权"的重要组成部分，主要包括政府智库、高校智库、企业智库、民间智库等类型。县级以上人民政府应当重视和加强大数据专家智库建设。

促进发展大数据发展应用离不开大数据人才。县级以上人民政府应当制定大数据人才培养与引进计划，完善人才评价与激励机制，激发大数据高层次人才创新创业积极性。应当结合本地实际情况，制定完善大数据人才的评选范围、评选条件、认定程序等方面的实施规则，并对评选的大数据人才在研究经费、住房、落户、医疗、配偶就业、子女教育等方面给予政策支持。

二、大数据人才引育的相关政策及法律依据

（一）《大数据产业发展规划（2016—2020 年）》[①]

建立适应大数据发展需求的人才培养和评价机制。加强大数据人才培养，整合高校、企业、社会资源，推动建立创新人才培养模式，建立健全多层次、多类型的大数据人才培养体系。鼓励高校探索建立培养大数据领域专业型人才和跨界复合型人才机制。支持高校与企业联合建立实习培训机制，加强大数据人才职业实践技能培养。鼓励企业开展在职人员大数据技能培训，积极培育大数据技术和应用创新型人才。依托社会化教育资源，开展大数据知识普及和教育培训，提高社会整体认知和应用水平。鼓励行业组织探索建立大数据人才能力评价体系。完善配套措施，培养大数据领域创新型领军人才，吸引海外大数据高层次人才来华就业、创业。

[①] 《大数据产业发展规划（2016—2020 年）》（工信部规〔2016〕412 号），中华人民共和国国家发展和改革委员会网站，https://www.ndrc.gov.cn/fggz/fzzlgh/gjjzxgh/201706/t20170622_1196822.html。

（二）《国务院关于加强数字政府建设的指导意见》[①]

着眼推动建设学习型政党、学习大国，搭建数字化终身学习教育平台，构建全民数字素养和技能培育体系。把提高领导干部数字治理能力作为各级党校（行政学院）的重要教学培训内容，持续提升干部队伍数字思维、数字技能和数字素养，创新数字政府建设人才引进培养使用机制，建设一支讲政治、懂业务、精技术的复合型干部队伍。深入研究数字政府建设中的全局性、战略性、前瞻性问题，推进实践基础上的理论创新。成立数字政府建设专家委员会，引导高校和科研机构设置数字政府相关专业，加快形成系统完备的数字政府建设理论体系。

（三）《数字经济促进共同富裕实施方案》[②]

加强数字素养与技能教育培训。持续丰富优质数字资源供给，推动各类教育、科技、文化机构积极开放教育培训资源，共享优质数字技能培训课程。不断完善数字教育体系，将数字素养培训相关内容纳入中小学、社区和老年教育教学活动，加强普通高校和职业院校数字技术相关学科专业建设。构建数字素养与技能培训体系，搭建开放化、长效化社会培训平台，加大重点群体培训力度。

三、山东省促进大数据应用人才引育的实施细则

（一）人才培养方面

1.《山东省人民政府关于促进大数据发展的意见》[③]

支持国内外高校、研究机构和大型信息化企业在山东设立大数据

---

① 《国务院关于加强数字政府建设的指导意见》（国发〔2022〕14号），中国政府网，https://www.gov.cn/zhengce/content/2022-06/23/content_5697299.htm。

② 《国家发展改革委 国家数据局关于印发〈数字经济促进共同富裕实施方案〉的通知》（发改数据〔2023〕1770号），国家数据局网站，https://www.nda.gov.cn/sjj/zwgk/zcfb/0830/20240830174919792427953_pc.html。

③ 《山东省人民政府关于促进大数据发展的意见》（鲁政〔2016〕25号），山东省人民政府网站，http://www.shandong.gov.cn/art/2016/10/27/art_2267_19802.html。

研究机构，引进集聚国内外大数据人才。

建立健全多层次、多类型的大数据人才培养体系。依托"泰山学者""泰山产业领军人才"等人才工程，加强大数据领域高层次人才的引进培养。鼓励高校设置大数据专业，联合企业、科研院所共同培养大数据专业人才。支持信息类大中专院校向职业技术学院转型，有针对性地开展大数据职业技术教育和技能培训，培育复合型技能人才。

2.《山东省支持数字经济发展的意见》[①]

对新设立博士后科研工作站的数字技术企业按规定给予招收补贴，对符合条件的入站博士（后）给予每人每年5万元生活补贴，最长补贴3年；出站留鲁企业工作并签订5年以上劳动合同的，按规定给予一次性补贴15万元。优先支持省属高校设置数字类相关专业，对新获批建设的数字类相关专业，由教育发展专项基金给予奖补。通过政府购买服务邀请国内外知名专业机构来全省开展数字经济相关培训。支持数字经济领域专业技术人员、经营管理人才申报非教育系统政府公派留学项目到国外访学研修。

3.《关于深化改革创新促进数字经济高质量发展的若干措施》[②]

大力引进培育数字经济领域创新领军人才，深入开展"万名数字专员进企业"，创新推行总数据师（CDO）制度，逐步实现大型企业全覆盖；培育数字技术工程师，将数字技能类职业（工种）纳入政府补贴性职业技能培训范围。

[①] 《山东省支持数字经济发展的意见》（鲁政办字〔2019〕124号），山东省人民政府网站，http://www.shandong.gov.cn/art/2019/7/19/art_2259_34851.html。

[②] 《关于深化改革创新促进数字经济高质量发展的若干措施》（鲁改委发〔2022〕5号），山东省工业和信息化厅网站，http://gxt.shandong.gov.cn/art/2022/10/12/art_103863_10313968.html。

4.《加强人才工作服务数字经济高质量发展的若干措施》①

加强数字领域技术技能人才培养。实施新一轮专业技术人才知识更新工程，加强具有数字技术工程师培育能力的专业技术人员继续教育基地建设，创新开展数字技术工程师培育，壮大高水平数字技术工程师队伍。支持省直有关部门（单位）、省级行业组织或者有关省属企业、中央驻鲁企业举办数字技能大赛，优先纳入省级职业技能竞赛。

加强数字人才培训培养平台建设。面向智能制造、工业互联网、大数据和区块链等重点领域，指导各地打造一批功能完善、资源共享的区域性数字技能公共实训基地。遴选一批技工教育数字化资源建设与应用优秀院校，鼓励和支持技工院校开设产教融合、校企合作的数字技能专业，适当扩大相关专业办学规模，集聚社会资源，联合开设数字技能"订单班""冠名班"等。

（二）人才引进方面

1.《山东省支持数字经济发展的意见》②

高质量引进人才。支持数字经济领域企事业单位采取挂职兼职、技术咨询、周末工程师、特岗特聘等方式引进急需紧缺高层次人才。省泰山学者、泰山产业领军人才、"外专双百计划"等省级人才工程加大对数字经济领域人才和团队引进的支持。鼓励市县通过发放生活补贴等方式吸引数字经济领域专业人才。对在推介数字经济领域高层次人才来全省创新创业中起直接、关键作用的中介机构、社会组织和个人，经遴选后给予5~20万元奖励。

———————————

①《山东省人力资源和社会保障厅 山东省工业和信息化厅 山东省大数据局关于印发〈加强人才工作服务数字经济高质量发展的若干措施〉的通知》（鲁人社字〔2022〕112号），山东省人力资源和社会保障厅网站，http://hrss.shandong.gov.cn/articles/ch00382/202210/89acd817-bc7d-4474-8c2d-105784bea06c.shtml。

②《山东省支持数字经济发展的意见》（鲁政办字〔2019〕124号），山东省人民政府网站，http://www.shandong.gov.cn/art/2019/7/19/art_2259_34851.html。

创新引智方式。优先支持数字技术企业在境外建立研发基地、开放实验室、科技孵化器、技术转移中心等离岸创新创业基地，视离岸人才引进使用数量和规模，经评审认定，分别给予500万元、400万元、300万元补贴。鼓励用人单位对作出突出贡献的离岸创新人才采取期权、股权和企业年金等方式进行激励。

2.《加强人才工作服务数字经济高质量发展的若干措施》①

建立数字人才常态化招引机制。依托网格化服务重点创新创业主体工作机制，配合地方发展数字产业化和产业数字化，定期征集数字经济龙头企业、重点单位急需紧缺人才需求，动态发布数字人才需求清单。

大力引进高端数字产业骨干、领军人才。发挥泰山人才工程示范作用，加强数字产业高端人才引进培育，助推产业突破关键技术、解决"卡脖子"问题。分领域建设数字政府、数字社会、数字产业高层次人才、专家信息库，鼓励通过顾问咨询、揭榜领题、成果转化等柔性方式吸引院士等顶尖人才为山东省数字强省建设服务。支持高校、科研院所开设"特岗特聘"引才绿色通道，引进高层次、领军型数字人才。用好省市高层次人才周转编制，支持高校、科研院所与骨干、龙头企业联合招引高层次、应用型数字人才。

精准引进优秀青年数字人才。指导用人主体用好博士后平台备案制改革红利，鼓励支持数字领域设立博士后科研工作站、创新实践基地，引进信息、数字及相关专业博士青年人才。设立"山东博士后科学基金"，扩大"省博士后创新人才支持计划"规模，对开展数字相关领域研究的博士后予以倾斜。完善省"博士后创新人才支持计

---

① 《山东省人力资源和社会保障厅 山东省工业和信息化厅 山东省大数据局关于印发〈加强人才工作服务数字经济高质量发展的若干措施〉的通知》（鲁人社字〔2022〕112号），山东省人力资源和社会保障厅网站，http://hrss.shandong.gov.cn/articles/ch00382/202210/89acd817-bc7d-4474-8c2d-105784bea06c.shtml。

划"的"先设岗、后引才"工作机制，优先在数字产业重点高校、科研机构、龙头企业设立博士后创新岗位，对入站博士后统筹给予重点支持。

（三）人才评价机制方面

1.《关于深化改革创新促进数字经济高质量发展的若干措施》[①]

健全完善大数据、网络安全等数字技术人才职称评价标准，允许业绩显著、贡献突出的相关专业人才，破格申报高级职称。

积极开发数字经济新职业、培育新岗位，推进职业资格、职业技能等级与专业技术职称有效衔接，实现职业技能等级与专业技术职称贯通评价。

2.《加强人才工作服务数字经济高质量发展的若干措施》[②]

优化数字人才评价机制。围绕数字产业衍生的新职业、新技能、新工艺，加大新职业职称专业设置力度，动态调整职称评价标准，建立职称评价代表性成果清单制度，更加突出创新价值和市场认可。推广数字经济新职业设置，加快制定数字经济新职业标准，积极开展教育培训和人才评价。支持企业结合生产经营特点和实际需要，自主确定数字技能类评价职业（工种）范围，自主设置数字技能岗位等级，自主开发制定数字技能评价标准规范，自主运用评价办法开展数字技能人才评价。加强数字技能类高技能人才与专业技术人才职业发展贯通，探索推进数字产业领域职业资格、职业技能等级与专业技术职称有效衔接。

[①]《关于深化改革创新促进数字经济高质量发展的若干措施》（鲁改委发〔2022〕5号），山东省工业和信息化厅网站，http://gxt.shandong.gov.cn/art/2022/10/12/art_103863_10313968.html。

[②]《山东省人力资源和社会保障厅 山东省工业和信息化厅 山东省大数据局关于印发〈加强人才工作服务数字经济高质量发展的若干措施〉的通知》（鲁人社字〔2022〕112号），山东省人力资源和社会保障厅网站，http://hrss.shandong.gov.cn/articles/ch00382/202210/89acd817-bc7d-4474-8c2d-105784bea06c.shtml。

（四）人才激励机制方面①

1.《山东省支持数字经济发展的意见》

强化激励措施。支持数字经济领域高层次人才申报国务院政府特殊津贴等国家和省重点人才工程，培养选树一批"数字经济领军人才"。事业单位急需紧缺的数字专业人才，可实行年薪制、协议工资制等灵活分配方式，所需经费在绩效工资总量中单列，不作为单位绩效工资调控基数。

2.《加强人才工作服务数字经济高质量发展的若干措施》②

创新完善数字人才激励机制。支持高校、科研院所科研人才联合数字经济领军企业开展基础研究和关键技术攻关。鼓励相关产业链链主企业建立总数据师制度，引导设立特级技师、首席技师岗位，提高企业高技能人才待遇水平。落实并完善高校、科研院所绩效工资动态调整机制，支持对从事数字领域基础研究的人才建立以稳定性工资为主的绩效工资内部分配办法。支持高水平大学、科研院所自主确定高层次人才薪酬激励范围时优先考虑数字人才，对高层次人才实行绩效工资倾斜、年薪制、协议工资制等激励方式。完善国有企业重大科技创新薪酬分配激励机制，薪酬分配向紧缺急需的高层次和数字经济核心关键科技人才倾斜。

（五）发展职业教育方面

1.《山东省人民政府关于促进大数据发展的意见》③

鼓励高校设置大数据专业，联合企业、科研院所共同培养大数据

①《山东省支持数字经济发展的意见》（鲁政办字〔2019〕124号），山东省人民政府网站，http://www.shandong.gov.cn/art/2019/7/19/art_2259_34851.html。
②《山东省人力资源和社会保障厅 山东省工业和信息化厅 山东省大数据局关于印发〈加强人才工作服务数字经济高质量发展的若干措施〉的通知》（鲁人社字〔2022〕112号），山东省人力资源和社会保障厅网站，http://hrss.shandong.gov.cn/articles/ch00382/202210/89acd817-bc7d-4474-8c2d-105784bea06c.shtml。
③《山东省人民政府关于促进大数据发展的意见》（鲁政〔2016〕25号），山东省人民政府网站，http://www.shandong.gov.cn/art/2016/10/27/art_2267_19802.html。

专业人才。支持信息类大中专院校向职业技术学院转型，有针对性地开展大数据职业技术教育和技能培训，培育复合型技能人才。

2.《山东省数字政府建设实施方案（2019—2022 年）》[①]

优化高校学科设置，增设一批大数据本科和研究生教育相关学科专业，争取设立 3 ~ 5 个博士后流动站。充分发挥省电子政务和大数据发展专家咨询委员会等的"智库外脑"作用。

3.《关于深化改革创新促进数字经济高质量发展的若干措施》[②]

加大高校数字经济人才培养，每年培养 5000 名以上职业技能型人才，打造数字经济领域职业教育高地。建设 3 ~ 5 个校企共建数字经济融合联盟，打造 50 个以上数字化人才培育基地，争创国家网络安全教育技术产业融合发展试验区和国家网络安全人才与创新基地。

（六）数字政府人才培养方面

根据《国务院关于加强数字政府建设的指导意见（2022）》《山东省数字政府建设实施方案（2019—2022 年）》的有关精神，应当强化数字政府工作人才保障。落实省人才新政"20 条"，完善数字政府建设人才培养、引进、使用机制。深入实施"泰山人才工程"，引进和培育数字治理研究人才团队。对于特殊岗位和急需人才，进一步畅通选任渠道、丰富选拔方式，采用公务员聘任制等方式，吸引和择优选用专业化人才。将数字政府建设列入领导干部和各级政府机关工作人员学习培训内容，开展面向各级、各部门负责人的高级管理培训和普通公务、技术人员的轮训。注重培养既精通政府业务又能够运用大

[①]《关于印发山东省数字政府建设实施方案的通知》（鲁政字〔2023〕15 号），山东省人民政府网站，http://www.shandong.gov.cn/art/2023/2/3/art_107851_123659.html。

[②]《关于深化改革创新促进数字经济高质量发展的若干措施》（鲁改委发〔2022〕5 号），山东省工业和信息化厅网站，http://gxt.shandong.gov.cn/art/2022/10/12/art_103863_10313968.html。

数据手段开展工作的复合型人才。[①]

第四十五条 【促进数据资源市场化交易】

县级以上人民政府应当依法推进数据资源市场化交易，并加强监督管理；鼓励和引导数据资源在依法设立的数据交易平台进行交易。

数据交易平台运营者应当制定数据交易、信息披露、自律监管等规则，建立安全可信、管理可控、全程可追溯的数据交易环境。

利用合法获取的数据资源开发的数据产品和服务可以交易，有关财产权益依法受保护。

|条|文|要|旨|

本条是关于县级以上人民政府推进数据资源市场化交易的规定。第一款规定县级以上人民政府推动数据资源市场化交易应当依法进行，鼓励引导数据在依法设立的数据平台内交易。第二款规定数据交易平台运营者应承担的义务与责任。第三款规定利用合法来源数据开发的数据产品和服务可交易，相关权益受法律保护。

---

① 《关于印发山东省数字政府建设实施方案的通知》（鲁政字〔2023〕15号），山东省人民政府网站，http://www.shandong.gov.cn/art/2023/2/3/art_107851_123659.html。

|理|解|与|适|用|

一、数据流通与数据交易的含义

（一）数据流通

数据流通是指数据在不同主体之间流动的过程，包括数据开放、共享、交易、交换等。数据交易，是指数据供方和需方之间进行的，以特定形态数据为标的，以货币或者其他等价物作为对价的交易行为。[①]

（二）数据交易

数据交易是以数据作为产品进行分类定价、流通和买卖的行为，是数据要素流通的基本方式之一，帮助数据要素实现信息与货币的交换。在此过程中，交易的不是原始数据，而是相关主体在通过合法手段获取原始数据的基础上，对其采用一定算法，经过深度分析过滤、提炼整合及脱敏处理后形成具有交换价值和技术可行性的衍生数据。

数据交易可对接市场多样化需求，灵活满足供需各方利益诉求，激发市场参与主体积极性，促进数据资源高效流通与数据价值释放，对于加快培育数据要素市场具有重要意义。例如全国首笔空间数据交易，就是由供方北京市测绘设计研究院将其收集的中轴线局部空间数据经数据资产登记、数据质量评价、数据资产价值评估后制作成数据产品，通过北数所交易平台交易给需方北京河图联合创新科技有限公司。需方接力进行应用开发，生成借助 AR 等技术为公众提供中轴线虚实融合沉浸式体验的新数字产品。[②]

按照是否在固定的数据交易场所进行交易作为标准，数据交易可

[①]《数据领域常用名词解释（第一批）》，国家数据局网站，https://www.nda.gov.cn/sjj/zwgk/zcfb/1230/ff808081-93de5a43-0194-1b18a0c6-037e.pdf。

[②]《数据交易是什么？如何让"沉睡"的数据资源"活"起来》，央视网，https://news.cctv.com/2024/01/04/ARTIlnmLYZrvetJXP765h853240104.shtml。

分为场内交易和场外交易。场内交易是指供需双方通过数据交易所、数据交易中心、数据交易平台等依法成立的数据交易机构进行交易。数据交易机构不仅提供信息发布、数据定价、交易撮合、质量评估等服务，还能通过技术手段和法律框架，确保数据的安全、合规和高效流通。场外交易由数据供方和需方在市场中自己寻找合作对象并完成交易。由于没有固定的数据交易规则，数据交易成本高、效率低，难以满足数据流通利用需求。规范化程度低，容易产生违规、非法交易。

《数据二十条》明确要求，培育壮大场内交易，构建场内场外相结合的数据交易流通制度。为了促进数据要素的规范有序流通，实现数据要素的市场化高效配置，应当对数据交易场所的布局及建设进行统筹规划，从而为数据要素场内交易提供完善的数据基础设施。

二、数据资源市场化交易与数据要素市场化配置

数据资源市场化交易是指数据资源供求通过市场交易来实现，数据要素价格通过市场来形成。数据资源市场化交易的前提和基础是数据要素市场化配置。数据要素市场化配置，是指通过市场机制来配置数据这一新型生产要素，旨在建立一个更加开放、安全和高效的数据流通环境，不断释放数据要素价值。[①]

三、数据交易场所及其功能定位

（一）数据交易场所的含义

数据交易场所是企业或个人依据特定交易规则将数据产品转让给第三方的集约化交易机构和场所。数据交易场所为数据要素交易提供

[①]《数据领域常用名词解释（第一批）》，国家数据局网站，https://www.nda.gov.cn/sjj/zwgk/zcfb/1230/ff808081-93de5a43-0194-1b18a0c6-037e.pdf。

场地、设备和平台系统，组织、撮合、规范数据交易，并集聚数据交易辅助服务机构、开展平台治理、自我约束监管的专业机构。[①] 数据交易场所是数据交易的重要基础设施，是数据经纪业务以及数据流通交易可信互通、集约高效的核心枢纽。

（二）数据交易场所的功能定位

我国 2014 年以来在大数据发展战略政策引导下试点建设了一批数据交易所、数据交易平台、数据交易中心（统称数据交易场所），在完善数据要素市场基础制度体系方面进行有益探索。2022 年 12 月，《中共中央 国务院关于构建数据基础制度更好发挥数据要素作用的意见》提出要统筹构建规范高效的数据交易场所，引导多种类型的数据交易场所共同发展，推动各地新一轮数据交易场所建设热潮。目前我国并存由政府主导建立、头部企业建立、市场主体通过会员制建立运营等类型多样的数据交易场所，法律法规对数据交易所主体地位尚缺乏明确规定。

有学者认为，数据交易所区别于数据交易平台、证券交易所、数据经纪商，应当定位于自律管理的公益性公司法人。数据交易场所的制度构建主要涵盖交易前、交易中的行为规范，如数据产品入市登记与资质审核、数据产品交付的具体方式等。应通过建立交易资格认定机制、数据产品定价机制、信息披露等增强互信的机制，完善数据交易规则。[②]

（三）《数据二十条》构建的分类分级数据交易基础设施体系

《数据二十条》明确使用"数据交易场所"概念，规定引导多种

[①] 刘吉超、田晓春：《我国数据交易场所建设成效、问题与对策建议》，《中国物价》2024 年第 6 期。

[②] 郑丁灏：《中国数据交易所政策变迁、功能定位与规范配置》，《科技进步与对策》2024 年第 13 期。

类型的数据交易场所共同发展，按照不同分工构建分类分级数据交易
基础设施体系。

（1）建设国家级数据交易场所。突出国家级数据交易场所合规监
管和基础服务功能，强化其公共属性和公益定位。规范各地区各部门
设立的区域性数据交易场所和行业性数据交易平台，构建多层次市场
交易体系，推动区域性、行业性数据流通使用。

（2）区域性数据交易场所侧重于推进区域内公共数据授权运营和
具备区域特征的数据产品交易服务，目的是促进公共数据和社会数据
融合开发应用。行业性数据交易平台则侧重于推动行业内数据要素高
效流通、数字化转型和高价值转化，目的是促进数据要素与各行业融
合应用。促进区域性数据交易场所和行业性数据交易平台与国家级数
据交易场所互联互通。打破区域、行业、部门壁垒，实现全国统一、
集中报价、分散交易、统一结算的数据交易场所体系。

（3）构建集约高效的数据流通基础设施，为场内集中交易和场外
分散交易提供低成本、高效率、可信赖的流通环境。

（4）推进数据交易场所与数据商功能分离，鼓励各类数据商进场
交易。针对国内很多数据交易场所面临公共属性和市场属性定位模糊
的现象，《数据二十条》明确数据交易场所必须与数据商功能分离，
数据交易场所不能既充当"裁判员"又充当"运行员"。数据交易
场所应该实施自律管理，以提供平台服务、保障数据交易公平有序进
行为目标，遵循社会公共利益优先原则，突出公共服务属性和非营利
属性。市场属性的工作应当交由专业的数据商来完成。[1]

---

[1]《中共中央 国务院关于构建数据基础制度更好发挥数据要素作用的意见》，中国政府
网，https://www.gov.cn/zhengce/2022-12/19/content_5732695.htm。

四、数据产品和服务的含义

数据产品和服务是指基于数据加工形成的，可满足特定需求的数据加工品和数据服务。[①] 利用合法获取的数据资源开发的数据产品和服务是数据交易的对象，各方主体的合法权益有关财产权益依法受保护。

五、推动数据资源市场化交易的政策及法律依据

（一）《促进大数据发展行动纲要》[②]

《促进大数据发展行动纲要》规定："引导培育大数据交易市场，开展面向应用的数据交易市场试点，探索开展大数据衍生产品交易，鼓励产业链各环节市场主体进行数据交换和交易，促进数据资源流通，建立健全数据资源交易机制和定价机制，规范交易行为。"

（二）《数据二十条》[③]

《数据二十条》对数据流通交易从完善数据流通规则、完善合规监管体系、构建高效交易场所、培育流通交易服务机构四个方面进行了高屋建瓴的制度设计，为未来构建适应我国国情的数据交易市场体系提供了基本遵循和行动指南。

（1）完善数据流通规则。构建促进使用和流通、场内场外相结合的交易制度体系，规范引导场外交易，培育壮大场内交易。有序发展数据跨境流通和交易，建立数据来源可确认、使用范围可界定、流通过程可追溯、安全风险可防范的数据可信流通体系。

[①]《数据领域常用名词解释（第一批）》，国家数据局网站，https://www.nda.gov.cn/sjj/zwgk/zcfb/1230/ff808081-93de5a43-0194-b18a0c6-037e.pdf。

[②]《国务院关于印发促进大数据发展行动纲要的通知》（国发〔2015〕50号），中国政府网，http://www.gov.cn/zhengce/content/2015-09/05/content_10137.htm。

[③]《中共中央 国务院关于构建更加完善的要素市场化配置体制机制的意见》，中国政府网，http://www.gov.cn/xinwen/2020-04/09/content_5500622.htm。

（2）完善数据全流程合规与监管规则体系。建立数据流通准入标准规则，强化市场主体数据全流程合规治理，确保流通数据来源合法、隐私保护到位、流通和交易规范。建立数据分类分级授权使用规范，探索开展数据质量标准化体系建设，促进数据整合互通和互操作。建立实施数据安全管理认证制度，引导企业通过认证提升数据安全管理水平。

（3）统筹构建规范高效的数据交易场所。出台数据交易场所管理办法，建立健全数据交易规则，制定全国统一的数据交易、安全等标准体系，降低交易成本。推进数据交易场所与数据商功能分离，鼓励各类数据商进场交易。促进区域性数据交易场所和行业性数据交易平台与国家级数据交易场所互联互通。

（4）培育数据流通和交易服机构。培育一批数据商和第三方专业服务机构。通过数据商为数据交易双方提供数据产品开发、发布、承销和数据资产的合规化、标准化、增值化服务，促进提高数据交易效率。有序培育数据集成、数据经纪、合规认证、安全审计、数据公证、数据保险、数据托管、资产评估、争议仲裁、风险评估、人才培训等第三方专业服务机构，提升数据流通和交易全流程服务能力。

（三）《关于加快公共数据资源开发利用的意见》[①]

鼓励有条件的地区探索公共数据产品和服务场内交易模式，统筹数据交易场所的规划布局，引导和规范数据交易场所健康发展。

六、山东省推动数据资源市场化交易的具体规定

为规范数据交易行为，加快培育数据市场，促进数据合规高效流通利用，山东省大数据局于 2024 年 11 月 5 日发布《山东省数据交易

[①]《中共中央办公厅 国务院办公厅〈关于加快公共数据资源开发利用的意见〉》（2024 年 9 月 21 日），中国政府网，https://www.gov.cn/zhengce/202410/content_6978911.htm。

管理办法（试行）》。该文件针对当前数据交易中存在的交易标的不够明确、交易行为不够规范、安全责任不够清晰等问题提出了完善措施，并为市场主体继续探索数据流通交易新模式、新业态、新机制留有余地。[①]

（一）数据交易标的

数据交易标的主要为数据产品，包括数据接口类、数据集类、数据报告类、数据服务类、数据工具类、数据应用类、算法模型类等类型。交易标的有下列情形之一的，不得进行交易：一是危害国家安全、公共利益和社会稳定的；二是损害个人、组织合法权益的；三是未取得自然人或者其监护人单独同意，涉及个人信息的；四是未取得合法权利人明确同意，涉及其商业秘密、保密商务信息的；五是从非法、违规渠道获取的；六是法律法规、规章以及国家、省有关规定或者合法约定明确禁止交易的。

（二）数据交易主体

数据交易主体包括数据提供方、数据需求方、数据交易机构、第三方专业服务机构。其中，数据交易机构是指依法依规组织开展数据交易活动，为数据供需双方提供数据交易服务的机构。第三方专业服务机构是指提供数据集成、数据经纪、合规认证、数据检测、安全审计、数据公证、数据保险、数据托管、资产评估、争议仲裁、风险评估等专业服务的机构。

（三）数据交易方式

数据供需双方可以自主选择。一是通过数据交易机构交易；二是数据供需双方直接交易；三是其他法律法规允许的交易方式。鼓励数据供需双方通过数据交易机构开展数据交易。鼓励公共数据授权运营

---

① 《山东省大数据局关于印发〈山东省数据交易管理办法（试行）〉的通知》，山东省大数据局网站，http://bdb.shandong.gov.cn/art/2024/11/5/art_333974_70926.html。

方式加工形成的数据产品在数据交易机构开展交易。

（四）数据交易机构义务与责任

（1）审核义务。数据交易机构应当对供需双方身份、交易标的来源、内容、数据需求方提出的数据用途、应用场景和使用方式等情况进行审核。出具交易凭证，做到交易过程可控制、风险可防范、责任可追溯。

（2）数据交易机构应当与数据供需双方签署居间服务协议，对数据交易合同备份存证。全过程记录数据交易活动，建立档案并安全保存不少于三十年。

（3）建立数据安全管理制度，落实数据安全保护责任。保障交易环境安全、制定数据安全事件应急预案、补救措施义务。

（4）保密义务。

（5）建立公平、公正的争议解决机制的义务。

第四十六条　【加大对重点领域财政金融支持】

县级以上人民政府应当根据实际情况，安排资金支持大数据关键技术研究、产业链构建、重大应用示范和公共服务平台建设等工作，鼓励金融机构和社会资本加大投资力度，促进大数据发展应用。

|条|文|要|旨|

本条规定县级以上人民政府通过安排财政资金和鼓励社会资本投资等多种途径支持重点领域的大数据发展应用。

|理|解|与|适|用|

一、为大数据发展应用重点领域提供财政金融支持的国家政策规定

《促进大数据发展行动纲要》指出，加大财政金融支持，强化中央财政资金引导，集中力量支持大数据核心关键技术攻关、产业链构建、重大应用示范和公共服务平台建设等。利用现有资金渠道，推动建设一批国际领先的重大示范工程。完善政府采购大数据服务的配套政策，加大对政府部门和企业合作开发大数据的支持力度。鼓励金融机构加强和改进金融服务，加大对大数据企业的支持力度。鼓励大数据企业进入资本市场融资，努力为企业重组并购创造更加宽松的金融政策环境。引导创业投资基金投向大数据产业，鼓励设立一批投资于大数据产业领域的创业投资基金。[①]

《大数据产业发展规划（2016—2020年）》规定，结合《促进大数据发展行动纲要》、中国制造2025、"互联网＋"行动计划、培育发展战略性新兴产业的决定等战略文件，制定面向大数据产业发展的金融、政府采购等政策措施，落实相关税收政策。充分发挥国家科技计划（专项、基金等）资金扶持政策的作用，鼓励有条件的地方设立大数据发展专项基金，支持大数据基础技术、重点产品、服务和应用的发展。鼓励产业投资机构和担保机构加大对大数据企业的支持力

---

① 《国务院关于印发促进大数据发展行动纲要的通知》（国发〔2015〕50号），中国政府网，http://www.gov.cn/zhengce/content/2015-09/05/content_10137.htm。

度，引导金融机构对技术先进、带动力强、惠及面广的大数据项目优
先予以信贷支持，鼓励大数据企业进入资本市场融资，为企业重组并
购创造更加宽松的市场环境。支持符合条件的大数据企业享受相应优
惠政策。①

《数字中国建设整体布局规划》提出，创新资金扶持方式，加强
对各类资金的统筹引导。发挥国家产融合作平台等作用，引导金融资
源支持数字化发展。鼓励引导资本规范参与数字中国建设，构建社会
资本有效参与的投融资体系。②

《国务院关于印发"十四五"数字经济发展规划的通知》指出，
加大对数字经济薄弱环节的投入，突破制约数字经济发展的短板与瓶
颈，建立推动数字经济发展的长效机制。拓展多元投融资渠道，鼓励
企业开展技术创新。鼓励引导社会资本设立市场化运作的数字经济细
分领域基金，支持符合条件的数字经济企业进入多层次资本市场进行
融资，鼓励银行业金融机构创新产品和服务，加大对数字经济核心产
业的支持力度。加强对各类资金的统筹引导，提升投资质量和效益。③

《数据二十条》明确规定提升金融服务水平，引导创业投资企业
加大对数据要素型企业的投入力度，鼓励征信机构提供基于企业运营
数据等多种数据要素的多样化征信服务，支持实体经济企业特别是中
小微企业数字化转型赋能开展信用融资。探索数据资产入表新模式。④

---

① 《大数据产业发展规划（2016—2020 年）》（工信部规〔2016〕412 号），中华人民
共和国国家发展和改革委员会，https://www.ndrc.gov.cn/fggz/fzzlgh/gjjzxgh/201706/
t20170622_1196822.html。

② 《中共中央 国务院印发〈数字中国建设整体布局规划〉》，中国政府网，www.gov.cn/
xinwen/2023−02/27/content_5743484.htm。

③ 《国务院关于印发"十四五"数字经济发展规划的通知》（国发〔2021〕29 号），中
国政府网，https://www.gov.cn/zhengce/content/2022−01/12/content_5667817.htm。

④ 《中共中央 国务院关于构建数据基础制度更好发挥数据要素作用的意见》，中国政府
网，https://www.gov.cn/zhengce/2022−12/19/content_5732695.htm。

二、山东省为大数据发展应用重点领域提供财政金融支持的规定

《山东省人民政府关于促进大数据发展的意见》规定了三方面措施：

（1）财税保障。充分发挥省级股权投资引导基金作用，吸引社会资本采取股权投资等方式参与大数据发展应用，重点支持大数据核心技术攻关、关键设备和产品制造、产业链构建、重大应用示范和公共服务平台建设等。

（2）拓宽融资渠道，鼓励金融机构和融资担保、小额贷款、民间融资机构等地方性金融组织创新金融产品，支持大数据发展应用。支持符合条件的企业在资本市场直接融资。

（3）对符合国家税收优惠政策的大数据企业，切实落实相关税收优惠政策。对符合国家税收优惠政策条件的研发费用，未形成无形资产计入当期损益的，在按照规定据实扣除的基础上，按研发费用的50%加计扣除；形成无形资产的，按照无形资产成本的150%摊销。省政府对于引进高层次人才的科技奖励资金，免征个人所得税。[1]

《关于促进山东省大数据产业加快发展的意见》规定，在拓宽融资渠道方面要求充分发挥省信息产业发展引导基金等股权引导基金作用，吸引社会资本参与大数据产业发展，重点支持大数据核心技术攻关、关键设备和产品制造、公共服务技术平台、重大应用试点示范等。鼓励大数据企业以知识产权、专利等进行质押贷款。鼓励产业投资机构和担保机构加大对大数据企业的支持力度，引导金融机构对技术先进、带动力强、惠及面广的大数据项目优先予以信贷支持。[2]

《山东省支持数字经济发展的意见》规定了加强资金扶持数字经

---

①《山东省人民政府关于促进大数据发展的意见》（鲁政〔2016〕25号），山东省人民政府网站，http://www.shandong.gov.cn/art/2016/10/27/art_2267_19802.html。
②《关于促进山东省大数据产业加快发展的意见》（鲁经信软〔2017〕520号），山东省工业和信息化厅网站，http://gxt.shandong.gov.cn/art/2017/12/5/art_103863_7607452.html。

济发展的四大举措：

（1）支持重大项目建设。大数据、云计算、物联网等重点领域项目，优先列入省新旧动能转换重大项目库和省重大科技创新工程，积极争取国家专项资金支持。鼓励各地对数字经济领域重大项目采取"一事一议"方式确定扶持政策。

（2）加大税收优惠力度，引导各地加快落实国家和省降费政策，进一步降低数字技术企业制度性成本。

（3）引导社会资本投入。在省新旧动能转换基金框架下，设立大数据产业发展基金，引入天使投资、风险投资、创业投资、私募基金等优质社会资本。组织筛选适合基金股权投资的数字技术项目，优先纳入新一代信息技术等"十强"产业基金投资项目库。鼓励具备条件的市、县（市、区）结合地方实际设立区域性基金。除政府引导基金参股以外，对投资运作快、投资效益好的私募股权基金管理机构和团队，省金融创新发展引导资金按照相关规定给予单户最高30万元奖励。

（4）加强金融信贷支持。鼓励各类金融机构针对数字技术企业特点，创新开展知识产权、股权、应收账款等质押贷款和银税互动贷款。对符合省政府有关政策规定的"人才贷"业务条件的高层次数字技术人才或其长期所在企业，在风险可控、商业可持续的前提下，由试点银行最高给予1000万元无抵押、无担保贷款额度，用于科技成果转化和创新创业。支持银行机构在数字经济集聚区，新设或改造分支行作为从事小微企业金融服务的科技支行，支持开展"创投＋银行"的外部投贷联动。鼓励融资担保公司降低数字技术企业担保费收取标准，对符合条件的融资担保公司给予最高100万元的补贴。①

山东省财政厅与山东省大数据局联合印发的《山东省省级"数

---

① 《山东省支持数字经济发展的意见》（鲁政办字〔2019〕124号），山东省人民政府网站，http://www.shandong.gov.cn/art/2019/7/19/art_2259_34851.html。

字山东"发展资金管理暂行办法》规定加强山东省省级"数字山东"发展资金使用管理,充分发挥财政资金的导向作用,推动形成开放共享的大数据发展格局。该办法规定了资金扶持范围和分配使用方式、预算编制、预算执行以及资金运用的监督管理,对推进大数据发展运用具有重要的保障作用。[①]

第四十七条 【优先保障重点项目用地用能】

对列入全省重点建设项目名单的大数据项目,省人民政府应当根据国土空间规划优先保障其建设用地。

符合条件的大数据中心、云计算中心、超算中心、灾备中心等按照有关规定享受电价优惠。

|条|文|要|旨|

本条是关于省人民政府为大数据重点项目提供用地保障、用电优惠的规定。

|理|解|与|适|用|

一、相关概念含义

(一)全省重点建设项目

根据《山东省重大项目管理办法》第二条规定,省重大项目是指

[①]《山东省省级"数字山东"发展资金管理暂行办法》(鲁财工〔2019〕19号),山东省财政厅网站,http://czt.shandong.gov.cn/art/2019/9/9/art_235548_199.html。

每年省发展改革委按程序组织筛选，报省政府同意后，以省政府文件下达的项目；根据省重大项目动态调整要求，省发展改革委组织筛选并报省政府同意后，以省发展改革委文件下达的项目。该办法规定了省重大项目申报的基本原则、集中统一申报的申报方式、项目申报材料，以及项目推进方面的要求和相关部门、单位的工作职责。①

（二）国土空间规划

《中共中央、国务院关于建立国土空间规划体系并监督实施的若干意见》规定国土空间规划是对一定区域国土空间开发保护在空间和时间上作出的安排，包括总体规划、详细规划和相关专项规划。国家、省、市县编制国土空间总体规划，各地结合实际编制乡镇国土空间规划。相关专项规划是指在特定区域（流域）、特定领域，为体现特定功能，对空间开发保护利用作出的专门安排，是涉及空间利用的专项规划。②国土空间总体规划是详细规划的依据、相关专项规划的基础；相关专项规划要相互协同，并与详细规划做好衔接。

（三）大数据中心

数据中心（Data Center，简称 DC）是由计算机场站（机房）机房基础设施、信息系统硬件（物理和虚拟资源）、信息系统软件、信息资源（数据）、人员以及相应的规章制度组成。通常由数千甚至数万台服务器提供稳定可靠的计算能力和存储资源，支持各种应用和服务，包括互联网、云计算、人工智能、大数据等。数据中心就好像是一个巨大的"数字大脑"，通过网络连接各种设备和用户，处理和传

---

① 《山东省重大项目管理办法》（鲁发改重点〔2020〕1157号），山东省人民政府网站，http://www.shandong.gov.cn/art/2020/10/20/art_107862_109065.html。

② 《中共中央、国务院关于建立国土空间规划体系并监督实施的若干意见》（中发〔2019〕18号），中国政府网，https://www.gov.cn/zhengce/2019-05/23/content_5394187.htm。

递人类生产、生活中产生的海量数据。[①]

（四）云计算中心

云计算（Cloud Computing）是一种通过互联网提供计算资源和服务的方式。用户无须管理底层基础设施即可按需调用计算能力、存储、网络等资源，按需自助服务、根据使用情况付费。云计算的基础是数据中心，利用数据中心的高效能力和资源共享特性，将计算资源虚拟化、集中管理，通过网络以服务的形式提供给用户，从而提高计算效率并降低成本。[②]

云计算技术的迅速发展带动了传统数据中心的变革，产生了新一代数据中心——云数据中心，云数据中心通过虚拟化技术将计算资源、存储资源和网络资源构建成动态的虚拟资源池；使用虚拟资源管理技术实现云计算资源自动部署、动态扩展、按需分配；用户采用按需和即付即用的方式获取资源。[③]

（五）超算中心

超级计算中心是以超级计算机为基础的数据中心，重点面向科研、高技术产业等领域的突出问题和核心技术，解决普通计算机不能完成的大型复杂课题。E 级超级计算中心主要由每秒可进行百亿亿次数学运算的超级计算机组成，10E 级超级计算中心由每秒可进行千亿亿次数学运算的超级计算机组成。[④]

[①] 山东省大数据局编《山东省机关工作人员大数据基础知识读本》，准印证号（鲁）20230023，第 264 页。

[②] 同上书，第 46 页。

[③] 钱琼芬、李春林、张小庆等：《云数据中心虚拟资源管理研究综述》，《计算机应用研究》2012 年第 29 期。

[④]《"十四五"规划〈纲要〉名词解释之 57|E 级和 10E 级超级计算中心》，中华人民共和国国家发展和改革委员会网站，https://www.ndrc.gov.cn/fggz/fzzlgh/gjfzgh/202112/t20211224_1309308.html。

二、山东省关于大数据重点项目用地保障、用电优惠的规定

（一）《山东省支持数字经济发展的意见》[①]

对纳入省重点建设项目的数字经济发展建设用地优先保障。属于下一代信息网络产业（通信设施除外）、新型信息技术服务、电子商务等经营服务项目，可按商服用途落实用地。数字技术企业所需工业用地的土地出让底价，在国家规定标准范围内可根据土地估价结果和产业政策综合确定。对数字技术企业，鼓励以租赁等多种方式供应土地，积极推行先租后让、租让结合供应土地。

对符合条件的各类数据中心、灾备中心、超算中心、通信基站等执行工商业及其他电价中的两部制电价。支持数据中心集约化、节能化建设，对符合规划布局，服务全省乃至全国的区域性、行业性数据中心，用电价格在每千瓦时 0.65 元的基础上减半，通过各级财政奖补等方式降至 0.33 元左右。根据实际用电量和产业带动作用，分级分档给予支持，其中数字山东专项资金每年补贴电费不超过 3000 万元。对于采用蓄能设备的 5G 基站，进一步降低低谷时段用电价格。对具备转供电条件的基站，纳入直接供电改造计划优先改造。全省大数据、互联网等高新技术电力用户参与电力市场化交易，不受电压等级和用电量限制。开通数字技术企业电力接入绿色通道，优先保障数字经济园区、企业和各类基础设施的电力接入。

（二）《关于建立"要素跟着项目走"机制的意见》[②]

山东省人民政府办公厅发布的《关于建立"要素跟着项目走"机制的意见》规定土地跟着项目走，强化省级统筹，突出保障重点。

[①]《山东省支持数字经济发展的意见》（鲁政办字〔2019〕124 号），山东省人民政府网站，http://www.shandong.gov.cn/art/2019/7/19/art_2259_34851.html。

[②]《关于建立"要素跟着项目走"机制的意见》，（鲁政办字〔2020〕45 号），山东省人民政府网站，http://www.shandong.gov.cn/art/2020/3/31/art_107851_106398.html。

新增建设用地指标重点保障全省重点项目建设，优先支持省级重点项目，主要是省重大、新旧动能转换优选、双招双引重点签约、补短板强弱项培育新的经济增长点等项目，发挥好省级层面在重点项目一体化推进管理上的统筹作用，集中要素办大事，促进重点项目与政策体系的精准匹配和衔接平衡。①

第四十八条 【加强宣传教育，提高全民数字素养】

县级以上人民政府有关部门和新闻媒体应当加强大数据法律、法规以及相关知识的宣传教育，提高全社会大数据应用意识和能力。

|条|文|要|旨|

本条是关于县级以上人民政府加强宣传教育，提高全社会数字素养、数字技术赋能能力的规定。

本条旨在明确宣传教育的内容和主体责任，加强对大数据法律、法规、以及相关知识的宣传与教育，提升全民数据应用意识与能力。

|理|解|与|适|用|

一、大数据相关知识的含义

大数据相关知识主要是指大数据技术、大数据安全、大数据应用

---

① 《关于建立"要素跟着项目走"机制的意见》，山东省发展和改革委员会网站，http://www.shandong.gov.cn/art/2020/4/2/art_107870_111801.html。

等方面的一些易于公众理解的常识性知识。普及宣传大数据法律、法规以及相关知识的目的是提高社会公众对大数据产品及服务的应用意识与操作能力。

二、《数字经济促进共同富裕实施方案》相关规定 [①]

国家发展改革委、国家数据局 2023 年印发的《数字经济促进共同富裕实施方案》将数字经济作为助力实现共同富裕的重要力量，将加强全社会数字素养与技能教育培训的意义提升到了一个新高度——通过数字技术赋能不断缩小区域之间、城乡之间、群体之间、基本公共服务等方面差距，持续弥合"数字鸿沟"，创造普惠公平发展和竞争条件，促进公平与效率更加统一、推动数字红利惠及全民，促进全体人民共同富裕，推动高质量发展。

为加强数字素养与技能教育培训，《数字经济促进共同富裕实施方案》提出以下措施：第一，通过丰富优质数字资源供给，推动各类教育、科技、文化机构积极开放教育培训资源，共享优质数字技能培训课程。第二，不断完善数字教育体系，将数字素养培训相关内容纳入中小学、社区和老年教育教学活动，加强普通高校和职业院校数字技术相关学科专业建设。第三，构建数字素养与技能培训体系，搭建开放化、长效化社会培训平台，加大重点群体培训力度。

---

① 《国家发展改革委 国家数据局关于印发〈数字经济促进共同富裕实施方案〉的通知》（发改数据〔2023〕1770 号），国家数据局网站，https://www.nda.gov.cn/sjj/zwgk/zcfb/0830/20240830174919792427953_pc.html。

第七章　法律责任

|本|章|概|述|

　　第七章是关于违反《山东省大数据发展促进条例》的法律责任的规定。

　　第四十九条是关于对违法行为适用法律的指引性规定。对于违反《条例》的行为，如果《民法典》《中华人民共和国刑法》《个人信息保护法》《网络安全法》《数据安全法》《治安管理处罚法》《公职人员政务处分法》等法律，《网络数据安全管理条例》《政府信息公开条例》《关键信息基础设施安全保护条例》等行政法规已做出应承担民事责任、刑事责任或应给予行政处罚的明确规定的，应当优先适用上述规定。

　　第五十条是关于对单位违反本条例给予主要负责人和直接责任人员行政处分、构成犯罪追究刑事责任的规定。

　　第五十一条是关于本省建立大数据发展应用容错免责机制以及容错免责制度内容的规定。

第四十九条 【适用法律的指引性规定】

违反本条例规定的行为，法律、行政法规已经规定法律责任的，适用其规定。

|条|文|要|旨|

本条是关于对违反《山东省大数据发展促进条例》行为承担法律责任适用法律的指引性条款。

违反本条例的行为，如果《民法典》《刑法》《个人信息保护法》《网络安全法》《数据安全法》《治安管理处罚法》等法律，《网络数据安全管理条例》《政府信息公开条例》《关键信息基础设施安全保护条例》等行政法规，已明确做出应承担民事责任、刑事责任或应给予行政处罚规定的，优先适用上述规定。

|理|解|与|适|用|

一、《中华人民共和国立法法》的相关规定 ①

《中华人民共和国立法法》第八十二条规定，制定地方性法规，对上位法已经明确规定的内容，一般不作重复性规定。第九十九条规定，法律的效力高于行政法规、地方性法规、规章。行政法规的效力高于地方性法规、规章。

违反本条例规定的行为多数也是相关法律、行政法规禁止的行为，并且在法律、行政法规中已作出明确处罚规定。对于在法律、行

---

① 《中华人民共和国立法法》（2000 年 3 月 15 日第九届全国人民代表大会第三次会议通过，根据 2015 年 3 月 15 日第十二届全国人民代表大会第三次会议《关于修改〈中华人民共和国立法法〉的决定》第一次修正，根据 2023 年 3 月 13 日第十四届全国人民代表大会第一次会议《关于修改〈中华人民共和国立法法〉的决定》第二次修正）。

政法规中已作出明确处罚规定的行为优先适用法律、行政法规的规定，是《中华人民共和国立法法》的要求。

二、法律适用的说明——以违反《条例》第三十七条的行为为例

《条例》第三十七条规定了个人信息处理者合法合规处理个人信息的义务。违反第三十七条行为的法律责任应适用《个人信息保护法》①《中华人民共和国刑法》②等法律法规的规定承担民事责任、行

---

① 《中华人民共和国个人信息保护法》（2021 年 8 月 20 日第十三届全国人民代表大会常务委员会第三十次会议通过）。

② 《中华人民共和国刑法》〔1979 年 7 月 1 日第五届全国人民代表大会第二次会议通过。1997 年 3 月 14 日第八届全国人民代表大会第五次会议修订，根据 1998 年 12 月 29 日第九届全国人民代表大会常务委员会第六次会议通过的《全国人民代表大会常务委员会关于惩治骗购外汇、逃汇和非法买卖外汇犯罪的决定》、1999 年 12 月 25 日第九届全国人民代表大会常务委员会第十三次会议通过的《中华人民共和国刑法修正案》、2001 年 8 月 31 日第九届全国人民代表大会常务委员会第二十三次会议通过的《中华人民共和国刑法修正案（二）》、2001 年 12 月 29 日第九届全国人民代表大会常务委员会第二十五次会议通过的《中华人民共和国刑法修正案（三）》、2002 年 12 月 28 日第九届全国人民代表大会常务委员会第三十一次会议通过的《中华人民共和国刑法修正案（四）》、2005 年 2 月 28 日第十届全国人民代表大会常务委员会第十四次会议通过的《中华人民共和国刑法修正案（五）》、2006 年 6 月 29 日第十届全国人民代表大会常务委员会第二十二次会议通过的《中华人民共和国刑法修正案（六）》、2009 年 2 月 28 日第十一届全国人民代表大会常务委员会第七次会议通过的《中华人民共和国刑法修正案（七）》、2009 年 8 月 27 日第十一届全国人民代表大会常务委员会第十次会议通过的《全国人民代表大会常务委员会关于修改部分法律的决定》、2011 年 2 月 25 日第十一届全国人民代表大会常务委员会第十九次会议通过的《中华人民共和国刑法修正案（八）》、2015 年 8 月 29 日第十二届全国人民代表大会常务委员会第十六次会议通过的《中华人民共和国刑法修正案（九）》、2017 年 11 月 4 日第十二届全国人民代表大会常务委员会第三十次会议通过的《中华人民共和国刑法修正案（十）》、2020 年 12 月 26 日第十三届全国人民代表大会常务委员会第二十四次会议通过的《中华人民共和国刑法修正案（十一）》和 2023 年 12 月 29 日第十四届全国人民代表大会常务委员会第七次会议通过的《中华人民共和国刑法修正案（十二）》修正〕。

政责任、刑事责任。

《个人信息保护法》第六十六条明确规定了非法处理个人信息、未依法履行个人信息保护义务的行政责任。"违反本法规定处理个人信息，或者处理个人信息未履行本法规定的个人信息保护义务的，由履行个人信息保护职责的部门责令改正，给予警告，没收违法所得，对违法处理个人信息的应用程序，责令暂停或者终止提供服务；拒不改正的，并处一百万元以下罚款；对直接负责的主管人员和其他直接责任人员处一万元以上十万元以下罚款。有前款规定的违法行为，情节严重的，由省级以上履行个人信息保护职责的部门责令改正，没收违法所得，并处五千万元以下或者上一年度营业额百分之五以下罚款，并可以责令暂停相关业务或者停业整顿、通报有关主管部门吊销相关业务许可或者吊销营业执照；对直接负责的主管人员和其他直接责任人员处十万元以上一百万元以下罚款，并可以决定禁止其在一定期限内担任相关企业的董事、监事、高级管理人员和个人信息保护负责人。"

《个人信息保护法》第六十九条规定了侵害个人信息权益的民事责任。"处理个人信息侵害个人信息权益造成损害，个人信息处理者不能证明自己没有过错的，应当承担损害赔偿等侵权责任。前款规定的损害赔偿责任按照个人因此受到的损失或者个人信息处理者因此获得的利益确定；个人因此受到的损失和个人信息处理者因此获得的利益难以确定的，根据实际情况确定赔偿数额。"

《个人信息保护法》第七十一条规定了损害个人信息权益的治安管理处罚和刑事责任。"违反本法规定，构成违反治安管理行为的，依法给予治安管理处罚；构成犯罪的，依法追究刑事责任。"

违法主体承担刑事责任应严格遵循"罪刑法定"原则。例如，违反本《条例》第三十七条有可能构成"侵犯公民个人信息罪"。

《中华人民共和国刑法》第二百五十三条之一规定，违反国家有关规定，向他人出售或者提供公民个人信息，情节严重的，处三年以下有期徒刑或者拘役，并处或者单处罚金；情节特别严重的，处三年以上七年以下有期徒刑，并处罚金。违反国家有关规定，将在履行职责或者提供服务过程中获得的公民个人信息，出售或者提供给他人的，依照前款的规定从重处罚。窃取或者以其他方法非法获取公民个人信息的，依照第一款的规定处罚。单位犯前三款罪的，对单位判处罚金，并对其直接负责的主管人员和其他直接责任人员，依照各该款的规定处罚。

第五十条 【法律责任】

违反本条例规定，有关单位有下列行为之一的，对直接负责的主管人员和其他直接责任人员依法给予处分；构成犯罪的，依法追究刑事责任：

（一）未按照规定收集、汇聚、治理、共享、开放公共数据的；

（二）未经审核，开发、购买政务信息系统的；

（三）未经审核，利用财政资金购买非公共数据的；

（四）未依法履行数据安全相关职责的；

（五）其他滥用职权、玩忽职守、徇私舞弊的行为。

|条|文|要|旨|

本条是关于单位违反本条例规定，给予直接负责的主管人员和其他直接责任人员处分，构成犯罪的追究刑事责任的规定。

|理|解|与|适|用|

一、违反本条例规定的行为给予处分的法律依据

（一）《中华人民共和国公务员法》的相关规定[①]

《中华人民共和国公务员法》第六十一条规定，公务员因违纪违法应当承担纪律责任的，依照本法给予处分或者由监察机关依法给予政务处分；违纪违法行为情节轻微，经批评教育后改正的，可以免予处分。对同一违纪违法行为，监察机关已经作出政务处分决定的，公务员所在机关不再给予处分。

《中华人民共和国公务员法》第六十二条规定，处分分为：警告、记过、记大过、降级、撤职、开除。

（二）《中华人民共和国公职人员政务处分法》的相关规定[②]

《公职人员政务处分法》第三条规定，监察机关应当按照管理权限，加强对公职人员的监督，依法给予违法的公职人员政务处分。公职人员任免机关、单位应当按照管理权限，加强对公职人员的教育、管理、监督，依法给予违法的公职人员处分。

《公职人员政务处分法》第七条规定，政务处分的种类为：警告、记过、记大过、降级、撤职、开除。

---

① 《中华人民共和国公务员法》（2005 年 4 月 27 日第十届全国人民代表大会常务委员会第十五次会议通过。2018 年 12 月 29 日第十三届全国人民代表大会常务委员会第七次会议修订）。

② 《中华人民共和国公职人员政务处分法》（2020 年 6 月 20 日第十三届全国人民代表大会常务委员会第十九次会议通过）。

《公职人员政务处分法》第三十九条规定，有下列行为之一，造成不良后果或者影响的，予以警告、记过或者记大过；情节较重的，予以降级或者撤职；情节严重的，予以开除。一是滥用职权，危害国家利益、社会公共利益或者侵害公民、法人、其他组织合法权益的；二是不履行或者不正确履行职责，玩忽职守，贻误工作的；三是工作中有形式主义、官僚主义行为的；四是工作中有弄虚作假，误导、欺骗行为的；五是泄露国家秘密、工作秘密，或者泄露因履行职责掌握的商业秘密、个人隐私的。

二、违反本条规定行为承担刑事责任的依据

违反本条例并构成犯罪的，根据《中华人民共和国刑法》有关规定追究刑事责任。

（一）国有公司、企业、事业单位人员失职罪、国有公司、企业、事业单位人员滥用职权罪

《中华人民共和国刑法》第一百六十八条规定，国有公司、企业的工作人员，由于严重不负责任或者滥用职权，造成国有公司、企业破产或者严重损失，致使国家利益遭受重大损失的，处三年以下有期徒刑或者拘役；致使国家利益遭受特别重大损失的，处三年以上七年以下有期徒刑。国有事业单位的工作人员有前款行为，致使国家利益遭受重大损失的，依照前款的规定处罚。国有公司、企业、事业单位的工作人员，徇私舞弊，犯前两款罪的，依照第一款的规定从重处罚。

（二）侵犯公民个人信息罪

《中华人民共和国刑法》第二百五十三条之一规定，违反国家有关规定，向他人出售或者提供公民个人信息，情节严重的，处三年以下有期徒刑或者拘役，并处或者单处罚金；情节特别严重的，处三年以上七年以下有期徒刑，并处罚金。违反国家有关规定，将在履行职责或者提供服务过程中获得的公民个人信息，出售或者提供给他人的，依照前款的规定从重处罚。窃取或者以其他方法非法获取公民个人信息的，依照第一款的规定处罚。单位犯前三款罪的，对单位判处罚金，并对其直接负责的主管人员和其他直接责任人员，依照各该款的规定处罚。

（三）非法侵入计算机信息系统罪；非法获取计算机信息系统数据、非法控制计算机信息系统罪；提供侵入、非法控制计算机信息系统程序、工具罪

《中华人民共和国刑法》第二百八十五条规定，违反国家规定，侵入国家事务、国防建设、尖端科学技术领域的计算机信息系统的，处三年以下有期徒刑或者拘役。违反国家规定，侵入前款规定以外的计算机信息系统或者采用其他技术手段，获取该计算机信息系统中存储、处理或者传输的数据，或者对该计算机信息系统实施非法控制，情节严重的，处三年以下有期徒刑或者拘役，并处或者单处罚金；情节特别严重的，处三年以上七年以下有期徒刑，并处罚金。提供专门用于侵入、非法控制计算机信息系统的程序、工具，或者明知他人实施侵入、非法控制计算机信息系统的违法犯罪行为而为其提供程序、工具，情节严重的，依照前款的规定处罚。单位犯前三款罪的，对单位判处罚金，并对其直接负责的主管人员和其他直接责任人员，依照各该款的规定处罚。

（四）破坏计算机信息系统罪

《中华人民共和国刑法》第二百八十六条规定，违反国家规定，对计算机信息系统功能进行删除、修改、增加、干扰，造成计算机信息系统不能正常运行，后果严重的，处五年以下有期徒刑或者拘役；后果特别严重的，处五年以上有期徒刑。违反国家规定，对计算机信息系统中存储、处理或者传输的数据和应用程序进行删除、修改、增加的操作，后果严重的，依照前款的规定处罚。故意制作、传播计算机病毒等破坏性程序，影响计算机系统正常运行，后果严重的，依照第一款的规定处罚。单位犯前三款罪的，对单位判处罚金，并对其直接负责的主管人员和其他直接责任人员，依照第一款的规定处罚。

（五）拒不履行信息网络安全管理义务罪

《中华人民共和国刑法》第二百八十六条之一规定，网络服务提供者不履行法律、行政法规规定的信息网络安全管理义务，经监管部门责令采取改正措施而拒不改正，有下列情形之一的，处三年以下有期徒刑、拘役或者管制，并处或者单处罚金：一是致使违法信息大量传播的；二是致使用户信息泄露，造成严重后果的；三是致使刑事案件证据灭失，情节严重的；四是有其他严重情节的。单位犯前款罪的，对单位判处罚金，并对其直接负责的主管人员和其他直接责任人员，依照前款的规定处罚。有前两款行为，同时构成其他犯罪的，依照处罚较重的规定定罪处罚。

（六）帮助信息网络犯罪活动罪

《中华人民共和国刑法》第二百八十七条之二规定，明知他人利用信息网络实施犯罪，为其犯罪提供互联网接入、服务器托管、网络存储、通讯传输等技术支持，或者提供广告推广、支付结算等帮助，情节严重的，处三年以下有期徒刑或者拘役，并处或者单处罚金。单位犯前款罪的，对单位判处罚金，并对其直接负责的主管人员和其他直接责任人员，依照第一款的规定处罚。有前两款行为，同时构成其他犯罪的，依照处罚较重的规定定罪处罚。

（七）滥用职权罪；玩忽职守罪

《中华人民共和国刑法》第三百九十七条规定，国家机关工作人员滥用职权或者玩忽职守，致使公共财产、国家和人民利益遭受重大损失的，处三年以下有期徒刑或者拘役；情节特别严重的，处三年以上七年以下有期徒刑。本法另有规定的，依照规定。国家机关工作人员徇私舞弊，犯前款罪的，处五年以下有期徒刑或者拘役；情节特别严重的，处五年以上十年以下有期徒刑。本法另有规定的，依照规定。

第五十一条 【容错免责】

本省建立健全责任明晰、措施具体、程序严密、配套完善的大数据发展容错免责机制。

政府财政资金支持的大数据项目未取得预期成效，建设单位已经尽到诚信和勤勉义务的，应当按照有关规定从轻、减轻或者免予追责。

有关单位和个人在利用数据资源创新管理和服务模式时，出现偏差失误或者未能实现预期目标，但是符合国家确定的改革方向，决策程序符合法律、法规规定，未牟取私利或者未恶意串通损害国家利益、公共利益的，应当按照有关规定从轻、减轻或者免予追责。

经确定予以免责的单位和个人，在绩效考核、评先评优、职务职级晋升、职称评聘和表彰奖励等方面不受影响。

|条|文|要|旨|

本条是关于本省建立大数据发展应用容错免责机制的规定。第一款是建立大数据发展容错免责机制的原则性规定，第二款规定财政资金支持的大数据发展项目未达预期目标对建设单位的容错免责。第三款规定对数据资源开发利用创新活动中出现偏差或未达目标的容错免责。第四款是对容错免责结果应用的规定。

大数据的发展带来无限憧憬的同时也蕴含未知风险。数据开放共享以及开发利用等活动属于新生事物，处于探索试点阶段，如果不分青红皂白一旦出现失误偏差就问责，不利于发挥干部与企业主体创新探索的积极性。本条旨在贯彻促进大数据发展的开放包容原则，建立大数据应用容错免责机制，明确容错原则、容错主体、容错情形和容错结果应用。

|理|解|与|适|用|

一、容错免责制度的含义

（一）容错免责

容错一词最初是信息技术领域的专业术语，意指计算机系统在硬件发生故障或软件出现问题时能够自行修复而不影响系统正常工作，后来被引申到政治领域。[1]容错免责是对工作中出现偏差失误的干部，在符合特定条件的情况下不做负面评价，免除相关责任或从轻减轻处理，是为激励公职人员创新作为、勤恳履职而建立的制度。[2]从字面

---

[1] 谷志军：《容错机制何以启动？——基于30个案例的定性比较分析》，《经济社会体制比较》2021年第3期。
[2] 周佑勇、牧宇：《论干部容错机制问题及应对》，《北京行政学院学报》2022年第5期。

意义上看，容错免责包括容错和免责两个方面；从逻辑上看，容错以存在错误为前提，免责与问责追责相对应、以责任存在为前提。[①] 容错免责制度的内容主要包括容错主体、容错原则、容错规则、容错程序、容错结果应用等。

关于容错免责制度的适用范围，各地规范性文件规定并不一致。多数地方除了"改革创新、先行先试"外，也将"履职担当""干事创业""服务企业、服务群众""处置突发事件或执行其他急难险重任务""化解矛盾焦点、解决历史遗留问题"等纳入可容错事项之列。学界对此存在不同见解。有学者认为，"容错"是一种特殊的责任减免制度，旨在保护和激励一线或基层的改革创新者，尤其是先行先试者，只应当适用于改革创新、不应包括正常履职。容错免责制度的核心是为公职人员改革创新、担当作为提供制度保障，避免因过度问责而抑制其积极性。改革创新是"分外事"，日常履职是"分内事"。[②]

（二）大数据应用容错免责

大数据应用容错免责是指，对于在大数据应用工作中出现偏差的单位与个人，在符合特定条件的情况下不做负面评价，免除相关责任或从轻减轻处理。

二、容错免责制度的产生发展

我国容错机制是随着改革开放逐渐发展起来的。早期阶段容错作为创新激励与地方治理的手段，在地方规范性文件中有零星规定。

习近平总书记在2016年省部级主要领导干部学习贯彻党的十八届五中全会精神专题研讨班上提出"三个区分开来"，即"将干部在推进改革中因缺乏经验、先行先试出现的失误错误，同明知故犯的违

---

① 徐伟：《容错免责机制的法学维度审视》，《湖北行政学院学报》，2024年第4期。
② 杨登峰：《对先行先试容错机制的误解与正解》，《甘肃社会科学》2024年第1期。

纪违法行为区分开来；把尚无明确限制的探索性试验中的失误错误，同明令禁止后依然我行我素的违纪违法行为区分开来；把为推动发展的无意过失，同为谋取私利的违纪违法行为区分开来，"为容错制度建立提供了重要的理论依据。

2018 年 5 月 20 日，中共中央办公厅印发《关于进一步激励广大干部新时代新担当新作为的意见》，强调要切实为敢于担当的干部撑腰鼓劲，为容错机制的建立提供规范指引。《意见》要求建立健全容错纠错机制，宽容干部在改革创新中的失误错误。各级党委（党组）及纪检监察机关、组织部门等相关职能部门，要妥善把握事业为上、实事求是、依纪依法、容纠并举等原则，结合动机态度、客观条件、程序方法、性质程度、后果影响以及挽回损失等情况，对干部的失误错误进行综合分析，对该容的大胆容错，不该容的坚决不容。对给予容错的干部，考核考察要客观评价，选拔任用要公正合理。准确把握政策界限，对违纪违法行为必须严肃查处，防止混淆问题性质、拿容错当"保护伞"，搞纪律"松绑"，确保容错在纪律红线、法律底线内进行。坚持有错必纠、有过必改，对苗头性、倾向性问题早发现早纠正，对失误错误及时采取补救措施，帮助干部汲取教训、改进提高，让他们放下包袱、轻装上阵。严肃查处诬告陷害行为，及时为受到不实反映的干部澄清正名、消除顾虑，引导干部争当改革的促进派、实干家，专心致志为党和人民干事创业、建功立业。①

为贯彻《关于进一步激励广大干部新时代新担当新作为的意见》，各地陆续制定地方容错纠错免责办法。山东省于 2018 年首次出台《关于激励干部担当作为实施容错纠错的办法（试行）》，明确了十种可以从轻、减轻处理或免责的情形。2022 年，山东省对该文

---

① 《中共中央办公厅印发〈关于进一步激励广大干部新时代新担当新作为的意见〉》，中国政府网，https://www.gov.cn/zhengce/2018-05/20/content_5292263.htm。

件进行了修订，进一步细化了容错情形，新增了十一项具体情形，并明确了不予容错的五种情形。

三、山东省《关于激励干部担当作为实施容错纠错的办法》[①]的主要内容

山东省纪委会同省委组织部修订的《关于激励干部担当作为实施容错纠错的办法》（以下简称《办法》），共二十三条，分总则、容错情形、容错程序、纠错机制、结果运用以及附则六章，针对在容错纠错工作实践中遇到对容错内涵理解不深、适用不够精准、纠错不够及时等问题，新增了具有针对性和操作性的措施。主要内容有：

（一）明确容错纠错的概念

将容错纠错的"错"界定为干部在改革创新、干事创业、履职尽责中的失误错误，做到"该容的大胆容彻底容，不该容的坚决不容"。

（二）细化容错情形

对符合以下十一项之一的情形，明确从动机态度、客观条件、程序方法、性质程度、后果影响、挽回损失六个方面对能否容错作出综合分析评判：一是在立足新发展阶段、贯彻新发展理念、服务融入新发展格局、推动高质量发展中，加压奋进、积极作为，出现失误错误的；二是在促进黄河流域生态保护和高质量发展，推动生态优先、绿色发展等方面开拓进取、主动履职，出现失误错误的；三是在深入实施创新驱动发展战略，全面推进科技创新、制度创新、管理创新等方面先行先试、突破常规，出现探索性失误错误的；四是在保障和改善民生、促进共同富裕等工作中，大胆履职、攻坚克难，出现失误错误的；五是在招商引资、招才引智，服务企业、服务群众等工作中，着

---

① 《山东修订关于激励干部担当作为实施容错纠错的办法》，中宏网，http://sd.zhonghongwang.com/show-1-55144-1.html。

眼提高效率、进行容缺受理，出现失误错误或者存在一定程序瑕疵的；六是在加强干部队伍建设、推进干部能上能下、激发干部队伍活力等工作中，不拘一格、探索创新，出现失误错误的；七是在应对自然灾害、事故灾难或者处置突发事件、群体性事件等工作中，主动担当涉险、临机果断决策，出现失误错误的；八是在解决历史遗留问题、化解矛盾纠纷、维护社会稳定等工作中，立足全局利益、积极打破僵局，出现失误错误的；九是在创造性开展工作中，因国家政策调整、上级决策部署发生变化，或者政策界限不明确，受客观条件限制，出现失误错误的；十是因上位法律法规规定不一致、部门间职责边界不清，或者属于执法监管空白事项，主动担当作为、解决问题，出现失误错误的；十一是其他符合"三个区分开来"精神的情形。

（三）明确规定不予容错情形

规定五个方面不予容错情形，确保容错纠错在纪律红线、法律底线内进行：一是违反政治纪律和政治规矩的；二是违反中央八项规定及其实施细则精神，或者严重违纪违法的；三是为自己或者他人谋取不正当利益的；四是造成重特大安全责任事故、严重环境污染以及生态环境破坏，或者引发严重群体性事件的；五是以及其他不应予以容错的情形。

（四）明确容错纠错的程序步骤

坚持"容纠并举"，实行"谁追责问责，谁负责容错"，同时规定了对处理决定不服的申诉救济途径。

（五）完善结果运用

规定予以容错不予追究责任的，在全面从严治党检查考核、年度考核、综合考评、评先树优、干部选拔任用、职级晋升、职称评审、岗位竞聘以及党代表、人大代表、政协委员等方面不受影响。

（六）明确容错职责

明确党委（党组）的容错纠错主体责任，规定纪检机关、组织部门及其他部门发挥职能作用、形成工作合力。

四、大数据应用容错免责制度的适用

本条第二款、第三款和第四款分别对财政资金支持的大数据应用项目未达预期目标的容错免责、数据资源开发利用出现偏差的容错免责以及容错免责结果的适用做了规定。

建立大数据发展容错免责机制，要激励和约束并重，旗帜鲜明地保护担当作为、支持干事创业、宽容偏差失误。通过减免符合条件的有关单位和个人的责任，降低个人和单位在推广大数据项目和数据资源利用过程中的风险，激发大数据创新创业活力。

（一）政策法律依据

《山东省支持数字经济发展的意见》明确鼓励先行先试，"对各地在数字经济发展中工作推进有力、发展成效显著的给予表彰奖励。对在服务数字经济工作中因先行先试出现的失误错误，按规定实施容错免责"[①]。

我省未来可以借鉴其他省市的经验，通过"科技创新工作容错免责清单"等形式进一步增加可操作性。2024年11月内蒙古自治区科技厅印发的《内蒙古自治区科技创新工作容错免责清单（试行）》适用对象覆盖了内蒙古自治区内高校、科研院所及有科技创新活动的企事业单位等所有创新活动主体。聚焦科研项目管理、科技成果转化等科技创新工作关键环节，针对科研单位及管理人员、科研人员容错免

[①]《山东省支持数字经济发展的意见》（鲁政办字〔2019〕124号），山东省人民政府网站，http://www.shandong.gov.cn/art/2019/7/19/art_2259_34851.html。

责，列出十三项构成的详细清单。[①]

（二）财政资金支持大数据项目建设单位的容错免责

政府在提供财政资金支持大数据项目时，希望建设单位能够以诚实和勤勉的态度来履行其任务，确保项目的成功实施。改革创新先行先试，本来就有达成和达不成预期目标两种可能，并不取决于建设单位的主观意愿。如果项目未取得预期的成效，但建设单位已经尽到了诚信和勤勉义务，应当免于对建设单位追责。

（三）数据产品与服务提供者的容错免责

《促进大数据发展行动纲要》规定大数据创新服务即"面向经济社会发展需求，研发一批大数据公共服务产品，实现不同行业、领域大数据的融合，扩大服务范围、提高服务能力"[②]。《工业互联网创新发展行动计划（2021—2023年）》规定："加快一二三产业融通发展。支持第一产业、第三产业推广基于工业互联网的先进生产模式、资源组织方式、创新管理和服务能力，打造跨产业数据枢纽与服务平台，形成产融合作、智慧城市等融通生态。"[③]在利用数据资源以推动创新管理和服务模式的过程中，可能会出现数据处理不准确不完整、项目执行和资源分配上存在问题、处理和应用大数据遇上技术难题或预期目标未实现等情形。但这些偏差、失误或未达到预期目标并不必然导致有关单位和个人被追责。当单位和个人开发利用数据资源的行为符合我国政策、法规和改革方向，其利用目的与国家发展目标相一致，

---

① 《内蒙古自治区科学技术厅关于印发〈内蒙古自治区科技创新容错免责事项清单（试行）〉的通知》，内蒙古自治区人民政府网站，https://kjt.nmg.gov.cn/zwgk/zfxxgk/fdzdgknr/zcfg/gfxwj/202411/t20241127_2615290.html。

② 《国务院关于印发促进大数据发展行动纲要的通知》（国发〔2015〕50号），中国政府网，http://www.gov.cn/zhengce/content/2015-09/05/content_10137.htm。

③ 《关于印发〈工业互联网创新发展行动计划（2021—2023年）〉的通知》（工信部信管〔2020〕197号），中国政府网，https://www.gov.cn/zhengce/zhengceku/2021-01/13/content_5579519.htm。

决策程序并未违法，也不存在从项目中牟取个人私利、与他人串通损害国家或公共利益等违法行为时，无须过度承担责任。

（四）大数据应用容错免责结果的适用问题

首先，应当区别先行先试未达目标和先行先试失误两种情形。先行先试是对改革设想的实践验证，是借由实践发现主观认识错误的试错，未达预期目标本身无可指摘，不应追责。先行先试失误错误不包括故意违法违纪，是指由于考虑不周或者行为不当造成本可避免的损失，应当从轻、减轻或者免予追责。

其次，如何在通常处分规则基础上体现宽容错误。根据《公职人员政务处分法》《中国共产党纪律处分条例》等法规，从轻处分是在行为应受处分幅度内确定较轻一档的处分；减轻处分是在行为应受处分幅度外降低一档确定处分；而免予处分也意味着批评教育等负面评价。因此，容错免责应当在从轻、减轻、免予处分基础上减等，通常应从轻处分的减轻处分，通常应减轻处分的免于处分，通常应免予处分的，不做负面评价，各方面不受影响。[①]

---

① 杨登峰：《对先行先试容错机制的误解与正解》，《甘肃社会科学》2024 年第 1 期。

第八章 附 则

|本|章|概|述|

　　第八章附则规范的对象是不适合放在总则和各章中的事项。附则内容与总则、各章内容具有同等效力。《山东省大数据发展促进条例》的附则主要对本条例生效时间做出明确规定。

第五十二条 【生效时间】

本条例自 2022 年 1 月 1 日起施行。

|条|文|要|旨|

本条是关于《山东省大数据发展促进条例》生效日期的规定。

|理|解|与|适|用|

地方性法规的审议通过、公布和生效施行是立法程序中的三个重要环节。条例生效施行日期一般有两种情形：一种是明文规定自公布之日起施行，一种是明文规定从某个特定时日起开始施行。通常情况下，审议通过的地方性法规在公布之后、施行之前都会预留一段合理的时间，便于有关部门为条例实施做必要准备，也便于社会各界了解掌握。本条例即属于后一种情形。2021 年 9 月 30 日山东省第十三届人民代表大会常务委员会第三十次会议表决通过《山东省大数据发展促进条例》，自 2022 年 1 月 1 日起施行。

普遍适用的法律法规在施行之前，必须先予以公布。根据《中华人民共和国立法法》第八十八条的规定，省、自治区、直辖市的人民代表大会常务委员会制定的地方性法规由常务委员会发布公告予以公布。《条例》于 2021 年 9 月 30 日由山东省第十三届人民代表大会常务委员会第三十次会议表决通过，由山东省人民代表大会常务委员会公告（第 167 号）予以公布。

附 录

《山东省大数据发展促进条例》

（2021 年 9 月 30 日山东省第十三届人民代表大会常务委员会第三十次会议通过）

目　录

第一章　总　则

第一条　为了全面实施国家大数据战略，运用大数据推动经济发展、完善社会治理、提升政府服务和管理能力，加快数字强省建设，根据《中华人民共和国数据安全法》等法律、行政法规，结合本省实际，制定本条例。

第二条　本省行政区域内促进大数据发展的相关活动，适用本条例。

本条例所称大数据，是指以容量大、类型多、存取速度快、应用价值高为主要特征的数据集合，以及对数据进行收集、存储和关联分析，发现新知识、创造新价值、提升新能力的新一代信息技术和服务业态。

第三条　本省确立大数据引领发展的战略地位。促进大数据发展应当遵循政府引导、市场主导、开放包容、创新应用、保障安全的原则。

第四条　县级以上人民政府应当加强对本行政区域内大数据发展工作的领导，建立大数据发展统筹协调机制，将大数据发展纳入国民经济和社会发展规划，加强促进大数据发展的工作力量，并将大数据发展资金作为财政支出重点领域予以优先保障。

县级以上人民政府大数据工作主管部门负责统筹推动大数据发展以及相关活动，其他有关部门在各自职责范围内做好相关工作。

第五条　自然人、法人和其他组织从事与大数据发展相关的活动，应当遵守法律、法规，不得泄露国家秘密、商业秘密和个人隐私，不得损害国家利益、公共利益和他人合法权益。

第六条　县级以上人民政府、省人民政府有关部门应当按照国家和省有关规定，对在促进大数据发展中做出突出贡献的单位和个人给予表彰、奖励。

第二章　基础设施

第七条　县级以上人民政府应当组织有关部门编制和实施数字基础设施建设规划，加强数字基础设施建设的统筹协调，建立高效协同、智能融合的数字基础设施体系。

交通、能源、水利、市政等基础设施专项规划，应当与数字基础设施建设规划相衔接。

第八条　省、设区的市人民政府应当组织有关部门推进新型数据中心、智能计算中心、边缘数据中心等算力基础设施建设，提高算力供应多元化水平，提升智能应用支撑能力。

第九条　县级以上人民政府和有关部门应当支持通信运营企业加强高速宽带网络建设，提升网络覆盖率和接入能力。

第十条　县级以上人民政府和有关部门应当推进物联网建设，支持基础设施、城市治理、物流仓储、生产制造、生活服务等领域建设和应用感知系统，推动感知系统互联互通和数据共享。

第十一条　县级以上人民政府工业和信息化部门应当会同有关部门推进工业互联网建设，完善工业互联网标识解析体系，推动新型工业网络部署。

第十二条　省人民政府大数据工作主管部门应当建设全省一体化大数据平台，统筹全省电子政务云平台建设，加强对全省电子政务云平台的整合和管理。

县级以上人民政府大数据工作主管部门应当会同有关部门按照规定建设本级电子政务网络，优化整合现有政务网络。

第十三条　县级以上人民政府及其有关部门应当推动交通、能源、水利、市政等领域基础设施数字化改造，建立智能化基础设施体系。

第十四条　县级以上人民政府及其有关部门应当按照实施乡村振兴战略的要求，加强农村地区数字基础设施建设，提升乡村数字基础设施建设水平和覆盖质量。

第三章　数据资源

第十五条　县级以上人民政府大数据工作主管部门应当按照国家和省有关数据管理、使用、收益等规定，依法统筹管理本行政区域内数据资源。

国家机关、法律法规授权的具有管理公共事务职能的组织、人民团体以及其他具有公共服务职能的企业事业单位等（以下统称公共数据提供单位），在依法履行公共管理和服务职责过程中收集和产生的各类数据（以下统称公共数据），由县级以上人民政府大数据工作主管部门按照国家和省有关规定组织进行汇聚、治理、共享、开放和应用。

利用财政资金购买公共数据之外的数据（以下统称非公共数据）的，除法律、行政法规另有规定外，应当报本级人民政府大数据工作主管部门审核。

第十六条　数据资源实行目录管理。

省人民政府大数据工作主管部门应当制定公共数据目录编制规范，组织编制和发布本省公共数据总目录。

公共数据提供单位应当按照公共数据目录编制规范，编制和更新本单位公共数据目录，并报大数据工作主管部门审核后，纳入本省公共数据总目录。

鼓励非公共数据提供单位参照公共数据目录编制规范，编制和更新非公共数据目录。

第十七条　数据收集应当遵循合法、正当、必要的原则，不得窃取或者以其他非法方式获取数据。

公共数据提供单位应当根据公共数据目录，以数字化方式统一收集、管理公共数据，确保收集的数据及时、准确、完整。

除法律、行政法规另有规定外，公共数据提供单位不得重复收集能够通过共享方式获取的公共数据。

第十八条 自然人、法人和其他组织收集数据不得损害被收集人的合法权益。

公共数据提供单位应当根据履行公共管理职责或者提供公共服务的需要收集数据，并以明示方式告知被收集人；依照有关法律、行政法规收集数据的，被收集人应当配合。

被收集人认为公共数据存在错误、遗漏，或者侵犯国家秘密、商业秘密和个人隐私等情形的，可以向公共数据提供单位、使用单位或者有关主管部门提出异议，相关单位应当及时进行处理。

第十九条 公共数据提供单位应当按照公共数据目录管理要求向省一体化大数据平台汇聚数据。鼓励社会力量投资建设数据平台，制定相关标准、规范，汇聚非公共数据。

鼓励汇聚非公共数据的平台与省一体化大数据平台对接，推动公共数据与非公共数据的融合应用。

第二十条 县级以上人民政府大数据工作主管部门应当建立公共数据治理工作机制，明确数据质量责任主体，完善数据质量核查和问题反馈机制，提升数据质量。

公共数据提供单位应当按照规定开展公共数据治理工作，建立数据质量检查和问题数据纠错机制，对公共数据进行校核、确认。

鼓励社会力量建立非公共数据治理机制，建设非公共数据标准体系。

第二十一条 除法律、行政法规规定不予共享的情形外，公共数据应当依法共享。

公共数据提供单位应当注明数据共享的条件和方式，并通过省一体化大数据平台共享。鼓励运用区块链、人工智能等新技术创新数据共享模式，探索通过数据比对、核查等方式提供数据服务。

第二十二条 省、设区的市人民政府大数据工作主管部门应当通过省一体化大数据平台，依法有序向社会公众开放公共数据。

公共数据提供单位应当建立数据开放范围动态调整机制，逐步扩大公共数据开放范围。

鼓励自然人、法人和其他组织依法开放非公共数据，促进数据融合创新。

第四章　发展应用

第二十三条 县级以上人民政府和有关部门应当采取措施，优化大数据发展应用环境，发挥大数据在新旧动能转换、服务改善民生、完善社会治理等方面的作用。

第二十四条 县级以上人民政府有关部门应当采取措施，扶持和培育先进计算、新型智能终端、高端软件等特色产业，布局云计算、人工智能、区块链等新兴产业，发展集成电路、基础电子元器件等基础产业，推动数字产业发展。

第二十五条 县级以上人民政府应当推动利用云计算、人工智能、物联网等技术对农业、工业、服务业进行数字化改造，推动大数据与产业融合发展。

第二十六条 县级以上人民政府应当推进数字经济平台建设，支持跨行业、跨领域工业互联网平台发展，培育特定行业、区域平台；推进数字经济园区建设，促进产业集聚发展。

第二十七条 县级以上人民政府应当推进现代信息技术在政务服务领域的应用，推动政务信息系统互联互通、数据共享，通过一体化在线政务服务平台和"爱山东"移动政务服务平台提供政务服务，推动政务服务便捷化。

县级以上人民政府有关部门应当建立线上服务与线下服务相融合的政务服务工作机制，优化工作流程，减少纸质材料；在政务服务中能够通过省一体化大数据平台获取的电子材料，不得要求另行提供纸质材料。

除法律、行政法规另有规定外，电子证照和加盖电子印章的电子材料可以作为办理政务服务事项的依据。

第二十八条 县级以上人民政府和有关部门应当加快数字机关建设，依托全省统一的"山东通"平台推动机关办文、办会、办事实现网上办理，提升机关运行效能和数字化水平。

政务信息系统的开发、购买等，除法律、行政法规另有规定外，应当按照规定报本级人民政府大数据工作主管部门审核；涉及固定资产投资和国家投资补助的，依照有关投资的法律、法规执行。

第二十九条 省人民政府应当组织建立全省重点领域数字化统计、分析、监测、评估等系统，建设全省统一的展示、分析、调度、指挥平台，健全大数据辅助决策机制，提升宏观决策和调控水平。

县级以上人民政府应当在社会态势感知、综合分析、预警预测等方面，加强大数据关联分析和创新应用，提高科学决策和风险防范能力。

第三十条 县级以上人民政府应当发挥大数据优化公共资源配置的作用，推进大数据与公共服务融合。

县级以上人民政府有关部门应当推动大数据在科技、教育、医疗、健康、就业、社会保障、交通运输、法律服务等领域的应用，提高公共服务智能化水平。

提供智能化公共服务，应当充分考虑老年人、残疾人的需求，避免对老年人、残疾人的日常生活造成障碍。

鼓励自然人、法人和其他组织在公共服务领域开发大数据应用产品和场景解决方案，提供特色化、个性化服务。

第三十一条　县级以上人民政府应当在国家安全、安全生产、应急管理、防灾减灾、社会信用、生态环境治理、市场监督管理等领域加强大数据创新应用，推行非现场监管、风险预警等新型监管模式，提升社会治理水平。

第三十二条　县级以上人民政府应当推动大数据在城市规划、建设、治理和服务等领域的应用，加强新型智慧城市建设和区域一体化协同发展，鼓励社会力量参与新型智慧城市建设运营。

县级以上人民政府应当推动数字乡村建设，建立农业农村数据收集、应用、共享、服务体系，推进大数据在农业生产、经营、管理和服务等环节的应用，提升乡村治理和生产生活数字化水平。

第五章　安全保护

第三十三条　本省实行数据安全责任制。

数据安全责任按照谁收集谁负责、谁持有谁负责、谁管理谁负责、谁使用谁负责的原则确定。

第三十四条　县级以上人民政府和有关部门应当按照数据分类分级保护制度，确定本地区、本部门以及相关行业、领域的重要数据具体目录，对列入目录的数据进行重点保护。

第三十五条　国家安全领导机构负责数据安全工作的议事协调，

实施国家数据安全战略和有关重大方针政策，建立完善数据安全工作协调机制，研究解决数据安全的重大事项和重要工作，推动落实数据安全责任。

公安、国家安全、大数据、保密、密码管理、通信管理等部门和单位按照各自职责，负责数据安全相关监督管理工作。

网信部门依照法律、行政法规的规定，负责统筹协调网络数据安全和相关监督管理工作。

第三十六条　数据收集、持有、管理、使用等数据安全责任单位应当建立本单位、本领域数据安全保护制度，落实有关数据安全的法律、行政法规和国家标准以及网络安全等级保护制度；属于关键信息基础设施范围的，还应当落实关键信息基础设施保护有关要求，保障数据安全。

自然人、法人和其他组织在数据收集、汇聚等过程中，应当对数据存储环境进行分域分级管理，选择安全性能、防护级别与其安全等级相匹配的存储载体，并对重要数据进行加密存储。

第三十七条　自然人、法人和其他组织开展涉及个人信息的数据活动，应当依法妥善处理个人隐私保护与数据应用的关系，不得泄露或者篡改涉及个人信息的数据，不得过度处理；未经被收集者同意，不得向他人非法提供涉及个人信息的数据，但是经过处理无法识别特定自然人且不能复原的除外。

第三十八条　数据收集、持有、管理、使用等数据安全责任单位应当制定本单位、本领域数据安全应急预案，定期开展数据安全风险评估和应急演练；发生数据安全事件，应当依法启动应急预案，采取相应的应急处置措施，并按照规定向有关主管部门报告。

第三十九条　省人民政府大数据工作主管部门统筹建设全省公共数据灾备体系；设区的市人民政府应当按照统一部署，对公共数据进行安全备份。

第四十条　数据收集、持有、管理、使用等数据安全责任单位向境外提供国家规定的重要数据，应当按照国家有关规定实行数据出境安全评估和国家安全审查。

第六章　促进措施

第四十一条　省人民政府大数据工作主管部门应当会同有关部门编制本省大数据发展规划，报省人民政府批准后发布实施。

设区的市人民政府、省人民政府有关部门应当根据本省大数据发展规划编制本区域、本部门、本行业大数据发展专项规划，报省人民政府大数据工作主管部门备案。

第四十二条　省人民政府标准化行政主管部门应当会同大数据工作主管部门组织制定大数据领域相关标准，完善大数据地方标准体系，支持、引导地方标准上升为国家标准。

鼓励企业、社会团体制定大数据领域企业标准、团体标准，鼓励高等学校、科研机构、企业、社会团体等参与制定大数据领域国际标准、国家标准、行业标准和地方标准。

第四十三条　县级以上人民政府及其有关部门应当通过政策引导、资金支持等方式，支持高等学校、科研机构、企业等开展大数据领域技术创新和产业研发活动。

第四十四条　县级以上人民政府应当制定大数据人才培养与引进计划，完善人才评价与激励机制，加强大数据专家智库建设，发展大数据普通高等教育、职业教育，为大数据发展提供智力支持。

第四十五条　县级以上人民政府应当依法推进数据资源市场化交

易，并加强监督管理；鼓励和引导数据资源在依法设立的数据交易平台进行交易。

数据交易平台运营者应当制定数据交易、信息披露、自律监管等规则，建立安全可信、管理可控、全程可追溯的数据交易环境。

利用合法获取的数据资源开发的数据产品和服务可以交易，有关财产权益依法受保护。

第四十六条 县级以上人民政府应当根据实际情况，安排资金支持大数据关键技术研究、产业链构建、重大应用示范和公共服务平台建设等工作，鼓励金融机构和社会资本加大投资力度，促进大数据发展应用。

第四十七条 对列入全省重点建设项目名单的大数据项目，省人民政府应当根据国土空间规划优先保障其建设用地。

符合条件的大数据中心、云计算中心、超算中心、灾备中心等按照有关规定享受电价优惠。

第四十八条 县级以上人民政府有关部门和新闻媒体应当加强大数据法律、法规以及相关知识的宣传教育，提高全社会大数据应用意识和能力。

第七章　法律责任

第四十九条 违反本条例规定的行为，法律、行政法规已经规定法律责任的，适用其规定。

第五十条 违反本条例规定，有关单位有下列行为之一的，对直接负责的主管人员和其他直接责任人员依法给予处分；构成犯罪的，依法追究刑事责任：

（一）未按照规定收集、汇聚、治理、共享、开放公共数据的；

（二）未经审核，开发、购买政务信息系统的；

（三）未经审核，利用财政资金购买非公共数据的；

（四）未依法履行数据安全相关职责的；

（五）其他滥用职权、玩忽职守、徇私舞弊的行为。

第五十一条　本省建立健全责任明晰、措施具体、程序严密、配套完善的大数据发展容错免责机制。

政府财政资金支持的大数据项目未取得预期成效，建设单位已经尽到诚信和勤勉义务的，应当按照有关规定从轻、减轻或者免予追责。

有关单位和个人在利用数据资源创新管理和服务模式时，出现偏差失误或者未能实现预期目标，但是符合国家确定的改革方向，决策程序符合法律、法规规定，未牟取私利或者未恶意串通损害国家利益、公共利益的，应当按照有关规定从轻、减轻或者免予追责。

经确定予以免责的单位和个人，在绩效考核、评先评优、职务职级晋升、职称评聘和表彰奖励等方面不受影响。

第八章　附　则

第五十二条　本条例自 2022 年 1 月 1 日起施行。